A metamorfose do mundo

Ulrich Beck

A metamorfose do mundo

Novos conceitos para uma nova realidade

Tradução:
Maria Luiza X. de A. Borges

Revisão técnica:
Maria Claudia Coelho
professora do Instituto de Ciências Sociais/Uerj

Título original:
The Metamorphosis of the World

Tradução autorizada da primeira edição inglesa,
publicada em 2016 por Polity Press,
de Cambridge, Inglaterra

Copyright © 2016, Ulrich Beck

Copyright da edição brasileira © 2018:
Jorge Zahar Editor Ltda.
rua Marquês de S. Vicente 99 – 1º | 22451-041   Rio de Janeiro, RJ
tel (21) 2529-4750 | fax (21) 2529-4787
editora@zahar.com.br | www.zahar.com.br

Todos os direitos reservados.
A reprodução não autorizada desta publicação, no todo
ou em parte, constitui violação de direitos autorais. (Lei 9.610/98)

Grafia atualizada respeitando o novo
Acordo Ortográfico da Língua Portuguesa

Preparação: Angela Ramalho Vianna | Revisão: Eduardo Monteiro
Indexação: Gabriella Russano | Capa: Estúdio Insólito
Imagem da capa: E.A. Séguy/wikicommons

CIP-Brasil. Catalogação na publicação
Sindicato Nacional dos Editores de Livros, RJ

Beck, Ulrich, 1944-2015
B355m A metamorfose do mundo: novos conceitos para uma nova realidade /
Ulrich Beck; tradução Maria Luiza X. de A. Borges; revisão técnica Maria
Claudia Coelho. – 1.ed. – Rio de Janeiro: Zahar, 2018.

Tradução de: The metamorphosis of the world
Inclui bibliografia e índice
ISBN 978-85-378-1734-6

1. Estrutura social. 2. Civilização moderna. I. Título.

17-46577

CDD: 303.44
CDU: 316.421

Sumário

Prólogo
A história de um livro inacabado, ELISABETH BECK-GERNSHEIM 7

Prefácio 11

PARTE I **Introdução, evidências, teoria**

1. Por que metamorfose do mundo, por que não transformação? 15
2. Sendo Deus 38
3. Como a mudança climática poderia salvar o mundo 53
4. Teorização da metamorfose 69

PARTE II **Temas**

5. De classe a classe de risco: desigualdade em tempos de metamorfose 107
6. Para onde vai o poder? Política da invisibilidade 129
7. Catastrofismo emancipatório: bens comuns como efeitos colaterais de males 152
8. Males públicos: política da visibilidade 166

9. Risco digital: o fracasso de instituições operantes   184
10. Jogo de metapoder da política: metamorfose da nação
    e relações internacionais   195
11. Comunidades de risco cosmopolitas: de Nações Unidas
    a Cidades Unidas   212

PARTE III **Panorama**

12. Gerações de risco global: unidas no declínio   239

Notas   253

Referências bibliográficas   260

Índice remissivo   269

Prólogo

A história de um livro inacabado

Primeiro de janeiro de 2015 foi um esplêndido dia de inverno: céu azul, sol por toda parte, neve cintilando à luz. Era um cenário saído de um livro de ilustrações, cheio de magia. Alegres e bem-dispostos, Ulrich e eu saímos para uma caminhada no parque próximo, o famoso Englische Garten de Munique. Algumas semanas antes, no início de dezembro, Ulrich enviara uma versão preliminar e sem edição de *Metamorfose* à Polity Press, e apenas cerca de dois ou três dias antes, no fim de dezembro, recebera as primeiras opiniões. Embora de início ele tenha ficado um tanto irritado com alguns dos comentários, no curso de nossa caminhada e conversa chegou a ver que de fato tocavam em algumas questões importantes. De imediato, pôs-se a aventar rapidamente uma série de novas ideias, e eu contribuí com isso. Falamos em acrescentar partes que ajudariam a elucidar e melhorar questões centrais.

Mas então, no meio de nosso *brainstorming*, o fim.

Um ataque cardíaco.

Ulrich morreu.

Alguns dias mais tarde, tentei registrar os principais pontos sobre os quais estivéramos falando naquele lindo dia de Ano-novo. Contudo, por mais que me esforçasse, não pude levar a tarefa a cabo. A memória falhou. Tudo de que consegui me lembrar foram fragmentos, uma miscelânea. A essência se perdera. Em fevereiro de 2015, a London School of Economics prestou uma homenagem especial a Ulrich. No evento, Anthony Giddens falou de *Metamorfose*, chamando-o de "livro inacabado". Nos meses seguintes vi o acerto de sua declaração. Foi quando a tarefa de transformar o manuscrito preliminar em livro começou e me permitiu seguir adiante. Ela era apenas o último capítulo numa longa história que envolveu muitas pessoas e esteve estreitamente associada à ERC Advanced Grant* de Ulrich: "Methodological cosmopolitanism: in the Laboratory of Climate Change" [Cosmopolitismo metodológico: no Laboratório da Mudança Climática].

Desde os primeiros momentos, Anders Blok (Copenhague) e Sabine Selchow (Londres) estiveram envolvidos na discussão dos rascunhos do manuscrito. Blok e Sabine, cada um à sua maneira, dedicaram muito tempo, energia e expertise a essa tarefa. Graças a seus esforços, o manuscrito ganhou em profundidade e fundamentação teórica, bem como em precisão e detalhes empíricos. Além disso, muitas pessoas – algumas delas também membros da equipe do ERC, colegas de diversas formações acadêmicas, alguns residentes em Munique, outros vivendo em regiões e continentes distantes – deixaram sugestões fecundas e inspiraram novas ideias. As seguintes pessoas fizeram parte dessa rede de cooperação cosmopolita: Martin Albrow (Londres); Christoph Lau (Munique); Daniel Levy (Nova York); Zhifei Mao (Hong Kong); Svetla Marinova (Sófia); Gabe Mythen (Liverpool); Shalini Randeria (Viena); Maria S. Rerrich (Muni-

---

* Bolsa de pesquisa avançada concedida pelo European Research Council (ERC).

que/Blackstock, Carolina do Sul); Natan Sznaider (Tel Aviv); John Thompson (Cambridge); David Tyfield (Lancaster/Guangzhou, China); Ingrid Volkmer (Melbourne); e Johannes Willms (Munique). Mais uma vez, Almut Kleine (Munique), treinada por vinte anos de trabalho com Ulrich, mergulhou bravamente em suas anotações e correções manuscritas e conseguiu digitar uma versão completa a partir das muitas versões anteriores. E Caroline Richmond, na Polity, fez um maravilhoso trabalho ao editar o texto e aplainar as rugas que subsistiam.

Antes disso, porém, houve a tarefa de completar o livro inacabado. Foi realmente um desafio e exigiu a colaboração de três pessoas.

Felizmente, como Ulrich e eu fomos companheiros próximos e colegas por tantas décadas, o assunto da metamorfose tinha sido parte de nossas discussões diárias — de fato, de nossas vidas diárias. Eu vira Ulrich enfrentando-o e chegando enfim a um acordo com ele. Além disso, podia me basear na experiência de quatro livros e muitos artigos que tínhamos escrito juntos. No entanto, para a produção de uma versão final de *Metamorfose* — uma versão pronta para impressão —, cada capítulo apresentava uma série de questões em aberto, desde metáforas de significado misterioso a argumentos baseados em fontes desconhecidas. Nesses momentos — e houve muitos deles —, John Thompson, colega próximo e amigo muito leal, interveio, investindo enorme quantidade de tempo e energia, de conhecimento sociológico e experiência editorial. Sempre que eu ansiava por uma pausa, por algum tempo afastada de *Metamorfose*, ou mesmo por uma chance de terminar meu próprio livro, John me reconciliava com a tarefa, pressionava-me a continuar, ou seguia ele próprio em frente. Incessantemente, ajudou-me a elucidar e revisar frases incompletas, parágrafos que terminavam abruptamente e texto (escrito em inglês) que soava muito alemão.

No fim, porém, John e eu teríamos ficado perdidos se não fosse por Albert Gröber, coordenador científico da equipe do ERC e notável expert em todos os detalhes dos escritos de Ulrich. Durante o difícil período que se seguiu à morte de Ulrich, Albert não teve apenas o importante papel de conduzir o projeto em meio a sérios problemas; ele contribuiu ativamente para a finalização de *Metamorfose*. Localizou referências engenhosamente, desenterrou citações remotas e compilou uma lista de autores e publicações relevantes.

Dessa maneira o manuscrito inacabado ganhou forma pouco a pouco e foi finalmente transformado em livro. Tenho uma imensa dívida para com John e Albert, e ofereço a ambos meus mais calorosos agradecimentos.

Espero que, depois disso tudo, tenhamos nos saído bem, pelo menos na maior parte das ocasiões. Espero que o resultado nos permita enxergar a visão que Ulrich tinha em mente quando iniciou a jornada para *Metamorfose*.

ELISABETH BECK-GERNSHEIM
Setembro de 2015

Prefácio

O mundo está louco. Para muitas pessoas, isso é verdadeiro em ambos os sentidos da palavra: o mundo saiu dos eixos e enlouqueceu. Estamos vagando sem rumo e confusos, argumentando em favor disto e contra aquilo. Mas uma declaração com que a maioria das pessoas pode concordar, para além de todos os antagonismos e em todos os continentes, é: "Não compreendo mais o mundo."
O objetivo deste livro é tentar compreender por que não compreendemos mais o mundo. Para esse fim, introduzo a distinção entre mudança e metamorfose, ou, mais precisamente, entre mudança na sociedade e metamorfose do mundo. Mudança na sociedade, mudança social, rotiniza um conceito essencial da sociologia. Todos sabem o que isso significa. A mudança põe em foco um futuro característico da modernidade, a saber, a transformação permanente, enquanto os conceitos básicos e as certezas que os sustentam permanecem constantes. A metamorfose, em contraposição, desestabiliza essas certezas da sociedade moderna. Ela desloca o foco para "estar no mundo" e "ver o mundo", para eventos e processos não intencionais, que em geral passam despercebidos, que prevalecem além dos domínios da política e da democracia como efeitos colaterais da modernização técnica e econômica radical. Eles provocam um choque fundamental, uma alteração que rompe

as constantes antropológicas de nossa existência e de nossas compreensões anteriores do mundo. Metamorfose nesse sentido significa simplesmente que o que foi impensável ontem é real e possível hoje.

Fomos confrontados repetidamente com metamorfoses dessa magnitude em décadas recentes, numa série de (em termos coloquiais) "eventos insanos", desde a queda do Muro de Berlim, os ataques terroristas de 11 de setembro, a mudança climática catastrófica no mundo todo, o desastre do reator de Fukushima e as crises financeiras e do euro, até as ameaças à liberdade pela vigilância totalitária na era da comunicação digital trazidas à luz por Edward Snowden. Deparamo-nos sempre com o mesmo padrão: o que era excluído de antemão como inteiramente inconcebível está acontecendo – como um evento global, via de regra observável em todas as salas de estar do mundo porque é transmitido pelos meios de comunicação de massa.

PARTE I

Introdução, evidências, teoria

1. Por que metamorfose do mundo, por que não transformação?

Este livro representa uma tentativa de me salvar, e talvez os outros também, de uma grande dificuldade. Embora venha lecionando sociologia e estudando a transformação das sociedades modernas há muitos anos, eu não sabia como responder à pergunta simples, mas necessária, "Qual é o significado dos eventos globais que se desenrolam diante de nossos olhos na televisão?", e fui forçado a declarar falência. Não havia nada – nem um conceito, nem uma teoria – capaz de expressar a perturbação deste mundo em termos conceituais, tal como exigido pelo filósofo alemão Friedrich Hegel.

Essa confusão não pode ser conceituada em termos das noções de "mudança" disponíveis para a ciência social – "evolução", "revolução" e "transformação". Pois vivemos num mundo que não está apenas mudando, mas está se metamorfoseando. Mudança implica que algumas coisas mudam, porém outras permanecem iguais – o capitalismo muda, mas alguns aspectos do capitalismo continuam como sempre foram. A metamorfose implica uma transformação muito mais radical, em que as velhas certezas da sociedade moderna estão desaparecendo e algo inteiramente novo emerge. Para compreender essa metamorfose do mundo é necessário explorar os novos começos, focalizar o que está emergindo a partir do velho e buscar apreender estruturas e normas futuras na confusão do presente.

Tomemos a mudança climática: grande parte do debate sobre mudança climática concentrou-se em saber se ela está ou não realmente ocorrendo e, se estiver, o que podemos fazer para detê-la ou contê-la. Mas essa ênfase em soluções nos cega para o fato de que a mudança climática é um agente de metamorfose. Ela já alterou nossa maneira de estar no mundo – a maneira como vivemos no mundo, pensamos a respeito dele e procuramos agir sobre ele através da ação social e da política. A elevação do nível do mar cria novas paisagens de desigualdade – desenhando outros mapas-múndi cujas linhas principais não são fronteiras tradicionais entre Estados-nação, mas elevações acima do nível do mar. Isso cria uma forma inteiramente diferente de conceituar o mundo e nossas chances de sobrevivência dentro dele.

A teoria da metamorfose vai além da teoria da sociedade de risco mundial: ela não trata dos efeitos colaterais negativos dos bens, mas dos efeitos colaterais positivos dos males. Estes produzem horizontes normativos de bens comuns e nos impelem para além da moldura nacional, rumo a uma perspectiva cosmopolita.

Mas a palavra "metamorfose" ainda deve ser manipulada cautelosamente e entre aspas. Ela ainda carrega consigo todas as marcas distintivas de um corpo estranho. Decerto, por enquanto, essa palavra terá provavelmente de se contentar com um status de trabalhador com contrato temporário, e fica em aberto se virá a se tornar algum dia parte de nosso senso comum. De qualquer maneira, com este livro, eu me disponho a incorporar o conceito migratório de "metamorfose" ao senso comum social de países e línguas. Esta é simplesmente uma tentativa de oferecer uma resposta plausível para a pergunta urgente: "Em que mundo estamos realmente vivendo?" Minha resposta é: na metamorfose do mundo. No entanto, essa é uma resposta que requer disposição por parte do leitor para arriscar a metamorfose de sua visão de mundo.

E evidentemente há uma segunda palavra esmagadora no título: "mundo", que está estreitamente ligada ao termo "humanidade". Do que se trata?

A conversa sobre o fracasso do mundo se concentra no conceito de "mundo". Todas as instituições estão fracassando; ninguém e nada é decisivo o bastante no enfrentamento do risco climático global. E é precisamente essa insistência no fracasso que está tornando o mundo o ponto de referência para um mundo melhor.

Dessa maneira, o conceito de "mundo" tornou-se familiar. Tornou-se indispensável para descrever as coisas mais prosaicas. Perdeu seu isolamento distante, sua grandeza himalaica, entrou furtivamente pela porta dos fundos e se escondeu em nossa linguagem cotidiana e mais particular. Hoje, os abacaxis, tal qual a equipe de enfermagem que cuida de idosos, têm uma origem global (e todo mundo sabe disso). Alguém que pergunte de onde vêm os abacaxis recebe a grata informação de que são "abacaxis vindos de fora". De maneira correspondente, há "mães vindas de fora", que querem (ou têm que) cuidar dos filhos de outras pessoas aqui e de seus próprios filhos em sua terra conforme as regras do "amor a longa distância". Mesmo uma rápida reflexão mostra que os conceitos de "mundo" e "nossa própria vida" não são mais estranhos. Eles estão doravante unidos em "coabitação" – em "coabitação" porque não há nenhum documento oficial (seja da ciência ou do Estado) que autentique essa união global para toda a vida.

Tendo dito tudo isso, a questão persiste: por que *metamorfose* do mundo, por que não "mudança social" ou "transformação"? Tomando o caso chinês, transformação significa o que a China experimentou desde a Revolução Cultural e a reforma econômica: um caminho evolucionário de fechado para aberto, de nacional para global, de pobre para rico, de isolado para mais envolvido. A metamorfose do mundo significa mais do que um caminho evolucionário de fechado para aberto, e é também algo diferente disso; significa mudança extraordinária de visões de mundo, a reconfiguração da visão de mundo nacional. Não se trata, contudo, de uma mudança de visões de mundo causada por guerra, violência ou agressão imperial, mas pelos efeitos colaterais da modernização bem-sucedida, como a digitalização ou a previsão de catástrofe climática para a humanidade. A *Weltbild* nacional-internacional institucionalizada, a imagem de mundo, o significado do modo como os seres humanos hoje apreendem o mundo – isso definhou.

"Imagem de mundo" significa que para cada *cosmos* há um *nomos* correspondente, combinando certezas normativas e empíricas em relação àquilo em que o mundo, seu passado e seu futuro, consiste. Essas "estrelas fixas", certezas fixas, não são mais fixas. Elas estão metamorfoseadas num sentido que pode ser compreendido como "Virada Copernicana 2.o".

Galileu descobriu que o Sol não circula em volta da Terra, e que é a Terra que viaja em volta do Sol. Hoje estamos numa situação diferente, mas um tanto similar. O risco climático nos ensina que a nação não é o centro do mundo. O mundo não está circulando em torno da nação, as nações é que estão circulando em torno das novas estrelas fixas: "mundo" e "humanidade". A internet é um exemplo disso. Primeiro, ela cria o mundo como a unidade de comunicação. Segundo, cria humanidade simplesmente oferecendo o potencial de interconectar literalmente todo mundo. É nesse espaço que as fronteiras nacionais e outras são renegociadas, desaparecem e depois são reconstruídas – isto é, são "metamorfoseadas". Por conseguinte, "nacionalismo metodológico" é a lição do Sol girando em torno do mundo, ou, para expressá-lo de outra maneira, a lição do girar do mundo em torno da nação. "Cosmopolitismo metodológico", ao contrário, é a lição da Terra girando em torno do Sol, ou melhor, a lição das nações girando em torno do "mundo em risco". De uma perspectiva nacional, a nação é o eixo, a estrela fixa em torno da qual o mundo gira. De uma perspectiva cosmopolita essa imagem de mundo centrada na nação parece historicamente falsa. A metamorfose do mundo significa que a "metafísica" do mundo está mudando.*

Para compreender por que a imagem de mundo é "historicamente falsa" precisamos distinguir entre a Virada Copernicana no sentido natural-científico e no sentido social-científico 2.0. A imagem de mundo que afirmava que o Sol girava em torno da Terra sempre foi falsa. Ocorre apenas que essa realidade era negada por aqueles que seguiam e defendiam o dogma religioso. A Virada Copernicana 2.0 se desdobra na realidade – isto é, na atividade cotidiana –, na sublevação e ruína real da ordem do mundo. Isso não significa, no entanto, que nações

---

* *Sobre metamorfose:* a origem da palavra é latina, via grego – *meta* ("mudança") + *morphe* ("forma") –, e forma mutante é a chave (em inglês encontrada pela primeira vez em 1530, com relação a magia ou feitiçaria). O sinônimo que melhor lhe corresponde é transfiguração, não reconfiguração. Assim, a noção de "metamorfose" pode ser definida como uma grande mudança para algo diferente e implica uma transformação completa num tipo diferente, uma realidade diferente, um modo diferente de estar no mundo, ver o mundo e fazer política.

e Estados-nação se dissolvem e desaparecem, mas que nações são "metamorfoseadas". Elas precisam encontrar seu lugar no mundo digital em risco, em que fronteiras se tornaram líquidas e flexíveis; precisam se (re)inventar, girando em torno das novas estrelas fixas de "mundo" e "humanidade".

De uma maneira similar ao modo como se estabeleceram e desdobraram a ordem mundial internacional moderna, o Estado soberano, a industrialização, o capital, as classes, as nações e a democracia após o colapso da ordem mundial religiosa, o risco climático global também dispõe de uma espécie de sistema de navegação para o mundo ameaçado (ver adiante). O risco climático indica o caminho. Mas isso não significa que será um caminho bem-sucedido. É possível que a humanidade escolha uma via em cujo fim resida sua autodestruição. Essa possibilidade existe em especial porque, quando o caminho se torna plenamente visível, fica claro que as "certezas eternas" da visão de mundo nacional são míopes, erradas e perdem sua autoevidência como crenças de toda uma época.

A história da metamorfose é uma história de conflitos ideológicos (guerras de religião) – no passado regionais, hoje globais. Estamos experimentando uma luta entre imagens rivais de mundo, envolvendo conflitos ferozes, brutais, conquistas sangrentas, guerras sujas, terror e contraterror – cristãos contra pagãos bárbaros, por exemplo. Carlos Magno construiu seu império cristão sobre o conhecimento seguro de que era permissível matar em nome da santa fé, erradicar os não batizados e sua cultura. Numa aliança com o papa, ele impôs os mandamentos de Deus pela força bruta. Essa visão de mundo cristão-religiosa baseava-se na unidade de conquista e missão, na aliança entre a espada e a cruz. O batismo cristão era realizado com violência no ato de subjugação. Essa visão de mundo religiosa ensinava que a paz só é possível como paz dentro da unidade da cristandade.

Numa variação histórica da descoberta de Galileu, o mundo não gira mais em torno dos pequenos principados, em torno do conflito entre católicos e huguenotes, entre senhores coloniais e bárbaros, entre super-humanos e sub-humanos. A visão de mundo centrada na raça está morta (especialmente na Alemanha e na Europa, como resposta ao fanatismo racional dos nazistas). A imagem patriarcal do mundo também (embora não em todas as partes), assim como a imagem de mundo que proclama a igualdade, mas exclui mulheres, escravos e "bárbaros". Basta pensar nos Pais Fundadores dos Estados Unidos e sua Constituição, que nem sequer notaram que os afro-americanos haviam sido excluídos dos direitos humanos – isso lhes parecia a coisa mais natural do mundo.

E, mais uma vez, o que significa "definhou"? Muitas e provavelmente até todas essas imagens de mundo ainda existem hoje ao mesmo tempo, lado a lado. "Definhou" significa duas coisas: primeiro, as imagens do mundo perderam sua certeza, sua dominância. Segundo, ninguém pode escapar ao global. Isso ocorre porque, como veremos nos capítulos que se seguem, o global – isto é, a realidade cosmopolizada – não está apenas "lá fora", mas constitui a realidade estratégica vivida de todos.

Para compreender isso, é necessário distinguir entre *Glaubenssätze*, "doutrinas", e *Handlungsräume*, "espaços de ação", que são os parâmetros existenciais da atividade social no que diz respeito a imagens de mundo. *Doutrinas* podem ser orientadas para o particular ou para uma minoria – por exemplo, anticosmopolitas, antieuropeias, fundamentalistas religiosas, étnicas, racistas; *espaços de ação*, ao contrário, são inevitavelmente constituídos de maneira cosmopolita. Os antieuropeus na realidade têm assento no Parlamento Europeu (de outro modo, eles não teriam nenhuma importância). Os fundamentalistas antimodernistas religiosos celebram a decapitação de seus reféns ocidentais em canais digitais e plataformas de mídia digital para chocar o mundo com seu regime de terror inumano. Se amanhã aparecer um grupo que propague a superioridade política dos ruivos canhotos, ele anunciará e praticará sua crença não apenas local, mas globalmente. Mesmo pessoas que não saem do lugar são cosmopolizadas. Pessoas que nunca saíram de suas aldeias, muito menos embarcaram num avião, ainda estão estreita e comumente ligadas ao mundo: de uma maneira ou de outra são afetadas por riscos globais. E estão ligadas ao mundo em especial porque o telefone celular se tornou uma parte essencial do cotidiano através do globo. A metamorfose nisso, no entanto, não quer dizer apenas que todo mundo está (em potencial) interligado, mas que esse ingresso no "mundo" significa ingressar em algo que segue uma lógica em tudo diferente. Eles acabam num mundo que é fundamentalmente diverso do que pensam e esperam – isto é, um mundo em que, como usuários de telefones celulares, eles são metamorfoseados em recursos (de dados) e consumidores transparentes e controláveis para corporações transnacionais globais. Essa é uma característica essencial da metamorfose.

Não importa que você queira poupar dinheiro evitando impostos ou que seja infértil, mas anseie por um filho. Para alcançar seu objetivo você precisa compreender e usar as diferenças legais e econômicas que existem entre vários domínios econômicos e legais em diferentes contextos nacionais. O construtor que pensa em termos estritamente nacionais – isto é, rejeita mão de obra estrangeira barata em favor de operários da construção alemães, mais caros – irá à falência. Para expressar isso de outra maneira: aqueles que tomam o imperativo nacional como imperativo para sua ação – isto é, que se detêm em fronteiras nacionais – são os perdedores no mundo cosmopolizado. Evidentemente todos são livres para não embarcar num avião ou não enviar e-mails. No entanto, essa decisão significa que eles se excluem dos espaços da ação exitosa. A ordem mundial surge da necessidade histórica de agir além e através de fronteiras para perseguir objetivos fundamentais na vida bem-sucedida. Em outras palavras, um imperativo da ação cosmopolizada surge globalmente: não importa o que pensemos ou acreditemos – nacionalista, fundamentalista religioso, feminista, patriarcal, (anti)europeu, (anti)cosmopolita ou tudo isso junto –, se agimos nacional ou localmente, somos deixados para trás. Seja qual for o tempo passado para o qual as pessoas viajam em pensamento – a Idade da Pedra, a era Biedermeier, a época de Maomé, o Iluminismo italiano ou o nacionalismo do século XIX –, para que suas ações prosperem, elas devem construir pontes para o mundo, para o mundo dos "outros". No início do século XXI, os espaços de ação são cosmopolizados, o que significa que o enquadramento da ação não é mais apenas nacional e integrado, mas global e desintegrado, contendo as diferenças entre regulações nacionais no direito, na política, na cidadania, nos serviços etc.

No mundo cosmopolizado, até eleições nacionais são organizadas de maneira cosmopolita: os partidos que querem vencer precisam obter os votos de cidadãos no exterior – por exemplo, turcos vivendo na Alemanha, cidadãos norte-americanos fora do país. Estados que reagem ao "criminoso cosmopolita" apenas do ponto de vista nacional deixam escapar fundamentalmente a cosmopolização da criminalidade. Só é possível reagir adequadamente à (e lidar com a) situação se observarmos e compreendermos os espaços de ação cosmopolizados de criminosos e corporações que agem "translegalmente".

Esse é o fim do idealismo cosmopolita e o início do realismo cosmopolita da ação bem-sucedida. Você precisa se abrir para o mundo se quiser ter sucesso! Para aqueles que têm a nação, a etnia ou a religião como uma certeza metafísica, o mundo vem abaixo. Seu desespero os leva a se voltar para o fundamentalismo nacional e religioso. Por conseguinte, centenas de estudos sociológicos perguntando o que as pessoas têm em *mente* nos contam a história de um forte recuo para as orientações renacionalizadas. Isso poderia valer em relação ao que as pessoas pensam – mas e quanto às suas atividades? Esses estudos se concentram somente nas orientações, deixando escapar com isso o ponto essencial: seja o que for que pensem e no que for que acreditem, as pessoas não podem escapar ao *Paradoxo da Metamorfose* que *é* o mundo cosmopolizado: para defender seu fundamentalismo nacional e religioso elas precisam agir – de fato, *pensar* e *planejar* – de maneira cosmopolita. Assim, elas promovem aquilo que originalmente tiveram intenção de combater: a metamorfose do mundo.

Se os pobres não agem transnacionalmente – isto é, se não se tornam "móveis como o mundo", no sentido de migrar –, eles correm o risco de ficar mais pobres. Os pobres se tornam mais pobres porque continuam nos bairros miseráveis de Bangladesh, do norte da África e nos guetos dos Estados Unidos. Os ricos se tornam mais ricos porque investem seu dinheiro onde quer que possam obter mais lucro e evitar pagar impostos. A lógica é verdadeira até para as ciências sociais: aqueles que praticam o nacionalismo metodológico perderão. Sociólogos que fazem pesquisa somente a partir de e sobre o contexto nacional bloqueiam suas carreiras e permanecem o que são: sociólogos nacionais.

Se quiser ter sucesso, você precisa se descobrir como ator em espaços de ação cosmopolizados. (Essa é uma condição necessária, mas não suficiente.) Tomemos o exemplo do desejo de ter um filho: você precisa "dar um google" a fim de encontrar a mãe certa para lhe doar os óvulos, a barriga de aluguel ou o doador de esperma. O mesmo se aplica a ajuda doméstica, cursos universitários, oportunidades de emprego – tudo precisa de "um google" para que a ação seja bem-sucedida. É o *enquadramento cosmopolita* que torna a ação *local* bem-sucedida: basta pensar em abacaxis ou no Bayern de Munique!

Portanto, a distinção entre doutrinas e espaços de ação é decisiva: no início do século XXI o mundo está ficando esquizofrênico num sentido fundamental. A despeito daquilo em que as pessoas acreditam, do que esperam ou questionam, elas têm de agir de maneira cosmopolita se quiserem ter êxito – em economia, religião, nação, comunidade ou em sua família, seus empregos, seu clube de futebol, sua vida amorosa e, por último, mas não menos importante, em seu terrorismo. A cosmopolização inclui também o corpo. Aqueles que comem apenas localmente vão morrer de fome. De fato, em tempos de mudança, aqueles que desejarem apenas respirar o ar local morrerão sufocados.

Esclarecimento conceitual: espaços de ação cosmopolizados

Se você perguntar pelas características sistemáticas da noção de "espaços cosmopolizados de ação", surgem vários aspectos constitutivos. Ao explorar essas características, é essencial ter em mente que o conceito de "espaços de ação cosmopolizados" está interligado com a noção de "metamorfose do mundo".

1. É útil distinguir entre *ação*, que combina reflexão, status e percepção exercidos por atores, e *espaços de ação cosmopolizados*, que existem mesmo que não sejam percebidos e usados por atores. Para ser claro, "cosmopolizados" vem da teoria da "cosmopolização" e não deve ser confundido com "cosmopolita", que se refere ao "cosmopolitismo" como uma norma. Além de percepções de atores (governos, empresas, religiões, movimentos civis, indivíduos etc.), é preciso haver uma análise de espaços de ação cosmopolizados, que devem ser compreendidos como não institucionalizados num enquadramento nacional. Eles são *não* integrados, *não* limitados e *não* exclusivos. Incluem recursos transnacionais, transfronteiriços, para a ação, como as diferenças entre regimes jurídicos nacionais, desigualdades radicais e diferenças culturais.

Esse nexo entre atividades além de fronteiras e além de tabus não é necessariamente um nexo de valor ou emocional, mas muitas vezes se baseia em "ignorância mútua" (barrigas de aluguel, doadores de rim e recebedores de transplante de rim). Para fazer uso delas você não precisa ter o passaporte correspondente, falar a língua correspondente ou ter a identidade correspondente. As diferenças fazem a diferença! As diferenças entre tradições culturais, as diferenças entre populações ricas e pobres, as diferenças entre sistemas legais e as diferenças na geografia constituem a nova estrutura cosmopolizada das *oportunidades*.

É também necessário distinguir entre *ações* e *práticas*. Práticas são rotinizadas, ações são reflexivas, transpondo e usando diferenças transfronteiriças. Elas são o resultado de processos históricos de aprendizado na prática. Criam *meios cosmopolitas*, não somente no topo e no meio da sociedade, mas também na base. Migrantes sem documentos tornam-se *Artisten der Grenze*, "artistas de fronteiras".

Isso não significa que, sob certas condições, espaços cosmopolizados de ação não possam se transformar em "campos de práticas" rotinizados[1] – isto é, essas fronteiras são redesenhadas e novos sistemas de regulação são criados e implementados. Mas o que interessa é que espaços cosmopolizados de ação são oportunidades abertas de ação sujeitas não à lógica da reprodução, mas à lógica da metamorfose da ordem social e política.

2. Para compreender a natureza do espaço de ação cosmopolizado, precisamos compreender a ideia de *espaços de espaços*. Espaços de espaços abrem oportunidades inesperadas, tornando assim visíveis e utilizáveis ordens e relativismos culturais de direito, valores e autoridade do Estado que se encontram em processo de metamorfose. Obstáculos (no enquadramento nacional) se metamorfoseiam em oportunidades (no enquadramento cosmopolita). Porque a lei estrangeira permite o que a lei do seu país proíbe; porque você é rico e tem condições de comprar órgãos, enquanto pessoas em outras partes do mundo são tão pobres que têm de vendê-los; porque você pode mobilizar amigos ou combatentes comunicando-se pela internet, Facebook etc. – por razões como essas, seus objetivos políticos, suas esperanças e metas na vida podem ser realizados nos espaços de ação cosmopolizados que são constituídos de maneiras muito diferentes. A experiência da relatividade de valores e proibições transforma-se numa questão: o que é prática comum nos Estados Unidos e em Israel certamente não pode ser um crime aqui, então, por

que é proibido? Será que nossas leis são mais sábias que outras? Os prós e contras de argumento e contra-argumento tornam todos os pontos de vista suspeitos; um ajuda a solapar o outro. Muitas pessoas ficam com a impressão de que ninguém tem o monopólio da verdade. Isso por sua vez suscita a questão: se todas as opiniões opostas parecem bem fundamentadas, como uma proibição poderia ser aceitável? O efeito dessas discordâncias é solapar a efetiva aspiração da lei à legitimidade, de modo que as pessoas justificam "seu" direito de violar a lei obtendo em algum outro lugar o que é proibido aqui. O que vemos nos espaços de ação cosmopolizados é a metamorfose do relativismo dos valores em legitimação do proibido.

Nesse sentido, a ideia de "espaços de espaços" difere fundamentalmente dos "campos de campos" de Bourdieu, porque estes últimos existem na unidade do Estado-nação. Espaços de espaços incluem campos de práticas nacionais exclusivos. Em contraste com minha noção de "espaço de ação cosmopolizado", a influente noção de Bourdieu de "campos de prática" explica como estruturas mais amplas de dominação social e cultural são vividas, reproduzidas e transformadas na vida e prática ou práticas cotidianas (nacionalismo metodológico).

3. Para compreender a "ação cosmopolizada", é útil recorrer ao conceito de "ação criativa".[2] "Ação criativa" diz respeito à capacidade de não aceitar as fronteiras existentes de pensamento e ação. Mais que isso, é preciso estar pronto e capacitado para traduzir fronteiras existentes em oportunidade para alcançar os próprios objetivos. A criatividade da ação cosmopolizada significa que a racionalidade da ação se metamorfoseia. A noção de "racionalidade" é metamorfoseada pelo "simples" fato de que a internalização do mundo se tornou a condição para a ação bem-sucedida.

4. Uma característica essencial dos "espaços de ação cosmopolizados" é que eles não são iguais a maneiras particulares de pensar, a doutrinas, crenças religiosas e ideologias. Ao contrário, são usados estrategicamente; de fato, têm de ser usados estrategicamente caso desejemos ser bem-sucedidos – isto é, caso desejemos alcançar nossos objetivos. Eleições nacionais são um bom exemplo. Poderia não ser um movimento bem-sucedido seguir uma *doutrina* cosmopolita normativa, mas não há como evitar *agir* estrategicamente em e através dos "espaços de ação cosmopolizados". Há diferentes maneiras de fazer isso, e a mais preeminente delas é instrumentalizar estrategicamente os recursos cosmopolizados atrás de uma fachada nacional.

5. Pela primeira vez na história há um espaço de ação que está aberto para todos. De fato, de agora em diante, é uma decisão *ativa não* usar os espaços de ação cosmopolizados (ou espaços de recursos cosmopolitas para ação). Eles não são exclusivos no sentido de que somente os poderosos atores econômicos, políticos e militares podem lançar mão deles. Atores individuais também podem usar recursos cosmopolizados – dependendo de sua posição social e de seus meios econômicos. Isso também implica uma chance para a "mobilidade ascendente". Os recursos cosmopolizados podem ser usados por pessoas que vivem "na base" através da migração imposta, que lhes permite empregar a escada para ascender até uma vida melhor, mesmo que o resultado seja uma mistura de desapontamento e desespero. Isso significa que a situação é fundamentalmente diferente daquela em que não existem os espaços cosmopolizados de ação, como foi o caso na história da humanidade até a última parte do século XX.

Hoje somos todos atores globais, mais ou menos! Talvez não voluntariamente, talvez não deliberadamente, mas porque os espaços de ação cosmopolitas oferecem chances maiores de sucesso se comparados à ação nacional, religiosa e etnicamente limitada no mundo cosmopolizado. Sabemos o que é Erd*anziehungskraft* – a atração gravitacional do planeta Terra. Este livro descobre, revela e pensa segundo a nova lei histórica do Welt*anziehungskraft* – a atração gravitacional do mundo.

Esclarecimento conceitual: a noção de metamorfose

A metamorfose do mundo se revela em especial na maneira como o pessimismo cultural dominante está se metamorfoseando. Hoje, muitos veem os pregadores da catástrofe como os últimos realistas remanescentes. Eles acreditam que o pessimismo dos catastrofistas oferece os melhores argumentos quando se trata de fazer uma avaliação consistente da situação:

> É somente uma questão de tempo até que este planeta fique tão profundamente convulsionado que escaparemos dele como insetos irritantes. Os espasmos suaves que já experimentamos são apenas os arautos sísmicos de um colapso global que – a se acreditar nos confiáveis pregadores da catástrofe – se tornou irrevogável. Sob essas circunstâncias, não é de surpreender que em toda parte estejam se formando pequenos grupos rivais que oferecem suas artes curativas homeopáticas como uma maneira de salvar o mundo: tudo um pouco menor, por favor, mais crível, mais manejável, mais justo, mais simples, mais engenhoso, mais humano. Todas as pessoas de boa vontade concordam sinceramente com elas – somente, por favor, não neste momento, não

aqui... na Alemanha, na Europa, mas em primeiro lugar lá, onde não estou neste momento. Sempre se espera que a salvação do mundo comece em outro lugar, onde o indivíduo não está.³

Todos nós sabemos que a lagarta irá se metamorfosear numa borboleta. Mas será que a lagarta sabe disso? Essa é a pergunta que devemos fazer aos pregadores da catástrofe. Eles são como lagartas, encasulados na visão de mundo de sua existência de lagarta, sem se dar conta de sua iminente metamorfose. São incapazes de distinguir entre decair e transformar-se em algo diferente. Veem a destruição do mundo e de seus valores, quando não é o mundo que está perecendo, mas sua imagem de mundo.

O mundo não está perecendo como os pregadores da catástrofe acreditam, e a salvação do mundo, tal como invocada pelos defensores otimistas do progresso, também não é iminente. Ao contrário, o mundo está sofrendo uma surpreendente, porém compreensível, metamorfose através da transformação do horizonte de referências e das coordenadas de ação, que são tacitamente consideradas constantes e imutáveis pelas posições mencionadas.

A negação do pessimismo não implica otimismo. Este livro não é sobre ser otimista ou pessimista, mas sobre desfazer a constelação distópica e pessimista por meio da identificação de suas raízes e condições sociológicas, políticas e culturais. Estamos totalmente confusos porque o que era impensável ontem é possível e real hoje em razão da metamorfose do mundo: no entanto, para ser capaz de compreender essa metamorfose é necessário não apenas explorar a dissolução da realidade sociopolítica, mas focar nos novos começos, naquilo que está emergindo e nas estruturas e normas futuras.

Como eu disse antes, a Virada Copernicana 2.0 significa que o imperativo de conceber e afirmar a nação como a estrela fixa em torno da qual o mundo gira está sendo suplantado pelo imperativo de pensar o "mundo" e a "humanidade" como estrelas fixas em torno das quais as nações giram. Como, em que formas e etapas essa metamorfose de nossa visão de mundo está ocorrendo? Não como um programa ideológico-cosmopolita de cima para baixo, como quereriam os manuais filosóficos. Ao contrário, o agente da metamorfose do mundo é a interminável história do fracasso. Para falar sem rodeios, a pobreza global está aumentando, o envenenamento do planeta está aumentando, assim como o analfabetismo global, ao passo que o crescimento econômico global deixa muito a desejar, a população do mundo está crescendo de forma ameaçadora, a ajuda humanitária contra a fome global é inadequada e o mercado global – especialmente o mercado global – nos leva a todos para a ruína. Esse persistente lamento público é o que dá início e acompanha a mudança nas visões de mundo. Decisivas nesse aspecto não são simplesmente as estatísticas como tais, mas o fato de que elas são comunicadas publicamente como um escândalo, como um fracasso político e moral ultrajante. Dessa maneira, as noções de "mundo" e "humanidade" são tornadas plausíveis como pontos de referência máximos, como as novas estrelas fixas, e são produzidas e reproduzidas como uma estrutura de racionalidade. Através de imagens televisivas da consternação cotidiana com o fracasso da ação institucionalizada, a velha ordem social e política se metamorfoseia e se dão os primeiros passos rumo à produção e reprodução de uma nova ordem, agora literalmente uma ordem "mundial". O paradoxo é que as queixas e acusações sobre o fracasso do mundo estão despertando a consciência do mundo.

Esse é o tema de uma sociologia empírica da metafísica da metamorfose da visão de mundo, algo que posso apenas insinuar aqui.

Como sabemos, conceitos teóricos frequentemente dão margem a mal-entendidos, que em seguida fornecem material para controvérsias que enchem bibliotecas inteiras. Sem dúvida esse será o caso do conceito de "metamorfose do mundo" aqui apresentado. Para prevenir esses possíveis mal-entendidos tentaremos agora defini-lo de maneira mais precisa.

Político normativo vs. descritivo

Quando os sociólogos falam de "mudança" (ou de "mudança social"), com frequência isso é compreendido como mudança *política* – em outras palavras, como uma mudança programática na sociedade sob a bandeira de socialismo, neoliberalismo, fascismo, feminismo, colonização, descolonização, ocidentalização etc. Esse tipo de mudança consciente, intencional e programática na sociedade, tendo em vista objetivos específicos, é precisamente o que *não* queremos designar com o conceito da metamorfose do mundo. A metamorfose do mundo é algo que acontece; não é um programa. "Metamorfose do mundo" é uma expressão descritiva, e não normativa.

Tudo ou o novo

Se, no que vem a seguir, estou interessado em introduzir esse conceito de metamorfose do mundo, isso não significa que eu pense em *tudo* que ocorre na sociedade hoje – na economia e na política, na esfera do trabalho, no sistema educacional e na família etc. – como uma metamorfose. Essa certamente não é a minha intenção. Tal afirmação seria exagerada e também falsa. Mas, pela mesma razão, seria igualmente equivocado deixar de considerar a metamorfose desde o princípio – como é costumeiro nas teorizações tradicionais – e recusar-se a vê-la ao menos como uma possibilidade. De meu ponto de vista, de maneira alguma se pode dizer que tudo é uma metamorfose do mundo. Ao contrário, estamos olhando aqui para a presença simultânea, o entrelaçamento, do mundo, da mudança social e da reprodução da ordem social e política com todos os seus movimentos compensatórios. Estou interessado não no presente em sua totalidade, mas no que é novo em nossa realidade presente.

Essa é a diferença decisiva entre minha abordagem e as teorias e rotinas de pesquisa atuais das ciências sociais, que se concentram exclusivamente na mudança social no interior da estrutura de reprodução da ordem social e política. Sua própria abordagem exclui a possibilidade da metamorfose do mundo. Em contraposição, meu ponto de partida é que é somente no contexto da metamorfose do mundo que podemos explorar as relações entre metamorfose, mudança, reprodução e seus movimentos compensatórios. A ponderação relativa de cada um desses fatores é algo que deve ser investigado empiricamente.

Em suma, ao introduzir o conceito da metamorfose do mundo, minha intenção não é substituir a tipologia existente acerca da mudança na sociedade e na política por outra completamente diferente. Meu objetivo é *complementar* essa tipologia com uma nova que até agora passou despercebida.

Nenhum determinismo – nem otimista nem pessimista

Equiparar a metamorfose do mundo a uma mudança para melhor não seria menos equivocado. Metamorfose do mundo não diz de maneira alguma se uma dada transformação é para melhor ou para pior. Como conceito, ela não expressa nem otimismo nem pessimismo sobre o curso da história. Não descreve o declínio do Ocidente nem sugere que tudo será melhor. Deixa tudo em aberto e nos orienta para a importância das decisões políticas. Realça o potencial da sociedade de risco mundial para levar à catástrofe, mas também a possibilidade de um "catastrofismo emancipatório".

Metamorfose do mundo uniforme vs. diversa

Ao afirmar que a metamorfose do mundo é o traço característico da era atual, não desejo sugerir que ela assumirá a mesma forma em todas as regiões do mundo. Para tomar o exemplo da mudança climática mais uma vez, sabe-se muito bem que, embora o derretimento das geleiras possa representar uma ameaça existencial para os ursos-polares, quando se trata da humanidade o mesmo processo talvez crie novas oportunidades para a agricultura e a exploração de petróleo. A mudança climática pode ter consequências diferentes ou até opostas para diferentes grupos na mesma região, e é possível se afirmar o mesmo, com força ainda maior, para diferentes regiões. A mudança climática pode levar à seca numa região e a novos vinhedos em outra. Por essa razão é essencial concentrar-se na geografia social da metamorfose do mundo. Isso dá origem a um complexo modelo de vários níveis da metamorfose que leva em conta a interação das condições locais, regionais, nacionais e globais, e desenvolve estruturas específicas, como consequência das desigualdades sociais e das relações de poder sociais.

Em suma, metamorfose não é mudança social, não é transformação, não é evolução, não é revolução e não é crise. É uma maneira de mudar a natureza da existência humana. Significa a era dos efeitos colaterais. Desafia nosso modo de estar no mundo, de pensar sobre o mundo, de imaginar e fazer política. E exige uma revolução científica (tal como compreendida por Thomas Kuhn)[4] – de "nacionalismo metodológico" para "cosmopolitismo metodológico".

Metamorfose do mundo e a sociedade de risco mundial

O conceito de metamorfose do mundo que estou introduzindo aqui não implica que só possamos conceber uma forma específica de metamorfose. Ao contrário, pode haver e haverá várias teorias da metamorfose do mundo, assim como há várias teorias da mudança, da revolução e da evolução.

Neste livro desejo desenvolver uma teoria específica da metamorfose do mundo, a saber, aquela que surge de sua conexão com as teorias da sociedade de risco mundial, cosmopolização e individualização – em outras palavras, modernização reflexiva e segunda modernidade.

Diagnóstico e descrição

Mas como podemos operacionalizar e testar empiricamente a validade dessa conexão entre o conceito de metamorfose do mundo e a teoria da sociedade de risco mundial? Não se supõe que a metamorfose do mundo seja "normal", da mesma maneira que a "mudança", ou, de uma forma diferente, a "revolução" e a "evolução". Ela não é normal tampouco no sentido estatístico. É um território desconhecido. Por essa razão, desenvolvo a seguir uma série de conceitos descritivos da metamorfose do mundo interconectados e de médio alcance – tais como "espaços de ação cosmopolizados", "classe de risco", "condições de poder definicional", "catastrofismo emancipatório", "comunidades de risco cosmopolitas" etc. Nesse sentido, este livro é um experimento mental a ser empiricamente examinado no projeto de pesquisa "Methodological cosmopolitanism – in the Laboratory of Climate Change", apoiado pelo European Research Council.

2. Sendo Deus

A metamorfose do mundo, argumento eu, inclui a metamorfose da imagem de mundo, que tem duas dimensões: a metamorfose do enquadramento e a metamorfose da prática e da ação. A ideia será mais desenvolvida neste capítulo. A visão de mundo sempre comporta também uma imagem de humanidade. Tomando o exemplo da medicina reprodutiva, proponho-me a traçar, por um lado, a metamorfose da vida humana e, por outro, a metamorfose da imagem da humanidade, a imagem de maternidade, paternidade e parentalidade que foi válida por milênios. Isso significa que uma nova estrutura e um novo espaço para a ação cosmopolita estão emergindo juntamente com as novas opções apresentadas pela tecnologia médica, em particular também onde a velha imagem da humanidade ainda domina o pensamento das pessoas. Para dizê-lo de modo conciso: o que costumava ser um ato íntimo e quase "sagrado" metamorfoseou-se num campo cosmopolizado global de atividades.

Por que não mudança social, por que metamorfose da parentalidade?

Ao longo de toda a história da humanidade e até nossos dias, duas coisas foram consideradas inabaláveis. Primeiro, era im-

Sendo Deus

possível controlar a reprodução humana (exceto por práticas de contracepção muito pouco confiáveis e a possibilidade do aborto). Segundo, o cuidado e a responsabilidade pelos filhos constituíam uma lei moral (ainda que muitas vezes violada). Seja guerra ou paz, senhor ou criado, modernidade inicial ou tardia, centro ou periferia, uma relação indissolúvel, predeterminada como lei natural, percorre todas as fases, situações e agrupamentos da história humana: a unidade biológica de mãe e filho que marca o início da vida humana.

Essa unidade pode assumir muitas manifestações e pode até ser adaptada às mais diversas ideologias e visões de mundo. Na Europa dos séculos XVIII e XIX, a mãe foi transfigurada numa figura mítica e colocada no altar do amor materno na filosofia, na religião e na educação. No século XX, a maternidade foi instrumentalizada na Alemanha nazista para os fins de conquista do mundo e recompensada com a *Mutterkreuz*.* Algumas décadas mais tarde, no curso da expansão da educação superior, do crescente número de mulheres empregadas e dos poderosos movimentos de mulheres, a maternidade tornou-se uma importante aposta nas lutas culturais: de um lado, a "mãe indiferente", que negligencia seus filhos, de outro, a "dona de casa urbana", a supersolícita mulher do lar.

Hoje podemos encontrar uma nova pluralidade de arranjos maternos – mães trabalhadoras, mães solteiras, donas de casa. Mas o pressuposto, mesmo em estudos feministas, é de que mães e filhos vivem num só lugar. De fato, a maternidade transnacional está emergindo: mães migram para países distantes, para ganhar dinheiro, deixando seus filhos em casa, a fim de lhes dar opções melhores na vida.[1]

---

* *Mutterkreuz*: Cruz de Honra das Mães Alemãs, condecoração concedida na Alemanha nazista às mães com vários filhos. (N.T.)

Algumas dessas tendências recentes foram vistas e descritas como dramáticas. Todas elas, contudo, recaem na categoria de mudança social. Embora representem grandes alterações nas relações de gênero, na divisão de trabalho entre os sexos e na posição das mulheres, não tocam, interferem ou se imiscuem nas origens da vida humana. A metamorfose do mundo em relação a maternidade e paternidade, em contraposição, começa com a maleabilidade da concepção por meio da tecnologia médica. A gênese da vida humana está exposta à intervenção e à vontade criativa humana, mas, em consequência, torna-se também o playground dos mais diversos atores e interesses espalhados pelo mundo.[2]

O que está acontecendo aqui não pode ser compreendido como uma "crise" da hominização pré-natal ou como um "fracasso" da ciência que deve ser superado para se retornar ao processo natural de procriação. Aqui, na cooperação entre medicina, genética e biologia, e nos sucessos resultantes dessa cooperação, limiares de mutabilidade e de intervenção de interesse estão sendo transpostos de maneira irrevogável, com a fertilização in vitro desempenhando um papel essencial. Essa expressão se refere à fertilização num tubo de ensaio, ou in vitro – FIV para abreviar. Ela foi realizada pela primeira vez em 1978, na Grã-Bretanha, e tornou-se instantaneamente uma sensação médica. Pela primeira vez na história humana nasceu uma criança que tinha sido concebida fora do útero.

Ser Deus sem querer ser Deus

O que significa metamorfose aqui? Uma chave é fornecida pelo argumento dos efeitos colaterais. O objetivo original era tratar problemas de fertilidade de mulheres – para ser mais preciso, de esposas (porque, inicialmente, ninguém sequer considerava o desejo das mulheres solteiras de ter filhos). Para que se possa executar essa tarefa de reparo de forma orientada pela imagem convencional da família, é necessária uma compreensão mais precisa dos processos funcionais na área da fertilidade e infertilidade. Essa compreensão cada vez mais precisa dá origem, por sua vez, como um efeito colateral, à possibilidade de intervenções cada vez mais amplas no desenvolvimento da vida humana.

Em outras palavras, os pioneiros da medicina reprodutiva não estavam tentando mudar nossa imagem da humanidade. Não eram motivados por uma ideologia ou um programa político e não pretendiam promover uma revolução. Ao contrário, seu objetivo, como devemos agora observar em retrospecto, era muito convencional. Era ajudar casais desesperados a ter o filho que tanto desejavam usando tecnologia médica para contornar uma tuba uterina obstruída. O que foi, biologicamente falando, um importante feito pioneiro serviu de início no contexto social para reproduzir a imagem tradicional da família. O que podia ser mais natural que usar uma intervenção médica para realizar um desejo "natural" profundamente acalentado de casais casados? Os pioneiros médicos estavam longe de querer brincar de Deus, agir como senhores da Criação ou criar o "novo homem". Queriam simplesmente permitir que casais desesperados realizassem sua esperança de ter um filho.

No entanto, por mais convencional que seja esse ponto de partida, a discrepância entre pensamento e ação já é evidente. Embora os objetivos dos pioneiros ainda estivessem fixados na estrutura da velha visão de mundo de um conceito tradicional de família, no nível prático foram escancarados os portões para a manufaturação cada vez mais ampla da vida humana. Esse é o primeiro passo em direção à metamorfose da imagem de seres humanos e do mundo – ou, para ser mais exato, do enquadramento para a ação relativa a concepção, gravidez e parentalidade. O segundo passo está implícito nesse horizonte técnico. A unidade de concepção, gravidez e nascimento outrora estipulada pela natureza como um destino na pessoa da mãe se despedaça, e esses subprocessos se tornam desacoplados no espaço, no tempo e no nível social. Isso dá origem a novas opções, formas e relações na emergência da vida humana para as quais a linguagem existente ainda carece de palavras e conceitos apropriados. A razão é óbvia: todas as línguas no mundo estão enraizadas no velho horizonte da unidade predeterminada da parentalidade. O uso inflacionário de aspas atesta essa tentativa inútil de captar na linguagem o que nunca existiu antes, o que foi previamente inimaginável.

O ato de procriação não mais ocorre face a face ou corpo a corpo num encontro pessoal, físico, entre homem e mulher. Ele não mais exige a presença de duas pessoas ao mesmo tempo no mesmo lugar, mas pode ser deslocado para um laboratório em algum lugar do mundo, para qualquer útero aleatório, alugado em qualquer momento arbitrário. De fato, o que é ainda mais importante, o "pai" biológico e a "mãe" biológica não precisam nem viver ou ter vivido ao mesmo tempo, porque agora até mortos podem conceber e dar filhos à luz.

Isso dá origem (independente das intenções e da autocompreensão dos médicos) a opções historicamente novas, antes desconhecidas, e assim também a categorias sociais, de parentalidade: "mães sociais" que "encomendam" e "compram" um filho; "doadores de esperma" e "doadoras de óvulos" que vendem os "materiais" biológicos para "fazer" uma criança;

"barrigas de aluguel" que carregam uma criança; "mães sem pai"; "pais sem mãe"; mulheres pós-menopáusicas "grávidas"; "pais gays"; "mães lésbicas"; mães e pais cujos parceiros estão mortos (há muito tempo); avós que têm um neto concebido após a morte do filho ou da filha; e outras coisas do gênero.

Essas fórmulas linguísticas são todas inadequadas, enganosas, controversas, provocativas – para alguns, até ofensivas. Elas refletem a transgressão de tabus provocada pela manufatura médico-tecnológica da vida humana. O método de tornar a nova realidade das relações pais-filhos tangível e compreensível recorrendo a conceitos conhecidos trunca e normaliza o processo de metamorfose que foi posto em movimento.

Uma outra onda de efeitos colaterais (metamorfose) surge porque as inovações técnicas mencionadas coincidem com uma rápida transformação de estilos de vida e modelos de família nas sociedades ocidentais. O resultado é que a gama de clientes potenciais da medicina reprodutiva expandiu-se enormemente no espaço de alguns anos. Com a normalização social e o reconhecimento legal de formas e estilos de vida que antes eram tabus, alvos de discriminação ou mesmo criminalizados, novos grupos estão agora também declarando seu desejo de ter filhos: casais não casados, solteiros, gays e lésbicas, mulheres pós-menopáusicas e assim por diante.[3] Agora que o direito básico à igualdade também se aplica a esses grupos, e que, ao mesmo tempo, a gama de opções fornecidas pela tecnologia médica para satisfazer o desejo de ter filhos está se expandindo rapidamente, não há mais nenhuma razão em princípio para restringir as opções desses grupos de estilo de vida – com a consequência de que as represas estão se rompendo.

Na realidade, entretanto, há duas importantes barreiras secundárias que restringem com severidade o uso do que é tecnicamente possível. Primeiro, as formas correspondentes de tratamento são tecnicamente complexas e por isso muito caras. Segundo, as opções médico-tecnológicas e as possibilidades para usá-las são percebidas e avaliadas de maneiras muito diferentes e com frequência até conflitantes no contexto de distintas visões de mundo e concepções diversas do ser humano.[4] Por esse motivo, uma comparação entre países revela na prática regulações legais e prescrições religiosas muito diferentes, variando do *laissez-faire* (Estados Unidos, Israel) a restrições abrangentes (Alemanha).

Cosmopolização pré-natal

O mundo cosmopolizado oferece possibilidades especiais para se lidar com o problema de custos elevados. Como a tecnologia médica desarraigou, objetivou e especializou a concepção, a gravidez e o nascimento, estes podem agora ser distribuídos e reorganizados segundo os princípios da racionalidade econômica e as regras do mercado global. Eles se tornam um campo de atividade do "capitalismo terceirizante", governado pelos princípios de minimização dos custos e maximização dos lucros. Estão sendo distribuídos pelos continentes de acordo com as regras da desigualdade global e da divisão global do trabalho. Contratar uma barriga de aluguel para nove meses de gravidez é caro em regiões ricas e muito mais barato em países com um grande contingente de mulheres pobres. Dessa maneira, a base para um novo setor econômico global também está lançada. Está começando o que se chama, de forma um tanto otimista, de "turismo da fertilidade" especializado no "filho mercadoria", dando origem finalmente à figura social da família cosmopolita pré-natal, composta à maneira de uma colcha de retalhos.

A essência do capitalismo reside em sua dinâmica e, especificamente, em sua capacidade de superar os obstáculos existentes para a metamorfose da maternidade "natural" na produção industrial da maternidade pré-natal, abrindo-a assim para o mercado global. Esse tipo de "cosmopolização pré-natal" começa com a "acumulação pré-natal", a expropriação, pelos médicos e pelas clínicas de fertilidade, dos recursos biológicos de concepção dos "pais naturais" ("doadores de esperma") e das "mães naturais" ("barrigas de aluguel"). O caráter sagrado da maternidade e as restrições nacionais ao intercâmbio no mercado global desses recursos biológicos estão sendo superados, porque as desigualdades globais entre os ricos e os pobres minimizam os custos e maximizam os lucros. Portanto o "capitalismo pré-natal" desloca o centro de gravidade da vida social – maternidade – de uma união sagrada, biológica, tradicional para uma "cosmopolização invisível", criando e integrando formas sociais e territoriais de paternidade e maternidade biológicas "à distância" no destino dos filhos. Em consequência, a infância pré-natal torna-se o foco de debates e conflitos globais, legais, políticos, éticos e religiosos.

O que está ocorrendo nos laboratórios de medicina reprodutiva e nas clínicas da indústria pré-natal não constitui uma "revolução", porque nada tem a ver com sublevação política ou mudança de regime entre elites. Tampouco pode ser compreendido em termos do conceito de "evolução", porque não segue uma lei antecedente de desenvolvimento ou princípio básico (seleção biológica, diferenciação funcional etc.). O paradoxo da metamorfose da hominização pré-natal pode ser expresso da seguinte maneira: de forma não intencional, sem um objetivo, inadvertidamente, para além da política e da democracia, os fundamentos antropológicos do início da vida estão sendo reconfigurados pela porta dos fundos dos efeitos colaterais do sucesso da medicina reprodutiva.

À sombra da falta de palavras, estão emergindo um novo mundo e uma nova imagem de mundo sobre a vida humana

O ponto principal ou mesmo o paradoxo da metamorfose é que, de maneira inadvertida e não intencional, sob a superfície de nossos conceitos de ser humano, que imaginávamos eternos, um novo mundo e uma nova imagem de mundo estão emergindo juntamente com o poder normativo do factual; talvez até mesmo uma nova ordem mundial para a qual não temos nenhum conceito, para a qual literalmente carecemos de uma linguagem. Uma insurreição se rebela contra isso, ora aqui, ora ali, e imediatamente se perde de novo na falta de palavras autorreflexiva.

A metamorfose, compreendida assim como uma revolução global de efeitos colaterais à sombra da falta de palavras, provoca uma reação em cadeia do fracasso das instituições no pleno esplendor de sua funcionalidade (Capítulo 7). A política (na medida em que ela reivindica para si a tarefa de regular) fracassa, nem que seja só porque, segundo seu próprio conceito, ela pode operar apenas dentro das fronteiras e dos antagonismos nacionais – mas a revolução global de efeitos colaterais na medicina escapa às tentativas de regulação do Estado-nação. O direito, juntamente com as diferentes concepções da lei, fracassa pela mesma razão. Por fim, nossa compreensão da moralidade e da ética também fracassa. Por um lado, as questões e alternativas apresentadas pela maleabilidade pré-natal da condição humana recebem valorações muito diferentes e diametralmente opostas em diferentes contextos tradicionais e esferas culturais; por outro lado, estudos relevantes mostram que valores universais, como a proteção da dignidade humana, justificam tanto a proibição quanto a injunção de usar as tecnologias pré-natais e o modo alternativo de configurar a parentalidade. Quando mães e pais que com frequência estão espalhados pelo globo são ao mesmo tempo incluídos (biologicamente) e excluídos (socialmente) das novas "formas de família", de quem é a dignidade humana que em tese se protege?

Isso por sua vez reflete os mundos de diferença entre mudança e metamorfose. A mudança ocorre dentro da ordem existente e das certezas antropológicas que a sustentam, que estão integradas e predeterminadas histórica e institucionalmente nas formas da política e do direito do Estado-nação e na noção de valores universais (protegendo a dignidade humana). A metamorfose destrói essas certezas, ao mesmo tempo que põe as instituições existentes sob enorme pressão para agir através de alternativas práticas novas, antes inimagináveis. Essa pressão, como foi indicado, não pode ser dominada com os conceitos e instrumentos usuais. Por conseguinte, o resultado é uma "reforma" da ordem de modernidade do Estado-nação. Por "reforma" entendo (seguindo a e me afastando da Reforma desencadeada por Martinho Lutero contra a Igreja católica, com seu "Aqui me mantenho; não posso fazer outra coisa") uma metapolítica, uma política de políticas, uma política que remodela a compreensão do Estado-nação e suas normas e instituições correspondentes – não em todas as direções e contradireções possíveis, mas tendo em vista a renovação e extensão cosmopolitas dos potenciais transformadores da política nacional (Capítulo 9). Isso provoca acerba resistência, em todos os níveis e em todos os contextos, por parte de contrarreformistas que defendem as velhas certezas e sua ordem institucionalizada contra o ataque violento de um mundo que se tornou "louco".

A prova de fogo para isso é o conflito. Entre os casos mais conhecidos de conflito estão disputas que irrompem entre barrigas de aluguel e os pais contratantes quando a barriga de aluguel quer ficar com a criança após o nascimento, contrariando os acordos, e os pais contratantes iniciam uma ação judicial para a entrega da criança. Quem tem "direito" à criança nesse caso? A quem a criança pertence? Quem deveria ser considerado sua mãe ou seu pai? Casos desse tipo ocuparam os tribunais, algumas vezes durante anos. Quando as "mães" fazem reivindicações jurídicas conflitantes acerca de "seu" filho, da "verdadeira maternidade", os juízes se veem no dilema brechtiano do círculo de giz. No entanto, ao contrário do juiz de Brecht, eles não podem tomar a sabedoria da experiência de vida como base para as suas decisões, devendo acatar os artigos da lei nacional. A única questão é: que lei, que artigos?

Essa questão se torna particularmente contenciosa em países em que se aplica o direito consuetudinário, que é baseado em precedentes. Mas onde encontrar esses precedentes numa era em que o que nunca existiu antes é subitamente uma realidade? Sem dúvida, hoje a medicina reprodutiva pode ajudar muitos homens e mulheres a realizar seu desejo longamente acalentado de ter um filho. Mas ao mesmo tempo ela também dá origem a tragédias humanas em que os interesses e desejos de novos tipos de grupos colidem – "mãe contratante" vs. "pai biológico", "pai social" vs. "barriga de aluguel", "mãe social" vs. "pai biológico", filho vs. "pai biológico" e assim por diante.

A indústria da reprodução opera globalmente; política e leis respondem aos desafios nacionalmente. Mas a legislação nacional está sendo cada vez mais solapada no nível global por homens e mulheres que se transferem para países com regulações menos severas. O resultado é um labirinto de regulações que sobrecarrega as equipes das autoridades em questão. Assim, os escrivães na Alemanha ou o pessoal das embaixadas alemãs cada vez mais têm de lidar com homens, mulheres e casais alemães que, por exemplo, contrataram os serviços de uma barriga de aluguel na Índia, mas, quando quiseram levar a criança para a Alemanha, foram apanhados nas contradições entre sistemas legais. Sob a lei indiana, a criança tem pais alemães, portanto, sem direito a um passaporte indiano; mas ela tampouco pode obter o passaporte alemão porque o uso de barriga de aluguel é ilegal na Alemanha, e por isso não reconhecido pelas autoridades locais. Por esse motivo, a Associação Federal Alemã de Escrivães exigiu uma reforma da situação legal alguns anos atrás. "A Associação Federal Alemã", nas palavras da resolução, "considera necessária uma reforma do direito de família em razão do aumento da maternidade de substituição, proibida na Alemanha."

Isso não acontece somente com advogados e servidores públicos, mas com todos nós, que ficamos para trás, na linguagem e no pensamento, na metamorfose do mundo que se torna realidade com a súbita possibilidade de manipular o início da vida humana. Somos todos prisioneiros de uma linguagem que conserva as velhas certezas da maternidade e é cega, e nos torna cegos, para a nova diversidade de opções e formas de parentalidade. O útero não é mais o útero da mãe – que mãe? A pátria não existe mais; em vez disso temos as terras dos pais. E, enquanto antes se costumava considerar que *pater semper incertus*, na era atual da tecnologia genética, a fórmula legal é *pater certus*. Ao mesmo tempo, porém, o princípio *mater certa* já não se sustenta; em vez disso, é *mater incerta* – a criança tem muitas mães. Simultaneamente, o termo escorregadio "doador de esperma" (aliás, um eufemismo que disfarça o ato comercial de vender o próprio esperma) reduz o homem a fornecedor da matéria-prima da indústria da reprodução e sugere uma relação biológica além da responsabilidade e da ética. Mas a insustentabilidade desse eufemismo torna-se afinal patente quando os filhos de "doadores de esperma" começam a perguntar sobre sua origem e saem à procura do grande desconhecido, seu "pai biológico".

Panorama: o imperativo categórico da responsabilidade parental está sucumbindo

O exemplo da medicina reprodutiva mostra como hoje as pessoas – mesmo que calhem de viver numa remota cidade provincial turca ou numa aldeia suábia e nunca tenham deixado sua terra natal – operam dentro de um campo cosmopolizado de ação e são mais capazes de realizar seus objetivos de vida e desejos básicos se superarem as limitações culturais e financeiras de seu ambiente nacional. Aqueles que querem um filho a qualquer custo devem superar fronteiras locais e nacionais e usar as possibilidades propiciadas pelo espaço global. Devem explorar e comparar ofertas que se estendem da Ucrânia à Índia, procurar brechas e até se dispor a tomar desvios "translegais"; e, se necessário, também a fazer opções proibidas pelas leis de seu país ou as regras de sua religião.

Como se mostrou, uma nova imagem da humanidade e de mundo está ganhando forma como produto e efeito colateral dos rápidos desenvolvimentos da tecnologia médica. Isso está ocorrendo de maneira quase imperceptível, em muitos pequenos passos sucessivos, mas não no sentido de uma evolução deliberada ou de uma revolução ideologicamente definida e sistematicamente planejada.

A metamorfose do mundo significa, portanto, que a imagem da humanidade, que parecia fixada para sempre, está se desintegrando, e uma nova imagem emerge; no momento, podemos discernir apenas seus imprecisos contornos iniciais. As controvérsias a respeito da medicina reprodutiva sempre versam basicamente, também, de maneira tácita, sobre a defesa de uma velha imagem da humanidade e a imposição de uma nova.

Nesse debate, os protagonistas afirmam que o resultado é o que interessa – o nascimento da criança justifica os meios. Por outro lado, vozes críticas salientam que as questões fundamentais lançadas pela possibilidade de manufaturar a vida humana estão sendo respondidas através do poder mudo do mercado mundial capitalista; desse modo, são sufocadas, por assim dizer, antes mesmo que possam ser propostas e debatidas publicamente.

Enquanto a velha concepção do que significa ser humano se baseava no imperativo categórico da responsabilidade parental, esse princípio está sendo erodido pela diferenciação técnica, pela multiplicação e anonimização da parentalidade. Se uma criança nasce com uma deficiência grave, se o sonho tão acalentado de um filho resulta "acidentalmente" em quádruplos ou quíntuplos, se os pais contratantes se divorciam ou morrem – quem é então responsável pelo bem-estar da criança? Quem decide o que é legal nesse caso, e com base em que lei? Aqui, no coração do surgimento industrializado e globalizado da vida humana, um campo legal difuso, extremamente controverso, está emergindo, uma terra de ninguém de responsabilidade ou irresponsabilidade.

Hoje podemos encontrar precursores do caráter provisório da responsabilidade parental nos procedimentos para lidar com (na reveladora terminologia) "embriões excedentes". Deveriam ser congelados? Doados a outros casais? Disponibilizados para fins de pesquisa? Vendidos para ter lucro – segundo o princípio implante os "bons" no próprio útero, elimine os "maus" e doe-os?

Aqui, presos no jargão tecnológico, já ouvimos falar de "controle de qualidade" de embriões, "armazenamento" de embriões e assim por diante, o que ignora o fato de que isso envolve seleção pré-natal e, se necessário, a destruição de vida humana futura.

Em consequência, um *paradoxo da nova imagem da humanidade* está se evidenciando: precisamente onde o desejo de ter filhos é tão premente e esmagador, uma indiferença, na realidade uma irresponsabilidade organizada, se insinua nos procedimentos técnicos e é praticada, tornando-se perfeitamente "natural" e substituindo o caráter incondicional da responsabilidade parental.

Não há nenhum sinal de "desastre emancipatório" (Capítulo 7).

3. Como a mudança climática poderia salvar o mundo

Hoje, a maior parte das discussões sobre mudança climática está impedida. Elas são capturadas por um catastrofismo que circula no horizonte do problema: a mudança climática é *ruim* para o quê? Do ponto de vista da metamorfose, como ela é uma ameaça para a humanidade, podemos e deveríamos virar a questão de cabeça para baixo e perguntar: a mudança climática é *boa* para o quê (se sobrevivermos)? O surpreendente ímpeto da metamorfose é que, se você acredita firmemente que a mudança climática é uma ameaça fundamental para toda a humanidade e a natureza, isso poderia ocasionar uma virada cosmopolita em nossa vida contemporânea, e o mundo poderia ser mudado para melhor. Isso é o que chamo de *catastrofismo emancipatório* (Capítulo 7).[1]

Para evitar mal-entendidos, não afirmo que precisamos de uma catástrofe do tipo big bang para nos tornarmos otimistas renascidos, nem quero traçar e defender a contraimagem de um hiperotimismo, esperando uma salvação tecnológica de todos os males do mundo atual por meio de inovações digitais (como fazem alguns). A metamorfose cosmopolita da mudança climática (ou do risco global em geral) diz respeito à coprodução de percepções de risco e horizontes normativos: o apocalipse não conhece limites. Vivendo na modernidade suicida (capitalismo), a caixa-preta das questões políticas fundamentais se reabre: quem fala pelo "cosmo"? Quem representa a "humanidade"? É o Estado? A cidade? Os atores da sociedade civil? Especialistas? "Gaia"?[2] E quem fala por sua própria espécie? O risco global da mudança climática é uma espécie de memória coletiva, compulsiva – no sentido de que decisões e erros passados estão contidos naquilo a que nos vemos expostos, e que mesmo o mais elevado grau de reificação institucional nada mais é que uma reificação que pode ser anulada, um modo de ação emprestado que pode e deve ser mudado se levar ao autocomprometimento. A mudança climática é a corporificação dos erros de toda uma época de industrialização contínua, e os riscos climáticos perseguem seu reconhecimento e correção com toda a violência da possibilidade de aniquilação. Eles são uma espécie de retorno coletivo do recalcado, em que a autoconfiança do capitalismo industrial, organizado na forma da política de Estado-nação, é confrontada com seus próprios erros transmutados numa ameaça objetificada à sua própria existência.

O que a mudança climática faz para nós?

Ao abordar a mudança climática no nível da política mundial (e local), podemos distinguir duas formulações básicas das questões envolvidas. A primeira faz uma pergunta normativa e política: "O que podemos fazer contra a mudança climática?" Esta é a questão convencional formulada por cientistas, políticos e ativistas ambientais em busca de soluções para o problema, ainda que isso se mostre decepcionante. Em contraposição, a segunda formulação (fundamentada na metamorfose) propõe a questão sociológica e analítica: "O que a mudança climática faz para nós, e como ela altera a ordem da sociedade e a política?" Propor essa questão nos permite pensar para além do apocalipse ou da salvação do mundo e focalizar em sua metamorfose. Dessa maneira, isso nos permite recuar e repensar os conceitos fundamentais em que os discursos atuais da política climática estão aprisionados e explorar a contínua metamorfose que ocorre sob o radar.

Sob o estresse de encontrar soluções viáveis, a primeira questão tende a dominar a segunda. Essa é uma razão importante pela qual, no momento atual, nossos poderes coletivos de imaginação social e política parecem estar travados. Esse bloqueio é agravado, entretanto, por dois fatores adicionais. Primeiro, o acentuado *sucesso* dos poderes preditivos das ciências do clima agora introduz uma situação paradoxal, em que as discussões da mudança climática públicas e midiáticas acontecem sob a guilhotina do "ponto da virada".[3] Nunca antes na história humana a vida política foi saturada por tanto conhecimento sobre uma emergência global por vir. Em vez de contribuir para respostas públicas ponderadas, contudo, a retórica dos pontos de virada acelera a questão e se interpõe no caminho de uma reflexão sociopolítica.

Em segundo lugar, exatamente no momento em que o espectro da mudança climática encena a necessidade de uma POLÍTICA em grande escala do próprio planeta, públicos globais se veem confrontados com a pura impotência das políticas nacionais-internacionais agora existentes. Como se testemunhou no drama representado durante a Conferência COP-15 em Copenhague, em 2009, a desconexão de fato é imensa – e, após um enorme acúmulo de expectativas sociais, as decepções políticas resultantes são igualmente profundas. Em lugar da reemergência da política, um *imaginário apocalíptico* domina agora a esfera pública, servindo como "profilaxia afetiva" destinada a impedir preventivamente choques traumáticos fortes demais provocados pela catástrofe "antecipada".[4] Os pessimistas do clima que promulgam esse imaginário apocalíptico se comportam de maneira muito parecida ao do famoso anjo da história na parábola de Walter Benjamin sobre a pintura *Angelus Novus*, de Paul Klee: a tempestade da mudança climática os impele irresistivelmente para um futuro político que está às suas costas e que eles continuam incapazes de ver ou compreender.

Neste livro, lanço a hipótese de que a principal fonte de pessimismo climático reside numa incapacidade generalizada e/ou na recusa de repensar questões fundamentais de ordem social e política na era dos riscos globais. Para enfrentar essa incapacidade, a teorização e pesquisa cosmopolita que proponho depende do reconhecimento de que a mudança climática altera a sociedade de maneiras fundamentais, acarretando novas formas de poder, desigualdade e insegurança, bem como novas formas de cooperação, certezas e solidariedade através das fronteiras. Três fatos ilustram essa interpretação.

Em primeiro lugar, o nível do mar em elevação cria paisagens cambiantes de desigualdade – desenhando novos mapas-múndi cujas linhas principais não são fronteiras tradicionais entre Estados-nação e classes sociais, mas elevações acima do mar ou de rios. Essa é uma maneira totalmente diferente de conceituar o mundo e nossas chances de sobrevivência dentro dele (Capítulo 4).

Em segundo lugar, a mudança climática produz um sentido básico de violação ética e existencial que cria novas normas, leis, mercados, tecnologias, compreensões da nação e do Estado, formas urbanas e cooperações internacionais.

Em terceiro, a Virada Cosmopolita 2.0 está se desdobrando não no pensamento sobre o mundo e no definhamento de doutrinas nacionais, mas em primeiro lugar e sobretudo na realidade de práticas e atividades cotidianas. A compreensão de que nenhum Estado-nação pode fazer frente sozinho ao risco global da mudança climática tornou-se senso comum. Daí surge o reconhecimento do fato de que o princípio de soberania, independência e autonomia nacionais é um obstáculo à sobrevivência da humanidade, e que a "Declaração de Independência" tem de ser metamorfoseada na "Declaração de Interdependência": cooperar ou morrer!

Em consequência, o "nacionalismo metodológico", a concepção de que o mundo gira em torno da nação, deve ser substituído pelo "cosmopolitismo metodológico", a concepção de que a nação gira em torno do "mundo em risco".

Se consideramos como a questão da mudança climática se insere na perspectiva atual na política e nas ciências sociais, podemos ver as limitações do "nacionalismo metodológico". Enquadramos quase todas as questões, sejam elas relacionadas a classe, conflito ou política, no contexto de Estados-nação organizados dentro da esfera internacional. Mas quando olhamos para o mundo da perspectiva da mudança climática, esse enquadramento não é conveniente. Uma nova estrutura de poder está embutida na lógica do risco climático global. Quando falamos sobre risco, temos de relacioná-lo à tomada de decisão e a tomadores de decisão, e cabe fazer uma distinção fundamental entre aqueles que geram o risco e aqueles que são afetados por ele. No caso da mudança climática, esses grupos são completamente diferentes. Os que tomam decisões não são responsáveis segundo a perspectiva daqueles afetados por riscos, e os afetados não têm nenhuma maneira real de participar do processo de tomada de decisão. Trata-se de uma estrutura imperialista; o processo de tomada de decisão e suas consequências são atribuídos a grupos completamente diferentes. Só podemos observar essa estrutura quando nos afastamos da perspectiva do Estado-nação e adotamos uma perspectiva cosmopolita, em que a unidade de pesquisa é uma comunidade de risco que inclui o que é excluído na visão nacional: os tomadores de decisão e as consequências de suas decisões para os outros através do espaço e do tempo.

Metamorfose consiste sobretudo numa nova maneira de gerar normas

A mudança climática está criando momentos existenciais de decisão. Isso acontece de maneira não intencional, não vista, não desejada; tampouco é orientado segundo fins nem é ideologicamente impelido. A literatura sobre a mudança climática tornou-se um supermercado para cenários apocalípticos. Em vez disso, o foco deveria estar no que emerge agora – futuras estruturas, normas e novos começos.

A metamorfose consiste sobretudo numa nova maneira de gerar normas críticas na era dos riscos globais. Os estudiosos das leis e a sociologia padrão pensam sobre violação somente se houver uma norma. Mas, com os riscos globais, está emergindo um novo horizonte global a partir da experiência do passado e da expectativa de catástrofes futuras. A sequência é virada de cabeça para baixo – a violação vem *antes* da norma. A norma surge a partir da reflexão pública sobre o horror produzido pela vitória da modernidade. Um breve olhar para a história da sociedade de risco mundial ilustra essa metamorfose. Antes de Hiroshima, ninguém compreendia o poder das armas nucleares; mas depois o sentido de violação criou um forte ímpeto normativo e político: "Hiroshima nunca mais!" Violações da existência humana como em Hiroshima induzem choques antropológicos e catarse social, desafiando e alterando a ordem das coisas a partir de dentro (Capítulo 7). "Holocausto nunca mais!" Essa metamorfose desacopla nossos horizontes normativos de normas e leis nacionais existentes, introduzindo a noção de "crimes contra a humanidade". Estou me referindo aqui a algo profundo. Um princípio básico da lei nacional era que um ato não podia ser julgado em retrospecto sob uma lei que não existia no momento em que ele foi cometido. Assim, embora fosse legal sob a lei nazista matar judeus, em retrospecto isso se tornou um crime contra a humanidade. Não foi simplesmente uma lei que mudou, mas nossos horizontes sociais – nosso próprio estar no mundo. E a mudança ocorreu de uma maneira inesperada, que impôs a atração gravitacional global da ação social e política (um regime de direitos humanos). Isso é exatamente o que quero dizer por metamorfose: o que era completamente impensável ontem é possível e real hoje, criando um quadro de referência cosmopolita.

Dada a realidade da cosmopolização, o renascimento da perspectiva nacional é um paradoxo. Ele caracteriza a estrutura esquizofrênica do *Zeitgeist* ("espírito da época"). Ele governa o pensamento, ao passo que as atividades sociais, se quiserem ter sucesso, se abrem para o campo cosmopolita de ação. E é a perspectiva nacional no discurso público e acadêmico que nos cega para as alternativas à ação de mudança climática que vemos a partir de um ponto de vista cosmopolita.

Mudança climática: natureza e sociedade combinadas

No caso da mudança climática como um momento de metamorfose, há uma aglutinação entre natureza, sociedade e política. Por isso a narrativa da sociedade de risco é em si mesma uma narrativa de metamorfose do mundo. É uma narrativa sobre uma condição humana sem precedentes. Ela fornece uma maneira de falar do mundo físico e de seus riscos que introduziu uma impressionante série de novos tópicos. Permite às pessoas falar de coisas – de fato, propicia certo modo de ver coisas que elas vinham tentando ver e sobre as quais vinham tentando falar, mas os conceitos estavam cronicamente em falta. Metamorfose nos termos da sociedade de risco significa o fim da distinção entre natureza e sociedade. Cito de *Sociedade de risco*:

> Isso significa que a natureza não pode mais ser compreendida *fora da* sociedade, ou a sociedade *fora da* natureza. As teorias sociais do século XIX (e também suas versões modificadas no século XX) compreendiam a natureza como algo dado, atribuído, a ser dominado, e portanto sempre como algo que se opõe a nós, é alheio a nós, uma *não* sociedade. Essas imputações foram anuladas pelo próprio processo de industrialização, *historicamente refutadas*, poderíamos dizer. No fim do século XX, a natureza não é *nem* dada *nem* atribuída, mas tornou-se, em vez disso, um produto histórico, o mobiliário *interior* do mundo civilizacional, destruído ou ameaçado nas condições naturais de sua reprodução. Mas isso significa que a destruição da natureza, integrada na circulação universal da produção industrial, deixa de ser "mera" destruição da natureza e se torna um componente essencial da dinâmica social, política e econômica. O efeito colateral invisível

da sociação [*Vergesellschaftung*] da natureza é a *sociação da destruição e ameaças à natureza*, sua transformação em contradições e conflitos econômicos, sociais e políticos. Violações das condições naturais da vida transformam-se em ameaças sociais, econômicas e médicas globais às pessoas – com tipos completamente novos de desafio às instituições sociais e políticas da sociedade global altamente industrializada.[5]

Um exemplo disso pode ser visto no modo como a indústria internaliza e revisa os custos climáticos. Companhias transnacionais – como a Coca-Cola – sempre se concentraram mais no resultado financeiro final que no aquecimento global. Mas quando a companhia perde uma lucrativa licença de exploração, por exemplo, na Índia, por causa de uma séria escassez de água, as percepções e prioridades começam a mudar. Hoje, depois de uma década de danos crescentes ao balanço da Coca-Cola, enquanto secas globais esgotavam a água necessária para a produção do refrigerante, a companhia admitiu que a mudança climática é uma força economicamente perturbadora:

> Acreditamos que a mudança climática, causada por emissões de gás estufa geradas pelo homem, é a maior ameaça ao nosso planeta. É urgente a necessidade de uma mudança significativa para alcançarmos não somente as importantes metas de redução de emissão que estabelecemos, mas também um futuro de baixo carbono. Para esse fim, temos de olhar além de nossas próprias operações e assumir responsabilidade por toda a cadeia de valor de produto.[6]

Mais secas, mais variabilidade imprevisível e a ocorrência bianual de cheias que deveriam acontecer uma vez a cada século estão afetando o fornecimento de cana-de-açúcar e beterraba-açucareira, bem como de frutas cítricas para os sucos de fruta. "Quando olhamos para nossos ingredientes mais centrais, vemos esses eventos como ameaças", disse um dos administradores responsáveis. Isso reflete uma nova consciência entre líderes empresariais americanos e europeus, e economistas ortodoxos também, que veem o aquecimento global como uma força que contribui para produtos internos brutos mais baixos, custos mais elevados de alimentos e commodities, cadeias de fornecimento interrompidas e maior risco financeiro. Sua posição está em notável desacordo com o antigo argumento, proposto por economistas e gerentes de empresas transnacionais, de que as políticas para conter as emissões de carbono são economicamente mais danosas que o próprio impacto da mudança climática. Internalizando a destruição da "natureza", um estudo econômico sobre a produção e os riscos financeiros associados à mudança climática demonstra como, na era da mudança climática, o negócio industrial está se tornando um "negócio de risco". Dessa forma, a indústria está despertando para os efeitos da mudança climática e seus custos reais. E assim, os riscos climáticos, ou o Antropoceno[7] – uma nova era geológica na história da Terra, em que os seres humanos são a força ecológica definidora –, entram no domínio do negócio e da economia. Isso torna as causas, consequências e respostas à mudança climática global fundamentalmente sociais e políticas em sua natureza. Aqui metamorfose significa que a mudança climática consiste em seres humanos moldando a direção da evolução planetária e social – não intencionalmente, mas pela política de efeitos colaterais ou pela política de dano normalizado.

O risco global chega como uma ameaça e traz esperança

Risco global não é catástrofe global. É a previsão da catástrofe. Isso implica que é hora de agirmos – de arrancarmos as pessoas de suas rotinas e puxar os políticos para fora das "limitações" que supostamente os cercam. O risco global é a sensação cotidiana de insegurança que não podemos mais aceitar. Ele abre nossos olhos e eleva nossas esperanças. Esse encorajamento é seu paradoxo. Há certa afinidade entre a teoria da sociedade de risco mundial e o princípio da esperança de Ernst Bloch.[8] A sociedade de risco mundial é sempre uma categoria política; ela cria novos tipos e linhas de conflito e libera a política de regras existentes e grilhões institucionais.

Isso, mais uma vez, é o que entendo por metamorfose. A mudança climática poderia de fato ser usada como um antídoto para a guerra. Estamos passando por uma transição das ameaças que emanam da lógica da guerra para aquelas que surgem da lógica do risco global. No caso da guerra, encontramos rearmamento, resistência a inimigos ou sua subjugação; no caso do risco, vemos conflitos transfronteiriços, mas também cooperação transfronteiriça para evitar catástrofes – é a isso que me refiro como cosmopolização. Assim, vida e sobrevivência dentro do horizonte de risco global seguem uma lógica diametralmente oposta à guerra. Nessa situação é racional superar a oposição nós-eles e reconhecer o outro como parceiro, e não como um inimigo a ser destruído. A lógica do risco dirige seu olhar para a explosão de pluralidade no mundo, que o olhar amigo-inimigo nega. A sociedade de risco mundial abre um espaço moral que poderia (embora de maneira alguma vá necessariamente fazê-lo) dar origem a uma cultura civil de responsabilidade que transcende velhos antagonismos e cria novas alianças, bem como novas linhas de conflito.

O risco global tem dois lados: a vulnerabilidade traumática de todos e a resultante responsabilidade para todos, incluindo nossa própria sobrevivência. Ele nos obriga a nos lembrarmos das maneiras pelas quais a raça humana põe em risco sua própria existência. A consciência da humanidade age assim como um ponto fixo. O risco de mudança climática gera uma *Umwertung der Werte* (uma reavaliação de valores – Nietzsche), virando o sistema de orientação de valores de cabeça para baixo – por exemplo, do relativismo cultural pós-moderno para uma nova estrela fixa histórica pela qual mobilizar solidariedades e ações. Isso ocorre porque o risco climático global contém uma espécie de sistema de navegação nos mares antes tempestuosos do relativismo cultural.

Quem quer que fale de humanidade não está trapaceando (como dizem Joseph Proudhon e Carl Schmitt), mas é forçado a salvar os outros para salvar a si mesmo. Na sociedade de risco mundial, a cooperação entre inimigos não é uma questão de autossacrifício, mas de autointeresse e autossobrevivência. É uma espécie de cosmopolitismo egoísta ou de egoísmo cosmopolita. Temos de distinguir entre uma forma neoliberal de egoísmo e o egoísmo da humanidade.

Mas a metamorfose não é uma linha direta para um futuro cosmopolita, num sentido político normativo. Na verdade, dá-se o contrário: a metamorfose é extremamente ambivalente. Enquanto vítimas da mudança climática, como pequenos Estados insulares, estão sendo reposicionadas no mapa global, pode ainda haver novas ordens imperialistas emergindo. O perigo do "colonialismo climático" é muito real. Temos de adotar uma perspectiva cosmopolita para tornar essas situações vulneráveis visíveis, tangíveis, e perguntar que consequências para o pensamento e a ação elas têm no Ocidente. Como podemos lhes dar uma voz em "nossos" processos políticos? Isso exigiria de fato uma redefinição do interesse nacional.

Cidades mundiais estão surgindo como atores cosmopolitas

Estamos também sofrendo uma metamorfose na paisagem de atores globais através da qual Estados-nação estão se tornando cosmopolizados. Por um lado, Estados-nação estão compreendendo que não há respostas nacionais para problemas globais, até facilitando a formação de redes de cidades globais como atores cosmopolitas. Por outro lado, instituições nacionais ainda estão sujeitas a, e são produto da, imaginação de soberania.

Expectativas cosmopolitas normativas produzem, assim, tanto nações cosmopolitas quanto nações renacionalizantes. Estados-nação renacionalizantes estão paralisando a cooperação cosmopolita; conferências internacionais fracassam. Assim, para encontrar respostas para a mudança climática, deveríamos olhar não somente para as *Nações Unidas*, mas também para as *Cidades Unidas*.

Movimentos sociais são importantes para estabelecer o enquadramento cosmopolita, mas eles não criam decisões coletivamente compulsórias. Para isso, há o Estado-nação, com seu monopólio sobre a legiferação. Mas a influência do Estado-nação está se deteriorando. Cidades mundiais se tornam espaços mais importantes para o estabelecimento de decisões coletivamente compulsórias. Por quê? Nas cidades, a mudança climática produz efeitos visíveis; ela incentiva a inovação; a cooperação e a competição transgridem as fronteiras; e a resposta política à mudança climática serve como um recurso local para a legitimação política e o poder.

Uma nova estrutura de poder está emergindo; ela é composta de profissionais urbanos em cidades mundiais – classes urbanas transnacionais com diferentes origens históricas. Cidades estão sendo legalmente redefinidas como atores transnacionais, vozes organizadas de política transnacional. Até Zurique é uma mini-Nova York; não é uma cidade, mas muitas cidades mundiais em uma, com um forte governo urbano de coalizão vermelho-verde e poucas chances para os conservadores reconquistarem o poder.

Há também contradições básicas. A urbanização costumava ser definida em oposição à natureza. Hoje ocorre o contrário: o "urbanismo verde" está em toda parte; a "sustentabilidade" tornou-se normalizada; tudo agora é uma questão de enverdecimento.

Mas esses tipos de desconstrução estão legitimando o novo horizonte normativo de expectativas cosmopolitas. Cidades mundiais estão criando um novo mundo de inclusividade, em que o potencial para transformar a lei está crescendo. Tornar esse novo potencial visível é o principal objetivo de minha teoria da metamorfose (Capítulo 12).

Pascal, Deus e mudança climática

Façamos um experimento mental: o ceticismo em relação à mudança climática pode ser uma posição forte. Qual é então o contra-argumento? Meu contra-argumento recorre ao filósofo francês Blaise Pascal e sua "prova" pragmática de Deus. Pascal argumentava que ou Deus existe ou não existe. Eu não sei. Mas tenho de escolher Deus porque, se Deus existir, eu ganho; se não existir, não perco nada.

Vamos comparar a crença em Deus com a crença na mudança climática causada pelo homem. Como Pascal, não sabemos se a mudança climática é "real". Apesar de evidências substanciais, uma incerteza básica permanece. Precisamos aceitar que é impossível saber se uma catástrofe natural é realmente a consequência da mudança climática causada pelo homem. Essa incerteza gera um momento político crítico de decisão.

Há duas situações hipotéticas. Na primeira, negamos a mudança climática, o que significaria que toda catástrofe ressalta a irresponsabilidade dos negadores. Na segunda, aceitamos que a mudança climática é real, assumimos a responsabilidade e enfrentamos a esmagadora escala da mudança moral e política necessária. Como no caso de Pascal, há boas razões práticas, mesmo no caso dos negadores, para aceitar que a mudança climática é real. A mudança climática pode mudar o mundo para melhor.

Vista como um risco global para toda a civilização, a mudança climática poderia ser transformada num antídoto para a guerra. Ela induz a necessidade de superar o neoliberalismo, de perceber e praticar novas formas de responsabilidade transnacional; põe o problema da justiça cosmopolita na ordem do dia da política internacional; cria padrões formais e informais de cooperação entre países e governos que de outro modo se ignoram mutuamente ou mesmo se consideram inimigos. Ela torna atores públicos e econômicos responsáveis – mesmo aqueles que não querem ser responsáveis. Abre novos mercados mundiais, novos padrões de inovação, e a consequência é que negadores são perdedores. A mudança climática muda estilos de vida e padrões de consumo; revela uma forte fonte de significados orientados para o futuro, na vida cotidiana e para legitimação da ação política (reformas ou mesmo revoluções). Por fim, produz novas formas de compreender a natureza e de zelar por ela. Tudo isso acontece sob a superfície do mantra de decepções e desilusões no *circo itinerante* de uma conferência climática após outra.

Dessa perspectiva, a mudança climática significa em primeiro lugar a metamorfose da política e da sociedade que tem de ser descoberta e estreitamente examinada pela ciência social do cosmopolitismo metodológico. Isso não significa que haja uma solução fácil para a mudança climática. Nem significa que os efeitos colaterais positivos de efeitos colaterais negativos criem automaticamente um mundo melhor (Capítulo 7). E não significa sequer que a metamorfose ativa, subpolítica e política é rápida o suficiente para neutralizar o processo galopante de catástrofes climáticas que podem lançar o planeta inteiro em secas, inundações, caos, fome e conflitos sangrentos. Mas, em última análise, a catástrofe também seria uma metamorfose – a pior modalidade de metamorfose.

4. Teorização da metamorfose

O retorno da história social

Alguém que queira explorar como certas facetas da metamorfose do mundo aparecem ou, alternativamente, deixam de aparecer em certos contextos e temas deve levantar a questão do retorno da história social. O que há de especial em relação ao retorno da história social é que, à luz da metamorfose, ele não pode ser demonstrado em termos de intenções, ideologias, utopias ou programas e conflitos políticos, lutas de classe, movimentos de refugiados ou guerras. Ao contrário, ele entra furtivamente, por assim dizer, pela porta dos fundos dos efeitos colaterais. A interpenetração de efeitos colaterais e mudança histórica global é a piada e o cerne da questão.

A reflexividade da segunda modernidade resulta de que as sociedades enfrentam agora os efeitos colaterais indesejáveis de sua própria dinâmica modernizante, que elas muitas vezes aceitaram conscientemente como dano colateral. Não é a pobreza, mas a riqueza, não é a crise, mas o crescimento econômico associado ao recalque de efeitos colaterais que estão impelindo a metamorfose de efeitos colaterais da sociedade moderna. Isso não é abolido, mas, ao contrário, acelerado pela inação. Não provém dos centros da política, mas dos laboratórios de tecnologia, ciência e negócios.

Essa metamorfose por meio de efeitos colaterais prevalece porque expressamente *não* é transformada em tópico para uma eleição e, por conseguinte, não passa por uma política democraticamente controlada, mas surge em virtude do poder de efeitos colaterais ocultos. Dessa maneira, a sociedade industrial nacionalmente organizada está se metamorfoseando numa sociedade de risco mundial desconhecida.

Para adaptar o argumento de John Dewey em *The Public and its Problems*, uma sociedade de risco mundial é uma formação social em que os efeitos colaterais aceitos, acumulados, de bilhões de ações habituais tornaram os arranjos institucionais sociais e políticos obsoletos. Na metamorfose que se torna temática com o advento da sociedade de risco mundial, os efeitos colaterais da ação passada, que se transformaram nos efeitos principais, permearam a sociedade como um todo de tal maneira que estão criando uma consciência crescente de que a narrativa da controlabilidade do mundo tornou-se fictícia (repetindo, em graus variados em diferentes contextos, culturas e cantos do mundo). Benjamin Steiner afirmou que essa ideia é também produtiva para a historiografia:

> Além disso, contudo, efeitos colaterais aceitos fornecem à historiografia um modelo heurístico para a representação da mudança histórica. Somente à primeira vista efeitos colaterais aparecem como uma ocorrência surpreendente na história. Se questões subversivas e erosivas subsequentes são problematizadas no interior de um discurso de crise, isso não significa que sua ocorrência não foi prevista. Como se irá mostrar nos exemplos históricos de rupturas extraordinárias, é assim que o exame grosseiro de um discurso de crise revela que muitas vezes se lança a culpa pela crise sobre os efeitos colaterais. Critica-se que um movimento lento dentro de

um discurso associado – ou não – a certos atores dê origem a uma contradição dentro de nosso próprio autoentendimento social coletivo. Da perspectiva de um discurso da crise, portanto, problemas subsequentes ou efeitos colaterais não parecem intencionais, ou são causalmente atribuídos à intenção de um contradiscurso em geral de minoria e, portanto, relativamente ineficaz. Sempre é desconcertante, nesse contexto, que os problemas não somente não sejam intencionais e encontrem um lar fora do *mainstream*, no "underground", mas que sejam vistos também como inerentes ao discurso principal e basicamente como se já estivessem nele implícitos. E, assim, temos de aguçar nossa visão usando os óculos dos efeitos colaterais e voltando-os para as transições de discursos principais para discursos secundários.[1]

Quando se trata de sociologia contemporânea, é preciso dizer que as teorias dominantes na sociologia, e provavelmente também na ciência política e nas estratégias de pesquisa dessas disciplinas, não são capazes de registrar e reconhecer o retorno da história social. Isso ocorre porque as grandes teorias de um Foucault, um Bourdieu ou um Luhmann, bem como as teorias da escolha racional, a despeito de todas as suas diferenças, têm uma coisa em comum: elas se concentram na reprodução, e não na transformação, que dirá na metamorfose, de sistemas sociais e políticos.

Para apreender essas transformações, no entanto, é necessário um rompimento fundamental com a metafísica dominante da reprodução social, que sempre mostra a reemergência circular dos mesmos padrões e dualismos básicos da modernidade. Esse rompimento, no entanto, que reconhece a reemergência da historicidade, representa uma ameaça epistemológica e política, na medida em que desafia as disciplinas científicas estabelecidas e seus vários monopólios sobre a autoridade dos especialistas. Isso é visível, por exemplo, na maneira como presunções de reprodução da ordem sociopolítica são erigidas em construções dominantes de globalidade, inclusive em previsões macroeconômicas e construções tecnocientíficas do clima global.[2] Enquadradas pela metafísica da reprodução, essas globalidades podem ser aprendidas, exportadas e usadas como um modelo comum para integrar e domesticar a política. Como o futuro é conceituado como parte da experiência do passado, não há uma desconexão básica, somente uma questão de extensões lineares. Esse é um modelo próximo à eternidade atemporal: a sociedade atual domina e coloniza o futuro, tornando-o, assim, controlável.

Para a sociologia, romper com a reprodução da ordem social e teorizar a metamorfose (cosmopolita) traz seu próprio conjunto de dificuldades epistemológicas e metodológicas. Na primeira modernidade, existe uma afinidade eletiva entre apelos ortodoxos à reprodução de estruturas sociais e a prática e a autoridade da sociologia empírica: a metamorfose da reprodução permite o estabelecimento de leis e regularidades sociais, permitindo aos sociólogos fazer prognósticos, estudos comparativos e assim por diante. Na segunda modernidade, a situação dos sociólogos é semelhante ao que Tocqueville disse sobre o "espírito humano": se a modernidade rompe com a continuidade, visto que o passado cessa de lançar sua luz sobre o futuro, o espírito humano (isto é, o sociólogo) fica perdido na escuridão! Ao levar a historicidade a sério, portanto, os sociólogos se veem numa situação difícil, uma vez que não podem mais usar o passado ou o presente para falar sobre o futuro; de agora em diante, eles têm de se concentrar no próprio futuro, sem a segurança proporcionada pelo passado. A sociologia cosmopolita, em suma, deve se reorientar para um futuro desconhecido e incognoscível, tornado presente nos horizontes temporais do risco global.

Formas de mudança histórica: a Era Axial, revolução, metamorfose do mundo e transformação colonial

O conceito sociológico da metamorfose do mundo se refere a uma forma histórica sem precedentes de mudança global que envolve dois níveis, o macronível do mundo e o micronível da vida humana cotidiana. Sua especificidade se torna mais aparente quando os comparamos – de uma maneira muito simplificada e esquemática – com três formas bem conhecidas de mudança histórica: com a chamada Era Axial, com a Revolução Francesa e com a transformação colonial.

Era Axial

Uma forma fundamental de mudança histórica ocorreu sob a forma da derrocada das imagens de mundo religiosas, tal como tematizada no debate da chamada Era Axial (Karl Jaspers, Shmuel Eisenstadt). Estas foram revoluções que se deram no âmbito de visões de mundo que – este é o ponto crucial aqui – ocorreram exclusivamente no universo paralelo, independente e próprio da teologia, e a ele permaneceram confinadas. Elas afetaram somente a "superestrutura", sem se estender à sociedade. Tiveram pouca influência sobre estruturas de governo e relações de classe, sobre a hierarquia de gêneros e a economia e, portanto, pouca influência sobre a vida cotidiana das pessoas.

Nessa revolução em visões de mundo, que começou nas culturas religiosas da Era Axial (400 a.c.), tensões fundamentais irromperam entre a ordem religiosa transcendental e a ordem temporal. Enquanto em eras anteriores prevalecia a crença de que a vida após a morte e este mundo formam uma unidade, a Era Axial marcou o início de disputas teológicas e filosóficas entre *elites espirituais* que buscavam moldar o mundo em conformidade com suas visões transcendentais. Elas elaboraram diferentes visões de uma ordem moral divina que legitima a ordem temporal social e política. Uma vez que a ordem transcendental era concebida como conclusivamente justificada e fundacional, ela era a régua pela qual a ordem temporal se media. Até o governante era agora confrontado com uma autoridade superior.*

Ao longo dos séculos seguintes, essas visões de uma ordem transcendental envolveram-se repetidamente em tensões com correntes intelectuais e filosóficas emergentes, novas descobertas e teorias científicas. Os representantes do dogma cristão reagiram ao desafio resultante tentando integrar essas correntes, mas sem renunciar ao predomínio da visão de mundo teológica fechada.

---

*Em certo sentido, pode-se dizer, seguindo Shmuel Eisenstadt, que a distinção entre as ordens deste mundo (temporal) e de outro mundo (transcendental) foi introduzida pela primeira vez com a Era Axial. Se as ordens de outro mundo e deste são basicamente representadas como indistinguíveis, não há a questão de saber se a ordem do outro mundo, o transcendental, é superior; nem pode haver qualquer problema acerca da legitimidade da ordem temporal. "Em contraposição, nas civilizações da Era Axial desenvolveu-se a percepção de uma nítida disjunção entre os universos mundano e transmundano. Houve uma ênfase concomitante na existência de uma moral superior transcendental, ou ordem metafísica, que está além de qualquer realidade dada deste ou de outro mundo."[3]

A principal preocupação era desviar os ataques empreendidos pelas ciências da natureza, que avançavam rapidamente. A imagem de mundo que fora pregada até então foi virada de cabeça para baixo pelas descobertas revolucionárias de um Galileu, por exemplo. O efeito foi abrupto. Até então, a teologia ensinara que a Terra era um disco, e que qualquer pessoa que se afastasse demais do centro cairia. Agora ela tinha de admitir que a Terra era uma esfera, mas ao mesmo tempo tentava preservar a imagem teológica do mundo e, com ela, a estrutura de poder temporal eclesiástica. De maneira semelhante, mais tarde os teólogos enfrentaram a difícil tarefa de combinar a visão teológica do mundo com o conhecimento de que (ao contrário do que sugerem as aparências) o Sol não gira em torno da Terra, mas o contrário – que a Terra gira em torno do Sol e que todas as coisas terrenas e humanas são somente um minúsculo segmento de um espaço infinito.

Essa forma de mudança histórica envolve transformações que permanecem essencialmente confinadas à esfera de influência da teologia e aos discursos das elites intelectuais, não alcançando a sociedade e a vida cotidiana das pessoas – ou, se o fazem, é só muito indiretamente. Mesmo quando mudanças sociais e políticas são pretendidas, estas permanecem ligadas aos interesses de elites intelectuais, por mais abrangente que seja sua formulação. A base econômica e as relações de dominação existentes não foram afetadas, não se buscou a redistribuição dos meios de produção. Além disso, o discurso potencialmente revolucionário sobre a igualdade dos seres humanos foi domado politicamente por uma forma de metafísica política e teológica que postulava que as desigualdades existentes – em particular, o fato de escravos e mulheres não possuírem direitos – eram prescritas pela natureza.

Revolução

Uma segunda forma de mudança extraordinária é a revolução, tendo como exemplo paradigmático a Revolução Francesa. Aqui a transcendência das visões de mundo teológicas ganha uma configuração política. A ideia de igualdade, implícita na visão de mundo cristã, é transformada nas ideias e utopias revolucionárias que destroem as relações de poder feudais. O traço característico é que a revolução é uma questão não apenas de mudanças no nível das visões de mundo teológicas e filosóficas, mas também de superação da suposta naturalidade da ordem social e política, opondo-se a ela a utopia da maleabilidade da política e da sociedade. Em consequência, a vida cotidiana estava agora também aprisionada pela dinâmica da mudança histórica.

Essas mudanças revolucionárias se manifestaram em três dimensões: aqui a *ideia de igualdade* que convulsionou a ordem social de alto a baixo abriu caminhos nunca antes trilhados.

Além disso, os conceitos de razão e racionalidade emanados do Iluminismo se combinaram para produzir uma *crítica radical da religião*. A ideia essencial do Iluminismo equivaleu a um ataque à religião porque questionou fundamentalmente a legitimidade da base religiosa do valor, a justificação da ordem temporal pela ordem do outro mundo. As utopias modernas de liberdade, igualdade e fraternidade não precisavam mais de um deus como fonte de sua legitimidade.

Contra esse pano de fundo, a *ideia de nacionalismo* também se espalhou. Com sua marcha triunfal do século XIX em diante, primeiro na Europa e depois por toda parte, essa ideia estruturou o mundo em conformidade com a distinção essencial entre nacional e internacional, e impôs essa ordem – não somente na esfera política, mas também nas ciências (história, economia política, sociologia, relações internacionais, antropologia, etnografia e assim por diante).

Revolução não é um conceito unidirecional. A Revolução Francesa foi sucedida pela Revolução Russa marxista e depois pela revolução nacional-socialista racista na Alemanha (e em outros países europeus). Isso culminou nas catástrofes da Primeira e da Segunda Guerras Mundiais, no Holocausto, no Gulag e na ordem global bipolarizada da Guerra Fria.

Da perspectiva cosmopolita, o nacionalismo é particularmente pernicioso não apenas por causa da franca justificação que dá às guerras e desigualdades globais. Ele é perigoso em razão de seu status cognitivo: o nacionalismo define e ossifica nossas estruturas científicas, políticas e sociais, e nossas categorias mais básicas de pensamento e conhecimento. O nacionalismo como ideologia limita assim não só o que podemos imaginar e desejar, contudo, o que é mais importante, limita o que conhecemos da realidade e o modo como a concebemos. As categorias mais básicas são de fato cativas da ordem nacional: cidadão, família, classe, democracia, política, Estado etc. – todos nacionalmente definidos. Nossos sistemas legais e administrativos os definem, e essas definições são amplificadas pelas ciências sociais pelo nacionalismo metodológico.[4]

O conceito da metamorfose do mundo é muito mais que uma teoria social e política, uma utopia (ou distopia) – é a realidade de nossos tempos. Viro de cabeça para baixo o argumento de que a "cosmopolização" é uma ideologia irrealista, afirmando que, no início do século XXI, os proponentes do nacional é que são idealistas. Eles veem a realidade através das lentes obsoletas do Estado-nação, e assim não podem ver a metamorfose do mundo. A sociologia da metamorfose, portanto, é a teoria crítica de nosso tempo, porque contesta as verdades mais profundas que nos são caras: as verdades da nação.

Metamorfose

Duas precondições históricas permitiram que a metamorfose do mundo, historicamente sem precedentes, afinal começasse – o colapso do imperialismo e o colapso da União Soviética, e, com isso, da ordem global bipolarizada. Ela aconteceu em particular como um efeito colateral do que é tão casualmente chamado de "globalização". As transformações coloniais foram transcontinentais, mas não globais num sentido estrito. Ao contrário da Revolução Francesa, a metamorfose do mundo não está confinada ao centro político do regime. Em oposição, ela é tudo simultaneamente: local, regional, nacional e global – ainda que na contemporaneidade do não contemporâneo. À diferença da revolução, a metamorfose do mundo afeta não só um regime político, mas também a compreensão, o conceito do político e da própria sociedade. Não é apenas uma exceção temporal, espacial e socialmente limitada (como revolução ou guerra), mas avança cada vez mais, e até se incrementa com a intensificação do capitalismo de risco. Não é intencional, programática e ideológica, e não é solapada, mas antes impulsionada pela inação política. Não emerge dos centros da política democraticamente legitimada, porém, em vez disso, provém – como um "efeito colateral" social e legalmente construído – dos cálculos de lucro da economia, a partir dos laboratórios de tecnologia e ciência.

Desse modo, a consciência revolucionária é também estranha à metamorfose do mundo. O fato de que está ocorrendo uma metamorfose que subverte não apenas a ordem nacional, mas, de maneira imperceptível e não intencional, até mesmo a ordem mundial, deve primeiro ser revelado gradualmente na política, na ciência e na vida cotidiana – contra a insistência da visão dominante, que compreende o mundo em categorias de mudança social imanente ou transformação linear. Essa metamorfose abrangente, não intencional, não ideológica, que se apodera da vida diária das pessoas, está acontecendo de maneira quase inexorável, com uma *enorme aceleração* que supera constantemente as possibilidades de pensamento e ação. Enquanto os conflitos em relação a revoluções nas visões de mundo duraram décadas, até séculos; enquanto os efeitos da Revolução Francesa se estenderam sobre os últimos duzentos anos (e ainda continuam) – a metamorfose do mundo ocorre em segundos, com uma velocidade verdadeiramente *inconcebível*; em consequência, está ultrapassando e esmagando não apenas pessoas, mas também instituições. É por isso que a metamorfose que acontece neste momento diante de nossos olhos está quase fora do alcance da conceituação da teoria social. E é por isso também que muitas pessoas agora têm a impressão de que o mundo está louco.

Essa aceleração se torna especialmente visível no plano da linguagem. Sob a pressão da metamorfose, muitos conceitos-chave políticos e sociais estão se tornando anacrônicos e até tão esvaziados a partir de dentro que já não revelam coisa alguma. Quer seja a oposição entre esquerda e direita na política, distinções como aquelas entre nacionais e estrangeiros, natureza e sociedade, Primeiro e Terceiro Mundo, centro e periferia – em toda parte encontramos fórmulas linguísticas que murcharam, coordenadas que se partiram e instituições que se esvaziaram. Conceitos familiares se tornam engramas de uma era passada. Ao mesmo tempo, eles são as inscrições na parede que anunciam a metamorfose do mundo.

Transformação colonial

A transformação colonial é o estágio inicial de uma espécie de globalização imperialista anterior à globalização. O colonialismo é de fato tão antigo quanto a civilização. É uma parte essencial da história de todas as civilizações e religiões tanto no Oriente quanto no Ocidente. No entanto, guiado pela ideia de cristianismo universal, o colonialismo ocidental chegou mais perto do objetivo de dominação global. O poder colonial envolveu um grau inimaginável de violência e crueldade legitimado pela ideologia de que "os incréus" precisavam ser convertidos para o bem de suas próprias almas. Toda oposição, como a visão de mundo e as crenças do colonizado, era destruída pela combinação de conquista e trabalho missionário. Colombo captou isso no princípio de que "aqueles que ainda não são cristãos só podem ser escravos". É por isso que o colonialismo ocidental precisa ser compreendido como entrelaçamento hierárquico entre centro e periferia. A estabilidade do poder colonial se fundava em particular no fato de que uma noção de inferioridade e primitivismo era gravada no colonizado pela violência e, de fato, tornava-se parte de sua autocompreensão.

Como no caso da revolução, o modelo da transformação histórica do poder colonial é caracterizado por intenção, objetivo, religião, política, violência, dominação e ideologia.

O nascimento dos Estados-nação europeus não teria sido possível sem a exploração de recursos humanos e materiais dentro dos territórios colonizados. As colônias constituíram

Teorização da metamorfose

"laboratórios do futuro" nos quais foi testado o que seria depois implementado nos Estados-nação europeus. Aqui, podemos ver os primórdios da cosmopolização, que constitui uma parte considerável da metamorfose no início do século XXI. Isso não significa equiparar o colonialismo a uma versão inicial da cosmopolização. Embora ambas as formas de entrelaçamento sejam assimétricas, só tem sentido falar de cosmopolização se os entrelaçamentos assimétricos forem percebidos à luz da igualdade antecipada.

Mas há ainda um grande problema: estamos realmente testemunhando uma "metamorfose" do neocolonialismo para a cosmopolização? Que tipos de processo e passos temos de distinguir, que critérios temos para responder a essa questão? Ou, de maneira ainda mais fundamental: o que "inclusão obrigatória de outros globais" (a definição de cosmopolização) significa exatamente? Quem é obrigado por quem a fazer o quê?*

Explicar a "metamorfose do pós-colonialismo" significa realmente distinguir com cuidado entre colonização e cosmopolização.

A metamorfose começa com a distinção entre dependência (teoria) e cosmopolização (teoria). Ambas descrevem formas globais de desigualdades transcontinentais históricas e relações de poder assimétricas. Mas sua qualidade social e política está mudando, porque cosmopolização cria *horizontes normativos de igualdade e justiça*, com isso gerando pressão para mudança inclusiva nas estruturas e instituições existentes de desigualdade social e poder (Capítulo 6). Esse primeiro processo de meta-

---

* Esses problemas não devem ser confundidos com o debate sobre a relação entre cosmopolitismo filosófico normativo e colonialismo (ver Benedikt Köhler, *Soziologie des Neuen Kosmopolitismus*).

morfose se relaciona não necessariamente a uma redução de assimetrias (poderia haver até um aumento de desigualdades globais), mas à implementação de normas globais de igualdade. Isso está acontecendo através do regime de direitos humanos, sua institucionalização e a defesa global em torno dele. Eles transformam hierarquias globais existentes de (aquilo que era percebido pelos colonizadores como) "naturalmente dado ('bens')" em "males políticos", violando a ordem normativa do mundo.

O segundo processo de metamorfose refere-se à intensificação e (trans)formatação das relações sociais de âmbito mundial pelos riscos globais, ainda que de maneira irregular e esporádica, criando assim momentos de *destino compartilhado*. A metamorfose produzida pelos riscos globais transfigura o imperialismo unidirecional na difusão global de incertezas fabricadas – um problema compartilhado que não pode ser resolvido nacionalmente ou por referência ao velho dualismo do "colonial" e "pós-colonial".

Ambos – o horizonte normativo de igualdade e o problema compartilhado da incerteza fabricada – produzem reflexividade: as "histórias entrelaçadas" (Randeria) produzidas pelo colonialismo estão sendo lembradas e redefinidas à luz de futuros ameaçados.

Ana Maria Vara sustenta que a metamorfose do neocolonialismo em cosmopolização depende fundamentalmente das estruturas e dos recursos de poder de uma maneira muito específica.[5] É preciso haver fortes elementos de dependências *revertidas*. Isso significa *Umwertung der Werte* ("reavaliação de valores"): inverter a avaliação de assimetrias naturalmente dadas em "males políticos" é uma condição necessária, mas não suficiente. Além disso, deve haver o que poderíamos chamar de "emancipação do poder". Isso implica que o ex-colonizador depende do poder crescente do ex-colonizado. Pode-se alegar que o processo de metamorfose depende também de fatos que demonstrem que os (pós-)colonialmente excluídos estão incluídos nas negociações sobre questões mundiais devido à emancipação do poder. Tudo isso implica novas paisagens de perigo e esperança.

No plano nacional, com relação a carros elétricos, espera-se que a Bolívia, o Chile e a Argentina forneçam como sempre o recurso natural, lítio; ao passo que se espera que Japão, Alemanha ou Coreia do Sul o industrializem e forneçam a tecnologia, as baterias e/ou os carros – e, por sua vez, comprem os carros. O que isso implica? Onde está a metamorfose aqui? Bolívia, Chile e Argentina estão atualmente trabalhando e negociando a partir da posição de Estados-nação subitamente fortalecidos num novo mundo geopolítico. Talvez a cosmopolização tenha a ver com o *poder atual* para negociar os termos da relação, e um *horizonte futuro de algum tipo de simetrização* da relação. Imaginemos os cidadãos desses três países sul-americanos dizendo: "Não somos iguais. Mas temos o direito de *aspirar a sermos iguais*. E de se reconhecer que temos esse direito."[6]

A partir disso, Vara sustenta que a cosmopolização, vista como algo que cria um horizonte normativo, implica a política da possibilidade de transformar a relação de poder: "Não a revertendo, não a invertendo, mas algo diferente, tal como implicado na metamorfose."[7] Quão socialmente preponderante é a metamorfose? Em princípio, ela é inacabada, inacabável, indefinida e – é importante notar isso – irreversível, mas ainda pode ser instrumentalizada para fins imperialistas.

Sociedade de risco como agente de metamorfose

Aqueles que deploram o atual eurocentrismo da filosofia, da geografia, da sociologia, do movimento feminista, da crítica ambiental, ou mesmo da política em geral, não devem esperar suscitar a curiosidade e atrair a atenção das pessoas. O surpreendente, em vez disso, é quão familiar e normal esse ato crítico descentralizante se tornou. Por outro lado, no entanto, esse "bocejo" com que a crítica do eurocentrismo é saudada deixa claro que o objetivo da crítica – a saber, o apelo para estabelecer uma visão de mundo que não esteja centrada na Europa – há muito chegou e foi aceito, mesmo que as pessoas ainda deem tratos à bola para saber o que ele significa e se tem algum efeito prático. Além disso, a crítica hoje banal do imperialismo do Ocidente vive da exigência de superar isso e estabelecer um "bom mundo" em que o imperialismo ocidental tenha sido superado.

Assim como a visão de mundo religiosa foi erodida pela crítica científica da religião e substituída pela visão de mundo moderna, em que a racionalidade científica domina, hoje o desmantelamento de todas as formas diretas e indiretas de privilégio é exigido em nome de um racionalismo ainda mais racional, quer o alvo da crítica sejam os ricos, os povos brancos do hemisfério norte ou mesmo o sistema de Estados westfaliano. Os contornos das novas estruturas de plausibilidade e racionalidade tornam-se visíveis não no que está estabelecido, mas no que é criticado. Esse é o caso também, ou até especialmente, quando esses novos padrões racionais de igualdade e justiça *não* são realizados.

Otimismo determinista tecnológico

Não é só a sociedade de risco mundial que está transformando o mundo (como mostrarei mais detalhadamente adiante). Há um modo diferente de metamorfose do mundo. Trata-se do novo otimismo determinista tecnológico, moldado por uma saudável ignorância do impossível. A visão de mundo moderna se baseava na chamada "fé no progresso" – a saber, a transferência da crença religiosa na salvação para as forças produtivas terrenas, seculares, da tecnologia e da ciência. Aqui, também, crença significa confiança no invisível, nesse caso, na potencial capacidade dos seres humanos e de suas instituições para resolver os problemas da existência com crescente precisão e eficiência. Ainda nos comportamos em grande parte como se essa fosse a verdade suprema. Isso se reflete por sua vez nas estatísticas e nos relatórios globais que no mínimo questionam, e talvez até refutem, essa crença. Pessoas lamentam os elevados níveis de analfabetismo, das doenças infantis, das novas doenças civilizacionais, da superpopulação (ou subpopulação), das fatalidades no trânsito, da destruição ambiental, de estagnação econômica, das violações dos direitos humanos e assim por diante. Tudo isso é deplorado, mas ao mesmo tempo é exigido e estabelecido como um termo de comparação para "a boa ação" – especificamente, e este é o ponto, para o "mundo" e a "humanidade".

Como Joshua J. Yates demonstra admiravelmente, essa mistura, que clama pelo enquadramento normativo cosmopolita, numa espécie de profecia autorrealizada, está refletida em diferentes mapas do mundo que tematizam as distribuições correspondentes de forma gráfica.[8] Nesse contexto, podemos pensar em muitos mapas globais de fracasso e injustiça. É uma questão da distribuição e percepção radicalmente desiguais de oportunidades para consumo no mundo, ou de como pessoas infectadas pelo HIV estão espalhadas pelo globo (onde as figuras continentais poderosas da Europa, da América ou da Rússia e da Ásia estão encolhendo, ao passo que as várias regiões africanas se expandem em estruturas irreconhecíveis, desajeitadas, que enchem a maior parte do mapa-múndi). Algo semelhante pode ser visto no caso do mapa mundial da pobreza. Em contraposição, no mapa global do produto interno bruto (PIB), os países ocidentais e os Tigres Asiáticos aparecem como figuras gigantescas, apequenando anões continentais como a África e a América do Sul. Um mapa global também relata como rendimentos e felicidade estão conectados (ou não) através do mundo. E aqueles que não acreditam em nada disso encontrarão evidências para sua rejeição na descrição de como os valores do PIB e do índice de progresso genuíno (GPI, na sigla em inglês) têm se distanciado no mundo todo desde 1950.

Podemos ver como o mundo está se tornando menor pela sobreposição e interpenetração do turismo internacional e as zonas de risco. Os europeus se deslocam em bandos para as regiões quentes; contudo, muitos desses destinos são considerados perigosos, seja por doenças mortais, desastres naturais, pobreza crescente ou guerras. O resultado é uma espécie de pertencimento líquido sujeito a revogação, em que esperanças, medos e desapontamentos se entremesclam. Tudo isso pode ser lido como indicadores iniciais para um estudo sociológico da metamorfose metafísica do mundo moderno ao longo do caminho que conduz a um mundo diferente.

Dessa maneira, abriu-se um abismo. A visão de mundo clássica da fé moderna no progresso ainda guia a ação – a crença no poder redentor da tecnociência, a ideia de progresso ilimitado, a inexauribilidade dos recursos naturais, a crença no crescimento econômico infinito e a supremacia política do Estado-nação. A teoria da sociedade de risco confrontou essa crença com sua fragilidade e insuficiência teóricas em vista dos cenários de possibilidades catastróficas e das incertezas atuais, e que são precisamente o resultado dos triunfos do progresso. Mas armas tecnológicas e morais contra isso estão em desenvolvimento, e não apenas no Vale do Silício. Elas assumem a forma de um superotimismo no progresso que libera o mundo de todos os males produzidos pela modernidade – prevenção do câncer, prolongamento da vida, superação da pobreza, contenção da mudança climática, fim do analfabetismo e assim por diante –, os novos cruzados da fé tecnológica no progresso prometem tudo isso. "Pessoas no Vale do Silício estão convencidas de que estão promovendo não somente a distribuição de produtos, mas revoluções", segundo o futurólogo Paul Saffo, da Universidade Stanford. Aqui as pessoas estão trabalhando em *moon shots** – isto é, em coisas realmente grandes que mudarão o mundo por completo. O brilho nos olhos dos novos transformadores tecnológicos do mundo é desconcertante. Pois aqui o principal argumento da teoria da sociedade de risco mundial é desprezado. Isso envolve três passos: primeiro, o paradoxo de que aqueles que ignoram os efeitos colaterais destrutivos dos triunfos da modernização (a crença no progresso) aceleram o processo latente de destruição, o intensificam e universalizam. As ameaças sociais e políticas devem ser claramente distinguidas dessa destruição e ameaça física. O tema da teoria da sociedade de risco não é (somente) destruição física e riscos globais, mas suas consequências so-

---

* *Moon shot*: literalmente, viagem à Lua. (N.T.)

ciais, políticas e institucionais. Quer o mundo acabe, quer não, sociologicamente falando, isso é completamente desinteressante. Em contraposição, de grande importância sociológica é a ideia, tal como desenvolvida no conceito de sociedade de risco mundial, de que os efeitos colaterais ambientais do capitalismo industrial trazem com eles um poder socialmente transformador – e de proporções metafísicas. Em outras palavras, a sociedade de risco é o produto da metamorfose que se tornou a força produtiva e o agente da metamorfose do mundo.

O segundo argumento essencial é que as consequências destrutivas da produção industrial não podem ser externalizadas para sempre. Muito ao contrário, é precisamente a superfé no progresso que – ao ignorar, subestimar, negar teimosamente a existência de riscos – gera, magnifica e globaliza novos riscos globais de proporções desconhecidas. Para dar um exemplo, os Estados Unidos podem optar por não participar do Protocolo de Kyoto para impor limites à emissão de gases estufa, porém, mais cedo ou mais tarde terão de enfrentar as consequências, seja na forma de efeitos climáticos catastróficos (furacões etc.), seja em reações políticas por parte de outros países, populações, continentes e Estados afetados, seja como um conflito político doméstico global.

Um terceiro e importante aspecto da metamorfose diz respeito à influência dos riscos globais sobre a percepção ou a própria tomada de consciência (da metamorfose). Essa é uma questão, por um lado, de "reflexividade" (autoconfrontação) e, por outro, de reflexão (conhecimento, discursos globais). O conflito ambiental *não* está ocorrendo no "ambiente" propriamente dito, mas em instituições, partidos políticos, sindicatos e corporações globais, dentro e entre governos e organizações internacionais, ou à mesa do café da manhã, onde tudo gira em torno da legitimidade de estilos de vida, de café da manhã e de consumo. Aqui, o ponto de vista decisivo para a metamorfose se repete: a queixa e a crítica de que no fim nada está acontecendo, de que tudo continua como é, são precisamente a maneira paradoxal pela qual a mudança radical no horizonte ocorre, pela qual estão sendo estabelecidas as novas estrelas fixas que exibem os nomes orgulhosos de "mundo", "humanidade" e "planeta".

No entanto, esta precisamente não é uma questão de "inexistência" (como muitas vezes se lamenta). Ao contrário, é assim que surgem formas e espaços globalizados de ação – isto é, modelos globalmente disponíveis de protesto e resistência. Estes pertencem, por assim dizer, ao agregado do campo cosmopolizado de ação. De maneira correspondente, eles podem ser ativados por grupos de ação oriundos de movimentos da sociedade civil e não civil para promover a mudança global.

Muitos têm a impressão de que, com a implosão do socialismo de Estado europeu oriental, tornou-se impossível qualquer forma de crítica social "que chegue à raiz dos problemas". Na verdade, dá-se o contrário. Um mundo cosmopolizado, marcado por um alto nível de reflexividade, em que a problematização de todas as relações sociais tornou-se algo a ser dado por certo e em que o âmbito para a ação cosmopolita cresce, estimula na realidade a crítica política e científica de uma nova maneira. Pelo menos em relação à sua reivindicação e exigência, o mundo que é acusado de fracasso está se tornando cada vez mais mundano e privado, e simultaneamente mais universalista e intervencionista, e opera em toda parte com o dedo em riste.

Direitos humanos

Segundo uma tese essencial da sociologia de Émile Durkheim, a violação de uma norma reafirma e confirma sua validade. A metamorfose que está sendo alimentada pela sociedade de risco mundial sugere como essa compreensão pode ser atualizada e diversificada. Mais uma vez, o protocolo do fracasso de âmbito mundial – extrema pobreza e desigualdade, racismo, opressão das mulheres, destruição do meio ambiente, movimentos de refugiados deixando as novas regiões de violência "bárbara" enraizada no fundamentalismo religioso – transforma o que antes era "impensável" na "naturalidade" do que é aceito como desfecho inevitável. A ladainha de fracasso cria formas cosmopolizadas de prática e espaços de ação para a crítica política e o ativismo político. Essa é a linguagem das muitas revoltas culturais (Primavera Árabe, al-Qaeda, Occupy, ou mesmo o terror militante do Estado Islâmico), que têm todas duas coisas em comum: surgiram como uma completa surpresa e com o objetivo de mudar o mundo.

Movimento anticosmopolita

A resistência com frequência feroz contra a cosmopolização do mundo em particular – pelos movimentos de renacionalização por todo o mundo, através do fortalecimento dos partidos antieuropeus na França, na Grã-Bretanha e na Hungria, bem como na Alemanha – lança luz sobre a força com que o mundo está se tornando cosmopolizado. Essa cosmopolização é hegemônica em aspectos decisivos. Ela tem portadores intencionais e não intencionais. Estes subscrevem a legitimidade do governo democrático, o cosmo das organizações internacionais (o sistema das Nações Unidas, a Organização Mundial da Saúde, a Organização Mundial do Comércio, o Fundo Monetário Internacional etc.) e os movimentos e redes da sociedade civil. Mas há também poderosos portadores subpolíticos como as comunidades epistêmicas de especialistas, empresas e sistemas bancários globais. Todos eles penetram cada vez mais as localidades. O desenvolvimento em direção a uma "modernidade cosmopolizada" é sempre acompanhado por sua própria problematização – isto é, pela antimodernidade. Antimodernidade significa *"certeza construída e construível (hergestellte Fraglosigkeit)"*.[9] Seja biologismo, nacionalismo étnico, neorracismo ou fundamentalismo religioso militante, é sempre uma questão de rejeitar ideologicamente as questões suscitadas pelo processo de modernização. A antimodernidade é de fato um fenômeno extremamente moderno. Ela não é a sombra da modernidade, mas um fato coevo com a própria modernidade industrial.[10]

Assim, o cosmopolitismo do mundo é duplamente solapado. Por um lado, ele prepara tudo para a liberdade de novas oportunidades e restrições de tomadas de decisão; por outro, os "rigores da liberdade" e o poder hegemônico com que a cosmopolização avança fornecem o ponto de partida para ideologias antimodernas que insistem na pretensa naturalidade da nação, da etnicidade, da cultura, do gênero e da religião.

A dialética da cosmopolização e anticosmopolização se desenrola na arena política. Isso significa também que o fracasso em reconhecer os perigos da mudança climática talvez não aponte para a ignorância em relação a essa ameaça planetária, mas, em vez disso, para o fato de que o reconhecimento do risco para o clima global está impelindo a metamorfose cosmopolita do mundo.

Sociedade de risco

[O] conceito de *"sociedade de risco"* talvez forneça o exemplo mais notável de recentes tentativas teóricas para conferir um sentido sociológico a esses projetos de mapeamento e à reflexividade que eles exibem. Em termos simples, *sociedade de risco* sinaliza uma nova fase da modernidade em que o que foi outrora perseguido e disputado como os "bens" das sociedades industriais modernas, coisas como rendas, empregos e seguridade social, é hoje contrabalançado por conflitos sobre o que Beck chama de "os males". Estes incluem os próprios meios pelos quais muitos dos antigos bens eram de fato alcançados. Mais explicitamente, eles envolvem os ameaçadores e incalculáveis efeitos colaterais e as chamadas "externalidades" produzidas pelo poder nuclear e químico, pela pesquisa genética, pela extração de combustíveis fósseis e a obsessão generalizada por assegurar o crescimento econômico sustentado. Beck ressalta as agudas contradições de uma situação em que risco global e contingência decorrem diretamente do impulso moderno para conhecer e, através de seu conhecimento, controlar o mundo para propósitos humanos.[11]

No início do século XXI, sob condições de *mundo em risco*,

o domínio da ambivalência e da incerteza contra-atacou violentamente com toda uma série cada vez mais ampla de preocupações ambientais – mudança climática, pesca em declínio, desertificação, escassez de água, extinção de espécies e assim por diante. Todas essas questões exigem ativo engajamento e solução de problemas por parte de especialistas e ocupantes de cargos públicos eletivos, assim como provocam críticas e discordância de ativistas. Decisivamente, a ciência e as políticas inspiradas na ciência tornam-se alvos principais de controvérsia política, com eleitorados e interesses especiais discutindo a veracidade de tudo, desde o aquecimento global e o esgotamento do petróleo aos riscos da imunização na infância e os perigos dos alimentos geneticamente modificados.[12]

É importante não confundir sociedade de risco com sociedade de catástrofe. Essa sociedade é dominada pelo moto "tarde demais", por uma ruína predeterminada, o pânico do desespero. A diferença pequena, mas importante, entre risco e catástrofe – a antecipação da catástrofe para a humanidade (que *não* é catástrofe na realidade!) – é uma enorme força de imaginação, motivação e mobilização. Dessa maneira, mais uma vez, a sociedade de risco torna-se um poderoso ator da metamorfose do mundo.

E temos de distinguir "riscos globais" de "riscos normais":

"Riscos globais" são "diferentes em espécie" porque não podem ser fácil e "naturalmente" compreendidos como algo "desconhecido", no sentido de "ainda não conhecido". Ao contrário, "decisões industriais, tecnoeconômicas e considerações de utilidade" precisam ser compreendidas como produzindo não conhecimento (*Nichtwissen*).[13] Não conhecimento não deve ser pensado, de forma equivocada, como conhecimento que (ainda) está *ausente*, algo que *ainda* não sabemos, na medida em que ainda não está ali. Ao contrário, precisa ser compreendido como um desconhecido desconhecido, isto é, captura o fato de que há coisas que não sabemos que não sabemos.[14]

Em outras palavras, a noção de sociedade de risco mundial pode ser compreendida como a soma dos problemas para os quais não há resposta institucional.

A sociedade de risco está se tornando o agente da metamorfose do mundo. Não podemos compreender ou lidar com o mundo e com nossa própria posição nele sem analisar a sociedade de risco. Sua dinâmica de conflito é um produto de perigos e oportunidades sem precedentes para a ação política. Uma coisa determina a outra. Resumido como modelo – que será desenvolvido nos próximos capítulos –, isso significa o seguinte. Um duplo processo está se desdobrando. Primeiro, há o processo de modernização, que tem a ver com o progresso. Ele está direcionado para a inovação, produção e distribuição de bens. Segundo, há o processo de produção e distribuição de males. Ambos se desenovelam e tensionam em direções opostas. Entretanto, estão interligados.

Essa interligação é produzida através não do fracasso do processo de modernização ou através de crises, mas de seu próprio sucesso. Quanto mais bem-sucedido ele é, mais males são produzidos. Quanto mais a produção de males é ignorada e menosprezada como dano colateral do processo de modernização, maiores e mais poderosos os males se tornam.

É somente quando a perspectiva do observador reúne ambos os processos que novas possibilidades de ação se abrem. O foco em apenas um desses dois processos interligados impossibilita que se veja a metamorfose do mundo. Isso ocorre porque a metamorfose do mundo é exatamente a síntese desses dois processos e sua materialização através do observador. Por isso, uma teoria e uma prática analítica da metamorfose, juntas, trazem ambos os processos para o centro do palco e examinam sua interação. A síntese extrai uma nova teoria diagnóstica e novos conceitos, como "risco global" (em oposição a "risco normal"), "cosmopolização" (em oposição a cosmopolitismo), "classe de risco" (em oposição a classe), catastrofismo emancipatório (em oposição a "catastrofismo"), "relações de definição" (em oposição a "relações de produtividade") etc., o que nos permite observar a metamorfose do mundo. Na verdade, permite-nos compreender o DNA do mundo na medida em que o duplo processo interligado pode ser imaginado como um equivalente sociológico da dupla-hélice.

Teorização cosmopolita

Não há nenhuma vergonha em admitir que nós cientistas sociais ficamos também confusos diante da realidade que está nos ultrapassando. A linguagem das teorias sociológicas (bem como a da pesquisa empírica) nos permite tratar dos padrões recorrentes de mudança social ou da ocorrência excepcional de crise, mas não nos permite sequer descrever, muito menos compreender, a metamorfose sócio-histórica pela qual o mundo está passando no início do século XXI.

A palavra, conceito ou metáfora que introduzo neste livro para essa ausência de linguagem como uma característica distintiva da situação intelectual da era é a de metamorfose do mundo. Uso esse conceito diagnóstico teórico de transição para concentrar o foco nos eventos que são impensáveis dentro do quadro de referência das teorias sociais estabelecidas e nos novos enquadramentos e espaços de ação cosmopolitas. Por exemplo, o risco climático, bem como outros riscos globais, nos confronta com a *conditio inhumana* cosmopolita. Mas também inclui essencialmente a metamorfose digital – isto é, como a vida sob controle do totalitarismo digital está separada da vida em liberdade política por uma ruptura, por um poder global de controle que está transformando toda a nossa existência (Capítulo 9).

Assim, a teoria sociológica da metamorfose do mundo (como já foi demonstrado) significa o retorno da história social, a mensagem: *A história está de volta!* Nisso reside – sejamos francos – uma provocação para a sociologia convencional, e provavelmente também para a ciência política convencional. As teorias sociais de um Michel Foucault, um Pierre Bourdieu ou um Niklas Luhmann têm um traço fundamental em comum com as teorias fenomenológica e da escolha racional, a despeito de todos os seus antagonismos mútuos: elas se concentram na reprodução de sistemas sociais e políticos, e não em sua transformação em algo desconhecido e incontrolável. São sociologias do fim da história. Obscurecem o fato de que o mundo está se tornando metamorfoseado numa *terra incognita*.

A teorização da metamorfose requer a metamorfose da teorização

As teorias nas ciências sociais, em toda a sua diversidade, correm o risco de perder de vista a historicidade da modernidade juntamente com seu potencial destrutivo em pronunciado crescimento. De fato, a história social está reduzida, por um lado, à história nacional. Por outro lado, a imprevisibilidade teórica e a incontrolabilidade do futuro, a dialética de significado e loucura da modernidade,[15] é banalizada na narrativa da racionalização e diferenciação funcional do mundo. Dessa maneira, o horizonte da sociologia é ardilosamente estreitado, e estipula-se que ele está confinado ao presente. Em outras palavras, a sociologia cai na armadilha do "presentismo", a estipulação e perpetuação do presente, como se não houvesse alternativa. Isso conduz por fim a modelos de modernização "cegos para o tempo" e "cegos para o contexto". A contrapartida é a crença complacente de que tudo estaria muito bem com o mundo se ao menos as pessoas fossem como nós.

A teoria social e política interdisciplinar da metamorfose do mundo rejeita esse modelo da reprodução da ordem social e política. Isso põe em evidência toda uma série de novas dinâmicas, processos e regimes de metamorfose. Para a teoria sociológica da metamorfose, a questão central é como o contexto de continuidade e descontinuidade, do significado e loucura da modernidade, pode ser conceituado e estudado empiricamente. Em capítulos posteriores, oferecerei um tratamento detalhado do que isso significa. Aqui estou preocupado principalmente com as questões técnicas do que isso significa para o trabalho com a teoria: a teorização da metamorfose exige a metamorfose da teoria.

A compreensão usual de teoria nos estudos sociológicos, que equipara teoria com teoria universalista, distingue entre teoria e diagnóstico da era atual. Implícito nessa distinção está o julgamento de valor de que o diagnóstico de tempos contemporâneos é desprovido de teoria. Como tal, é considerado duvidoso. E, de fato, muitos diagnósticos dos tempos generalizam excessivamente eventos ou observações isoladas. Mas o que apresentei e estou apresentando aqui é algo em tudo diferente. Semelhante ao que escrevi em *Sociedade de risco* e em *The Cosmopolitan Vision* (ou, de maneiras diferentes, ao trabalho de Anthony Giddens, Martin Albrow, Zygmunt Bauman, Bruno Latour, Arjun Appadurai e John Urry), o que estou dizendo agora que está em jogo é um diagnóstico histórico teoricamente informado, ambicioso, da metamorfose do mundo. Este diagnóstico desenvolve um conceito de médio alcance do processo que nos permite descrever a mudança extraordinária no horizonte que as teorias universalistas deixam de reconhecer.

Essa metamorfose na compreensão da teoria vira a relação hierárquica entre teoria universalista e diagnóstico histórico-teórico dos tempos de cabeça para baixo. O universalismo em teoria social característico da sociologia moderna, que o cega para o retorno da história social, torna-se um falso universalismo que – esta é uma característica essencial de meu diagnóstico dos tempos – obscurece o espaço e o enquadramento de ação cosmopolizados e a diferença em visão de mundo entre pensar e agir. Mas a que requisitos deve atender uma virada cosmopolita em "teoria social" nas ciências sociais que não compartilhe nem o conceito de "sociedade" nem o de "teoria"? A sociologia é um observador, mas, ao mesmo tempo, também um "ator" social da cosmopolização do mundo que ela diagnostica. Como, então, a "teoria" é possível? Que significa "teoria"?

A sociologia é observador científico e ator social da cosmopolização do mundo

No princípio não é o verbo, mas a surpresa. A surpresa surge na medida em que o pensamento e os artigos de fé da visão de mundo nacional não se isolam mais contra as experiências do enquadramento e do espaço de ação bem-sucedida cosmopolitas ampliados. Isso ocorre na vida cotidiana, mas também nos negócios e na política, e não (ou talvez de fato), em última instância, nas ciências.

Aqui eu gostaria de mostrar o que se entende ao falar de espaços de ação cosmopolizados, e que papel a sociologia desempenha nisso, tomando o exemplo de como o transplante de rins sob supervisão médica cria uma espécie de comunidade de destino.

Nosso mundo é marcado por desigualdades sociais drásticas. Na extremidade inferior da hierarquia global há incontáveis pessoas que estão presas num ciclo de fome, pobreza e dívida. Movidas por puro sofrimento, muitas delas estão dispostas a recorrer a medidas desesperadas. Elas vendem um rim, uma parte de seu fígado, um pulmão, um olho ou um testículo, dando origem assim a uma comunidade de destino de um tipo muito específico. A Organização Mundial da Saúde estima que 10 mil operações de mercado negro envolvendo órgãos humanos ocorrem a cada ano.[16] Dessa maneira, o destino de habitantes das regiões prósperas (pacientes à espera de órgãos) está conectado ao destino de habitantes das regiões pobres (cujo único capital são seus corpos). Para ambos os grupos, algo que é literalmente *existencial* está em jogo – vida e sobrevivência –, num sentido muito diferente. O resultado é uma forma moderna de "disbiose": a amalgamação de dois corpos abarcando mundos desiguais, mediada pela tecnologia médica.

Continentes, raças, classes, nações e religiões se mesclam nas paisagens corporais dos indivíduos em questão. Rins muçulmanos purificam sangue cristão. Racistas brancos respiram com a ajuda de pulmões negros. O gerente louro vê o mundo com o olho de uma criança de rua africana. Um bispo católico sobrevive graças ao fígado removido de uma prostituta numa favela brasileira. Os corpos dos ricos estão se transformando em hábeis montagens de patchwork, os dos pobres, em depósitos de partes sobressalentes com um só olho ou rim. A venda fragmentada de seus órgãos está se tornando assim o seguro de vida dos pobres, em que eles sacrificam parte de sua existência corporal para assegurar sua futura sobrevivência. E o resultado da medicina de transplantes global é o "cidadão do mundo biopolítico" – um corpo masculino, branco, em forma ou gordo, em Hong Kong, Londres ou Manhattan, equipado com um rim indiano ou um olho muçulmano. Não vivemos na era do cosmopolitismo, mas na era da cosmopolização. Essa cosmopolização radicalmente desigual de corpos não está criando cidadãos do mundo, mas ocorre sem palavras, sem interação entre "doador" e receptor. Doadores de rins e receptores de rins são mediados pelo mercado mundial, mas permanecem anônimos um para o outro. Sua relação, entretanto, é uma relação existencial, importante para a vida e a sobrevivência de ambas as partes, embora de maneiras diferentes. A inclusão e a exclusão simultâneas de outros distantes – é isso que chamo de "cosmopolização" – não pressupõem necessariamente nenhuma conexão dialógica ou qualquer contato pessoal. Cosmopolização, em suma, pode envolver diálogo e interação direta com "outros", mas pode também tomar a forma de uma relação sem palavras, livre de contato, assimétrica (como no caso de transplantes de rim ou de capitalismo terceirizante, induzindo a substituição da mão de obra doméstica pela estrangeira).

Esses casos realçam as marcas distintivas da *condição (in)humana* no início do século XXI. Independentemente do que as pessoas pensem – mesmo que se definam como anticosmopolitas –, se quiserem ser bem-sucedidas em suas atividades, elas são obrigadas a compreender e usar os espaços cosmopolizados de atividade. Essa cosmopolização imposta e existencial é um *fato* e deve ser claramente distinguida de cosmopolitismo normativo. De fato, é uma espécie de interconectividade imperialista que combina fisicamente os mundos radicalmente desiguais.

"Rins novos", órgãos transplantados de corpo para corpo, do Sul global para o Norte global, não são de maneira alguma a exceção, mas são emblemáticos de um vasto desenvolvimento. A realidade social e a noção de amor, parentalidade, família, lar, ocupação, emprego, mercado de trabalho, classe, capital, nação, religião, Estado e soberania estão num processo de metamorfose cosmopolita. Os outros globais estão aqui no meio de nós, e nós estamos simultaneamente em algum outro lugar. No nível conceitual, temos de distinguir entre a perspectiva da cosmopolização do observador e a do ator. O observador, a sociologia da metamorfose, está tornando visíveis esses fatos invisíveis. Com isso, a sociologia está participando de processos de construção social. O papel da sociologia pública poderia ser (ou tornar-se) acompanhar o salto espetacular da perspectiva nacional para a cosmopolita como um processo de reflexão.

Para determinar a importância da teorização cosmopolita, é útil recorrer à distinção de Robert K. Merton entre "grande teoria" e "teoria de médio alcance".[17] Não é possível conceituar a metamorfose do mundo seguindo a compreensão universalista de teoria, porque a noção de teoria universalista exclui analiticamente o que está em jogo aqui – a mudança de suposições universalistas. Sugiro uma teorização de médio alcance para conceituar e analisar a metamorfose do mundo. Como Anders Blok sustenta: não fazemos teoria, fazemos conceitos. Teorização de médio alcance encontra e combina ambições tanto empíricas quanto teóricas de uma maneira cosmopolita viável.

Acho que se pode plausivelmente argumentar que uma teoria social *cosmopolita* – em contraposição a uma teoria social do cosmopolitismo – deve ser *necessariamente* "de médio alcance". ... De médio alcance, poderíamos dizer, não é apenas uma locução adjetiva, denotando certo estilo de teorização (teorização de médio alcance), como concebia Merton. Indo mais longe, pode também ser tomado como um substantivo (*o* médio alcance), conotando assim um lugar de encontro epistêmico intermediário, um intercruzamento; ou como um verbo (*ter* médio alcance),* apontando para um processo dialógico de troca mútua através da diferença. Nesse sentido ampliado, uma aspiração ao médio alcance implica autorrestrições no nível da teorização cosmopolita: em vez de buscar uma teoria universal ou unificada, o desafio passa a ser forjar uma arquitetura conceitual capaz de organizar um número cada vez maior de pontos de encontro entre diversas perspectivas, à medida que estas se defrontam com experiências coletivas e compartilháveis de encontro com "o outro global".[18]

Portanto, deve haver uma base de culturas da teoria, de conceitos que vêm de algum lugar – do Japão ou da Coreia como uma cultura da teoria vibrante; ou dos Estados Unidos; ou revelar que essa cultura provém da Europa –, como se poderia ressaltar. A teorização cosmopolita precisa ser imaginada e organizada como um "espaço de bases" dialógico, trazendo de volta para a teoria social histórias com diferentes fundamentos.

Há três dimensões de metamorfose do mundo.

• *Metamorfose categórica* refere-se à metamorfose da visão de mundo – isto é, de que modo os riscos globais e as situações cosmopolitas mudam os significados de conceitos básicos da sociologia – por exemplo, de classe para classe de risco, nação de risco, região de risco; de nação para nação cosmopolizada; de catástrofe para catástrofe emancipatória; de capitalismo racional para capitalismo suicida; de gerações para gerações de risco global etc. É um processo de metamorfose

---

* No original, o autor fala de um adjetivo, *middle-range*; um substantivo, *the middle range*; e um verbo, *to middle range*. (N.T.)

do mundo que não está mais incorporado nos paradigmas de Norte e Sul, nas noções neoliberais de "Ocidente" e o "resto", mas que inclui simultaneamente os outros globais excluídos em relações transfronteiriças desconhecidas; eles se tornam objetos de teorização cosmopolita (diagnóstica, de médio alcance) e de pesquisa.

- *Metamorfose institucional* refere-se à metamorfose de estar no mundo. Está relacionada com o paradoxo de como instituições eficientes fracassam: a metamorfose em face de risco global produz um abismo entre expectativas e problemas percebidos, por um lado, e instituições existentes, por outro. Instituições existentes poderiam trabalhar perfeitamente dentro do velho quadro de referência. Contudo, dentro do novo quadro de referência, elas fracassam. Em consequência, uma característica essencial da metamorfose é que instituições simultaneamente funcionam e fracassam. É isso que se quer dizer por instituições esvaziadas através da metamorfose.
- *Metamorfose normativo-política* refere-se à metamorfose de imaginar e fazer política, aos efeitos colaterais emancipatórios ocultos do risco global. O ponto principal é que falar sobre males pode também produzir bens comuns, o que significa a produção factual de horizontes normativos. Mas isso não provém de valores universais. Está fundado na realidade empírica.

PARTE II

Temas

5. De classe a classe de risco: desigualdade em tempos de metamorfose

Por que metamorfose da desigualdade social, por que não transformação? Os que investigam a transformação (ou mudança social) da desigualdade social em geral pressupõem duas coisas.

Em primeiro lugar, concebem as desigualdades sociais em termos da distribuição de bens (renda, qualificações educacionais, benefícios sociais etc.); nem sequer consideram a distribuição de males (posição na estrutura da distribuição de diferentes tipos de riscos), muito menos a questão da relação entre a distribuição, ou a lógica da distribuição, de bens e males.

Em segundo lugar, suas questões, seus pensamentos e suas pesquisas se movem muito naturalmente dentro da estrutura de como os bens são distribuídos no horizonte de referência nacional ou internacional. Assim, vê-se a distribuição da desigualdade pelas lentes do nacionalismo metodológico que se tornou uma segunda natureza. Outro ponto é digno de nota nessa conexão. A distribuição de bens é de fato organizada e observada no plano nacional. A distribuição de males – riscos globais – rompe com o enquadramento nacional; os males só se tornam visíveis no interior do enquadramento cosmopolita, sob dois aspectos: para explorar teórica e empiricamente as formas extremamente desiguais de distribuição e para procurar respostas políticas.

Ambos os conjuntos de pressupostos implicam a reprodução da ordem nacional ou internacional da desigualdade social. Aqui a questão central é: em que medida a desigualdade social aumenta ou diminui no espaço nacional, ou internacional e globalmente? Desde Karl Marx, isso se traduziu no conflito a respeito da medida em que as classes socioeconômicas e os antagonismos de classe são abolidos, preservados ou agravados. Recentemente, o economista francês Thomas Piketty fez sucesso com seu livro *O capital no século XXI* porque, contrariando certas expectativas, tenta provar que relações de classe foram, em sua maior parte, constantemente reproduzidas por todas as guerras, e também pelo desenvolvimento do Estado do bem-estar social no século XX.

Embora ambas as orientações – o foco em bens e a dualidade nacional-internacional – facilitem o estudo da mudança na desigualdade social, elas ao mesmo tempo fixam firmemente a pesquisa da desigualdade na visão de mundo pré-copernicana, em que o Sol ainda gira em torno da Terra em matéria de desigualdade social. Em contraposição, no que vem a seguir eu pergunto como a revolução copernicana na reflexão e na pesquisa sobre desigualdades sociais pode ser levada a cabo.

Encerradas na questão da transformação ou mudança, a sociologia e a economia convencionais da desigualdade social e de classe ignoram a realidade empírica do início do século XXI. Elas ignoram o grau de explosão social e política dos riscos financeiros globais, riscos climáticos, riscos nucleares – em outras palavras, a própria metamorfose da desigualdade social. Em contraposição, substituir a visão nacional pela cosmopolita torna as novas realidades – de fato, mais ainda, os novos dramas das relações de poder e da dinâmica das desigualdades sociais cambiantes – visíveis: classes são metamorfoseadas em classes de risco, nações em nações de risco e regiões em regiões de risco.

A sociologia convencional concentra-se na distribuição de bens sem males

A sociedade de classes nacional baseia-se na distribuição de bens (renda, educação, saúde, prosperidade, previdência social, movimentos nacionais de grande escala, como sindicatos). A sociedade de risco mundial baseia-se na distribuição de males (risco climático, risco financeiro, radiação nuclear), que não estão confinados nem no tempo nem por fronteiras territoriais de uma única sociedade.

Para esclarecer como vejo a metamorfose das desigualdades sociais na era da mudança climática é útil traçar uma distinção entre as três outras posições de conceituação das desigualdades sociais no início do século XXI. Essas posições podem ser distinguidas segundo o grau em que conferem importância central (1) à reprodução, (2) à transformação de classes sociais em relação (3) à distribuição de bens sem males, ou (4) à distribuição de bens e males. O grupo mais interessante aqui, porque o mais dominante, é aquele que se concentra em bens sem males, com isso focalizando a reprodução de classe ao longo de toda a história do século XX e, talvez, do século XXI. Como, tal ele continua praticando a sociologia convencional de classe, ignorando a realidade empírica do início do século XXI – isto é, ignorando o potencial explosivo social de riscos financeiros globais, riscos climáticos, riscos nucleares: ou seja, a própria metamorfose da desigualdade social.

Para ser claro, a mudança de perspectiva na análise de classe que estou sugerindo aqui é profunda. Isto fica evidente quando reconhecemos que os clássicos – Marx, Max Weber e Bourdieu – se concentraram na produção e distribuição de bens sem males. Eles não teorizaram o risco como um objeto explícito e sistemático de produção e distribuição. Dado seu contexto histórico, isso é naturalmente óbvio. O foco de Marx está na relação de exploração. Weber concentrou-se na relação entre poder, mercado e mudança. Bourdieu estava ciente do papel desempenhado pelos riscos econômicos e sociais na vida; apesar disso, sua análise centrou-se em diferentes formas de capital, enfatizando a continuidade global das relações de classe ao longo do tempo.

Para teorizar e pesquisar a metamorfose e a radicalização das desigualdades sociais na sociedade de risco mundial introduzo o conceito de *classe de risco*. Classe de risco lança luz sobre a interseção entre posições de risco e posições de classe.

Tanto o monopólio epistemológico da análise de classe no diagnóstico das desigualdades sociais quanto o nacionalismo metodológico da sociologia de classe contribuíram essencialmente para cegar e desorientar a sociologia estabelecida em face das mudanças de poder e dos conflitos pela igualdade radicalizados, transnacionais e da sociedade de classe de risco que hoje testemunhamos. A metamorfose de classe está acontecendo. A teoria e a pesquisa sobre a metamorfose de classe nas ciências sociais ainda estão por começar.

A metamorfose da teoria e da pesquisa começa criticando a tendenciosidade do Estado-nação. É a observação científica e pública da falta de uma perspectiva cosmopolita e a queixa sobre ela que iniciam o processo pelo qual uma "perspectiva mundial" (de fato, em especial nas pequenas coisas e nas dores das desigualdades micropolíticas) passa a ser considerada natural. Os novos mapas relatando violações contra a exigência de igualdade – não mais apenas no nível nacional, mas também em âmbito mundial – e as horríveis imagens que emprestam forma visual a esse clamor e o disseminam através dos velhos e novos canais de comunicação fazem o resto: o "mundo", analisado até a distinção entre global e local, torna-se o horizonte e ao mesmo tempo o objeto cosmopolita de estudo da desigualdade social.

Quando males (riscos e perigos) produzidos dentro do tempo-espaço jurisdicional de Estados-nação particulares transcendem os limites de sua autoridade legítima, o segundo movimento ou passo da *metamorfose* começa: um registro detalhado do fracasso. Males e seus impactos e custos são de fato construídos como algo inexistente por parte da construção de efeitos colaterais; seus impactos e custos são *externalizados* para outras populações, nações e/ou gerações vindouras e, assim, são *anulados*. Descobrimos subitamente que fronteiras nacionais são um momento essencial da metamorfose porque têm o poder de determinar que desigualdade é "relevante" ou não. Por um lado, elas extinguem males. Por outro, vistos como efeitos colaterais, esses males crescem com a rapidez e a abrangência da modernização, desconectando-os da obrigação institucionalizada, da responsabilidade, da lei, da política, da ciência social e da atenção pública. Seu poder de metamorfose inclui a "política da invisibilidade". Você não "vê" os males porque exclui os excluídos. Dessa maneira, a *metamorfose* externaliza e negligencia os males. O que isso significa? Dois movimentos aparentemente contraditórios de metamorfose estão ocorrendo e podem ser observados: incluir males tanto na existência (realidade) quanto na inexistência (percepção, reconhecimento), ao se concentrar exclusivamente na produção e distribuição de bens.

Assim que mudamos a "imagem de mundo" e tomamos o quadro cosmopolita de referência como algo natural, percebemos que a paisagem da desigualdade mudou de forma drástica. Torna-se patente que a categoria de classe, destinada a incorporar a distribuição desigual de *bens*, é uma categoria *imprecisa demais* para captar as realidades explosivas das desigualdades radicalizadas no contexto de expectativas globalizantes de igualdade e justiça. Esse horizonte mundial normativo de desigualdade global implica uma perspectiva do observador, que inclui as vítimas excluídas para além das fronteiras nacionais. Então, e somente então, a violência da mudança climática e de seus impactos, que poderia ser chamada de "um acidente contínuo em câmera lenta", não mais desliza sob o radar da atenção política e científica.

O movimento seguinte de *metamorfose* é que, na era da mudança climática, a noção de "classe social" torna-se *classe antropocena*. Em outras palavras, as questões e preocupações relacionadas à desigualdade social estão se tornando envolvidas na nova era geológica da história da Terra.

A noção de "Antropoceno" e as noções de "classe social" e "sociedade de classe" pertencem a mundos diferentes, talvez até a épocas diferentes da história. Temos portanto de sugerir a questão: como e sob que condições a inseparabilidade de classe social e do Antropoceno se torna possível, talvez até necessária? Cabe procurar evidências empíricas da metamorfose na maneira como as pessoas vivem e experimentam riscos globais (e como os pesquisadores sociais observam e descrevem isso).

Há uma outra série de questões a ser formulada: onde está situado o poder definidor dominante – na lógica de classe (no contexto da produção e distribuição de bens) incluindo a análise de risco sob a dos bens? Por que o risco não pode abrir caminho através da lógica das desigualdades de classe e conflitos (nacionais)? Mas há uma contraquestão complementar a ser também suscitada; aqui o poder definidor reside na lógica de risco, incluindo a análise de desigualdades de classe e indagando: como os riscos globais estão mudando a lógica das desigualdades de classe nacionais?

A primeira questão é parte da narrativa de *continuidade* que afirma que o sucesso industrial foi forçado a revelar seu catastrófico lado oculto. A contraquestão diz respeito à narrativa de *descontinuidade* e *metamorfose*, afirmando que a previsão de catástrofe climática para a humanidade está criando desigualdades e conflitos ("pós-classe") da pior espécie. Em ambos os casos, a noção de "classe de risco" é central, mas no segundo caso a dominância reside não em CLASSE de risco, mas em classe de RISCO.

A série de questões seguinte percebe e analisa esses padrões à luz do que se espera ser uma distribuição justa e equitativa de bens *e* males na era da mudança climática. Se a primeira série de questões está centrada em problemas de distribuição de riscos, a segunda série amplia a perspectiva focalizando também aspectos e padrões de processo e produção, de arranjos institucionais e leis existentes, perspectivas de política e produção de conhecimento social científico. Metamorfose aqui significa mudar a perspectiva, de padrões descritivos de desigualdade, que são tratados como simplesmente "dados", e portanto como "problemas a ser manejados", para preocupações de injustiça.

Dessa maneira a normatividade (factual) da noção de "mundo" é introduzida. Esse enquadramento da (in)justiça e o foco sobre ela podem nos ajudar a compreender por que padrões de desigualdade existem e estão sendo interconectados com todos os tipos de condições sociais, econômicas e políticas dentro e fora do recipiente nacional. Aqui, portanto, a metamorfose da teoria muda a questão da descrição para a explicação de desigualdades e injustiças.

Esse é o âmago da metamorfose: a combinação de risco e classe não está obviamente patente "na" observação de um desastre natural. Ela só fica patente quando o horizonte normativo de "justiça social" – isto é, crítica! – entra em jogo. Assim, é mais uma vez apenas o horizonte normativo aplicado da injustiça social que torna a "classe de risco" visível. Um bom exemplo é o caso do furacão Katrina em 2005. Como está documentado na literatura,[1] foram necessários os chocantes e devastadores impactos racistas do Katrina para mudar ativamente a perspectiva da ocorrência natural da inundação e sua destruição material para o problema da desigualdade de classes de risco.

Em outras palavras, há duas implicações nisso: *não* foi a perspectiva descritiva sobre as implicações sociais desastrosas da inundação que despertaram a atenção para questões normativas de justiça, mas exatamente *o contrário* – somente a experiência vivida da "inundação racista" abriu olhos e mentes para as questões de injustiça *e* distribuição desigual de inundações e riscos de inundação.

Desigualdade social e mudança climática combinam várias dimensões diferentes. A mudança climática como processo físico deve ser compreendida como um poder para redistribuir desigualdades sociais radicais. Ela altera o momento de ocorrência e a intensidade de nossas chuvas e ventos, a umidade de nossos solos e o nível do mar à nossa volta. Por causa desse poder redistribuidor, a mudança climática é um desafio natural e social, além de suscitar a questão da justiça. Trata-se de quem ganha e quem perde à medida que a mudança ocorre e suas intervenções para moderar a mudança se desdobram. Portanto, não é somente a mudança climática como um processo físico, mas também as respostas climáticas políticas e os discursos em torno delas que introduzem – produzem e reproduzem – velhas e novas desigualdades sociais. Evidentemente, a questão da "vulnerabilidade" tornou-se muito comum. Mas não se presta muita atenção a essas importantes novas medidas de desigualdade social na sociologia de classe. Aqui um aspecto específico da metamorfose se revela: as condições ecológicas, a distribuição de ativos e sistemas de poder que põem certas populações ou comunidades, ou mesmo continentes, sob maior risco na fase de clima em mudança. Há uma condição básica política implicada aí: quem é posto em risco na fase de reações políticas? Há portanto dois recursos para o modo como o clima muda as desigualdades: dano e violações materiais acompanhando os padrões meteorológicos do clima em mudança; e desigualdades como um resultado de intervenções de mudança climática. Com frequência o dano se soma à injustiça: aquelas desigualdades radicais não são reconhecidas em razão da "política da invisibilidade" (Capítulo 5).

Risco de inundação litorânea e risco de inundação *fluvial*

A mudança de "espaços em risco" é um bom exemplo que ilustra os pontos mencionados. Para analisar os padrões desiguais de risco de inundação é preciso tomar uma decisão sobre a unidade de pesquisa: quais são os *espaços em risco*? Esses espaços podem ser definidos social ou geograficamente. Considerando apenas padrões geográficos de risco de inundação, há duas unidades de pesquisa possíveis: 1) risco de inundação litorânea; ou 2) risco de inundação *fluvial* – que podem estar fisicamente interconectadas, mas não têm de seguir o mesmo padrão de desigualdade de classe social.

Vários estudos de padrões sobre quem corre risco de inundação litorânea e fluvial na Inglaterra, no País de Gales e na Escócia foram concluídos recentemente.[2] Cada um deles assume uma forma semelhante, concentrando-se na identificação de padrões de desigualdade distributiva. Empregam-se o Sistema de Informação Geográfica (SIG) e métodos estatísticos para relacionar, em mapas oficiais da Agência Ambiental, os espaços indicados sob risco de inundação (de fontes fluviais e litorâneas, não pluviais) com dados sociais do censo. A preocupação, predominantemente, tem sido com os padrões de classe social e de privação. Fielding e Burningham[3] exploram diferentes métodos para determinar como as populações estão alocadas dentro ou fora de terrenos inundáveis, demonstrando como alguns dos resultados dependem das escolhas metodológicas feitas e as incertezas dessas análises.

Walker et al.[4] empreenderam a análise mais desenvolvida e envolvida, e ela contém algumas evidências notáveis. Na Inglaterra 3,3 milhões de pessoas vivem dentro da zona especificada pela Agência Ambiental, que delineia uma probabilidade anual de 1% ou mais de inundação a partir de rios ou de 0,5% ou mais a partir do mar. Divida essa população por dez categorias de pobreza (para decis) a partir das áreas 10% mais pobres da Inglaterra até as 10% menos pobres, e se produz um perfil de risco de inundação por nível de pobreza social.[5]

Esses estudos empíricos parecem confirmar a afirmação geral de que a produção e a distribuição de risco *não* transformam, mas reforçam, a lógica da distribuição de classe. Há evidências para isso em boa parte da bibliografia, além das inundações na Inglaterra. Pesquisadores que estudam a vulnerabilidade social veem a classe econômica como um aspecto central da vulnerabilidade à perda num evento catastrófico.[6] A falta de recursos financeiros tem um impacto direto sobre a própria capacidade de manter tanto a residência quanto o estilo de vida que reduzem a vulnerabilidade, e de se preparar quando a ameaça de desastre é iminente. Uma das análises mais abrangentes e de nível macro da vulnerabilidade social descobriu que onze fatores explicam 76% da vulnerabilidade mais elevada de alguns condados dos Estados Unidos comparados a outros, inclusive falta de riqueza pessoal, dependência econômica de um único setor, disponibilidade de habitações e aluguel (proporção de casas móveis, locatários e locação urbana), proporção empregada em ocupações de serviço inferiores e dependência de infraestrutura.[7] Nessa literatura, parece universalmente evidente que a desvantagem econômica, tanto no nível individual quanto no da comunidade, deixa algumas populações mais vulneráveis aos impactos mais severos de desastres causados por inundações etc. Isso mais uma vez não se sustenta se distinguirmos entre as diferentes geografias de inundação.

Poderíamos descobrir uma importante distinção quando os dados sobre inundação são desmembrados em unidades separadas – zonas de inundação fluvial e de inundação marítima. Surge então o que a "desigualdade antropocena" implica: a variação da unidade geográfica de pesquisa muda a perspectiva.

Quando examinamos a inundação *litorânea*, as diferenças de classe são evidentes. Se olhamos para a inundação *fluvial*, as diferenças de classe quase desaparecem.

Examinando o perfil para... inundações fluviais, este é muito achatado, com pequena variação do mais para o menos desfavorecido. E há uma importante diferença política nisso: a inundação que atinge somente, ou sobretudo, os desfavorecidos pode ser uma inundação apolítica enquadrada e perdida na escuridão de efeitos secundários. Mas a inundação fluvial que atinge partes privilegiadas da população é (na Inglaterra) uma inundação extremamente política, de condados de eleitores dos tóris em torno de Londres. Isso desintegra então o "Muro de Berlim dos efeitos colaterais", criando, perto da época das eleições, uma questão central para um governo tóri. Isso demonstra que, com classe de risco, há um novo tipo de enredamento entre a inundação e o Estado.

Precisamos reconhecer que o pensamento sobre os impactos desiguais das inundações em termos de grupos distintos da população é problemático. Algumas dessas categorias se cruzam de maneira complexa (por exemplo, pessoas deficientes têm uma probabilidade desproporcionalmente maior de serem pobres, assim como os membros de grupos étnicos minoritários, mulheres e idosos); nem todos entre esses são igualmente vulneráveis, e a vulnerabilidade é uma qualidade dinâmica, e não estática (pessoas podem entrar e sair da vulnerabilidade). Assim, embora a menção a "grupos vulneráveis" forneça com frequência uma útil taquigrafia para focalizar os impactos desiguais das inundações, esse enquadramento precisa ser usado com alguma cautela.[8]

Até agora vimos uma interpretação de "classe de risco" em que posições de classe e posições de risco se correlacionam (mais ou menos). A *metamorfose* para "classe natural" se inicia, mas cessa com a lógica de conflitos de classe dominando a lógica de risco. Mas essa não é toda a história. Na sociedade de risco mundial, a lógica de risco global metamorfoseia a lógica de classe. Deixem-me dar dois exemplos disso.

O risco climático está convulsionando a civilização da vinicultura na Europa meridional com seus 2 mil anos de idade*

O primeiro exemplo demonstra que a distribuição do risco não acompanha a lógica de classe, e sim o contrário, e isso exemplifica a noção de classe antropocena também. Alguém que pergunte "Posso ver, ouvir, provar, cheirar, tocar a mudança climática?" receberá em resposta um retumbante "Sim e não". Por um lado, eventos climáticos extremos estão se intensificando. Um vinicultor que chegou a ocupar o 273º lugar na lista dos franceses mais ricos e considera a mudança climática um *faux problème*, um problema falso, fabricado, recorda-se de uma tempestade de intensidade devastadora. No espaço de alguns minutos, 5 mil hectares das melhores videiras Bordeaux foram "literalmente estraçalhadas", diz o vinicultor, para quem os vinhedos são a fonte de riqueza e prestígio social. "Talvez, *monsieur*, isso seja sua mudança climática."⁹

Está se desenvolvendo aqui uma posição de classe de risco em que o risco climático afeta os ricos – nesse caso, pessoas ricas muito incomuns, os proprietários dos vinhedos que produzem os melhores vinhos do mundo. O risco climático global está transformando a hierarquia de classe, portanto, virando-a

---

* Sobre o que se segue, ver Ulrich Fichtner, "The grapes of wrath: France's great wines are feeling the heat", *Spiegel Online International*, 30 out 2014, disponível em: <http://www.spiegel.de/international/zeitgeist/climate-change-threatens-french-viticulture-a-1000113.html>.

de cabeça para baixo e simultaneamente ligando-a à relação da sociedade com a natureza (vinhedos).

No entanto, o risco climático não deveria ser confundido com a mudança climática catastrófica. Isso seria um grave erro em vários aspectos. Por um lado, vinicultores (como todos os perdedores do risco climático) estão lidando com eventos naturais catastróficos cujo caráter artificial não é evidente. Como eu disse antes, de maneira geral, em casos particulares, é impossível fazer uma clara distinção entre desastres naturais "naturais" e "artificiais" (e até a escala do desastre natural é em última análise irrelevante nesse aspecto). Essa interpretação de que os desastres são artificiais, e por isso podem ser atribuídos a decisões, processos de produção, tráfego rodoviário, tráfego aéreo, inação política etc., surge somente na memória, em estatísticas, em discussões públicas sobre a mudança climática. Um rico vinicultor que aceita essa interpretação está vivendo num mundo diferente. Dois mil anos de civilização estão sob ameaça. No entanto – essa é uma segunda orientação importante –, os vinicultores estão lidando não com uma crise climática real, mas com a previsão dessa crise, como um evento futuro iminente que representa um risco insidioso para a humanidade – portanto, com risco climático.

Condições climáticas extremas estão se tornando mais comuns em todas as regiões vinicultoras da França. Chuvas fortes e chuvas de granizo ocorrem com frequência logo após ondas de calor de verão e períodos secos. As temperaturas de inverno e da noite são tão amenas que as plantas nunca podem descansar. Poucos vinicultores continuam negando esses problemas tangíveis.

Por outro lado, não é fácil perceber que as últimas três décadas foram as mais quentes nos últimos 1.400 anos. É difícil compreender que a temperatura anual média aumentou em 1° C, que o

Atlântico e o Mediterrâneo estão se aquecendo de forma quase imperceptível, e que os dias estão se tornando muito ligeiramente mais quentes. Os seres humanos não possuem os sensores naturais para detectar essas mudanças, mas as videiras, sim. As videiras estão sofrendo de estresse contínuo, dizem alguns viticultores. Os vinhedos estão em polvorosa, não apenas na França, mas também na Itália, na Espanha e em toda a Europa meridional – em todos os lugares que sempre foram cálidos e agora estão se tornando quentes demais. ...
Em toda a França meridional, os calendários dos viticultores estão em tumulto. Os períodos de amadurecimento estão ficando regularmente mais curtos e a estação da colheita está chegando ainda mais cedo. As uvas eram colhidas em outubro, nos anos 1960, ... porém agora a colheita está ficando mais próxima do início de setembro. As experiências comprovadas de velhos viticultores perderam o sentido, e regras gerais tradicionais, baseadas em décadas de observações do clima, agora são inválidas. ...
"Você pode lamentar tudo", diz Guigal [um vinicultor], "ou pode arregaçar as mangas e pôr-se a trabalhar." Seu plano é reinventar o vinho francês.[10]

A "mudança climática" da perspectiva de classe alta dos produtores de vinhos de primeira classe não aparece, assim, como mudança climática, mas apresenta uma situação que requer uma decisão. Aqueles que negam a existência da mudança climática (talvez na crença de estar com isso protegendo sua riqueza e conservando a tradição) correm o risco de acelerar a destruição e deixar de tirar proveito das alternativas necessárias. Aqueles que reconhecem a existência de risco climático, apenas em virtude disso desvalorizam seus bens, sobre os quais a sombra da rápida destruição futura incide agora.

Para começar, isso tem consequências econômicas tangíveis (também invisíveis). A percepção social de que os preciosos vinhedos no sul da Europa estão em perigo solapa seu valor econômico, ainda que a mudança climática catastrófica represente apenas uma ameaça futura. Ao mesmo tempo, no entanto, o reconhecimento do risco climático torna possível pela primeira vez tomar medidas compensatórias dentro de nosso âmbito de ação. No entanto, essas contramedidas são tomadas no contexto de uma visão de mundo diferente – a saber, no enquadramento cosmopolizado da ação, que inclui a relação da sociedade com a natureza, bem como os modelos climáticos globais e o fracasso da política.

O conceito multifacetado de *terroir* desempenha um importante papel nessa visão de mundo. O que poderia ser descuidadamente traduzido como "terra" ou "solo" é na realidade, ao mesmo tempo, uma mistura de novos e velhos objetos naturais e processos culturais, história, lei, pertencimento, demarcação, identidade e até "clima global" (como uma noção inventada de cientistas do clima). *Terroir* articula as tradições, mudanças e ameaças que estão dando origem a um curto-circuito entre o destino do mundo e o destino de nossa própria vida. Isso está na raiz dos medos dos vinicultores, porque *terroir* representa propriedade, status e o caráter típico de seus vinhos, portanto, bens de marca que abrem mercados mundiais, assegurando assim sua riqueza e seu status.

A posição de classe natural dos ricos vinicultores da Europa meridional está sendo transformada no contexto do risco climático num campo de ação duplo, cosmopolita. Por um lado, o risco climático está provocando uma cosmopolização passiva, coercitiva, penosa, que está fundamentalmente transformando as condições de trabalho e a ação dos vinicultores. O tempo, que se transformou no agente de mudança climática, está se tornando um inimigo cotidiano que ameaça transformar as fontes de sua riqueza e identidade em desertos. Aqui, "o tempo" não é independente, mas atrás dele há atores que produzem e negam a mudança climática. Eles representam uma ameaça existencial que não obedece à velha lógica do amigo-inimigo, mas, em vez disso, transpõe divisões nacionais, religiosas e étnicas; apesar disso, eles aparecem como um poder enfeixado que saqueia os fundamentos de nossa existência natural, histórica, moral e econômica.*

Por outro lado, isso também cria possibilidades práticas para reinventar o vinho francês:

> As estratégias de trabalho num vinhedo mudaram radicalmente, e os viticultores sabem mais do que nunca sobre os processos de amadurecimento. De fato, a caixa de ferramentas do viticultor está bem equipada para reagir a mudanças no clima. O maior desafio é certamente substituir variedades de uva...
> Mas está ficando quente demais para Grenache em Châteauneuf? Por que não plantar Syrah, a variedade popularizada no mundo todo como Shiraz? Que há de errado em cultivar Cabernet Sauvignon de amadurecimento tardio mais ao norte no vale do Ródano? Ou talvez até na Borgonha? Por que não deslocar as videiras para altitudes mais frescas, mais acima? Ou plantá-las nas faces norte dos morros, para evitar o sol?[11]

---

* Pode ser importante nesse sentido observar que Bruno Latour, cujo trabalho é marcado por um enorme compromisso intelectual e político com o combate à mudança climática, é o herdeiro de uma das mais importantes famílias de vinicultores franceses.

Variedades de uvas especiais compatíveis com a filosofia de uma visão de mundo biodinâmica podem abrir novos mercados mundiais. Assim, Isabelle Frère, vinicultora "que queria apenas viver uma vida sustentável, operou um pequeno e irônico milagre de globalização, porque agora vende a maior parte de seu vinho para o Japão". Aqueles que permanecem apegados à visão nacional são os perdedores; em contraposição, os que dão o salto para o espaço de ação cosmopolita podem criar oportunidades para assegurar as tradições e os modos de vida locais. Mas a expressão "mudança climática" contém um tipo especial de ameaça planetária: "Nomes que outrora representavam mundos individuais, mundos quase pintados a óleo: o Loire e o Ródano, borgonha, bordelês e champagne. Denominações de origem que parecem os versos de um poema: Médoc, Pomerol, Pauillac, Meursault, Chablis, Hermitage, Pommard. Esquecidas. Consumidas. Acabadas."[12]

Como lugares privilegiados se transformam em lugares de risco

O segundo exemplo é o caso da metamorfose de bens em riscos. Importantes áreas marítimas e industriais são caracterizadas em Nova York como lugares junto ao litoral que contêm densos aglomerados de indústrias e negócios dependentes da água. Em 1992 elas foram designadas áreas privilegiadas a serem protegidas e estimuladas para a continuidade desse uso. Tais posições privilegiadas se transformaram em posições de risco quando vistas e mapeadas pelos olhos de especialistas em justiça climática: nesse horizonte de catástrofe antecipada, os produtores de bens tornaram-se *vítimas de males*, potencialmente ou na realidade, porque esses especialistas perceberam imediatamente que cada uma dessas áreas privilegiadas estava situada em zonas de inundação e tempestade. Essas áreas privilegiadas e vítimas potenciais de inundações e tempestades tornam-se objeto de *metamorfose*; seu modo de existência altera-se, de produtores de bens em produtores de males que ameaçam as comunidades próximas. Como isso aconteceu? Olhando para essas indústrias e empresas pelos olhos das desigualdades e da injustiça do risco climático, há uma diferente série de questões a serem formuladas e respondidas, lançando luz sobre diferentes realidades: a lógica da produção e distribuição de males agora domina a da produção e distribuição de bens. Assim, os especialistas em clima citaram várias substâncias químicas presentes nessas áreas, às quais a comunidade estaria exposta durante eventos de inundação e tempestade. Elas incluem, por exemplo, o tricloroetileno, que é carcinógeno; o naftaleno, que causa dano e prejuízo ao fígado e aos rins; e o n-hexano, que afeta o cérebro etc. Isso não se refere a uma perspectiva cultural diferente; isso é real, fruto da realidade que é revelada à luz de catástrofes climáticas antecipadas. Desde que experiências passadas com desastres como o furacão Sandy destruíram a ambas – a irrelevância de efeitos colaterais e as medidas de segurança para conter as substâncias químicas –, as indústrias produtoras de bens se transformaram em produtoras de males para comunidades vulneráveis. E nesse horizonte de expectativa a irresponsabilidade organizada pelo governo colapsa. Sabendo que essas inundações e tempestades vão se tornar mais frequentes e intensas, e sabendo que há comunidades vulneráveis, não fazer nada, não agir, é uma abdicação da legitimação do governo democrático. Tornar-se politicamente ativo vira então uma questão de poder e legitimação.

Riscos climáticos alteram a noção de CLASSE de risco para classe de RISCO. Aqui o risco essencial para a humanidade entra em foco (como é também o caso dos acidentes nucleares, cuja extensão é tal que ricos e pobres, Norte e Sul, são igualmente ameaçados).

A mudança de CLASSE de risco para classe de RISCO depende muito do perfil das palavras "futuro" e "justiça". Como eu disse antes, podemos olhar para as inundações e classes atuais a partir do passado. Com isso damos por certo, inconscientemente, o quadro de referência do Estado-nação e da sociedade de classe, e então vemos inundações dominadas por classes (CLASSE de risco).

A crise do euro e suas consequências é um bom exemplo para compreender como a produção e distribuição de risco metamorfoseou a desigualdade de classe. Aconteceu uma dinâmica de desigualdade transnacional que criou a divisão entre nações credoras e devedoras, entre o Norte e o Sul da Europa. Isso levou a uma hierarquia de países, uma hierarquia de "nações de risco". O grupo dos países meridionais desceu para a segunda posição de "classe de risco", ao passo que a Alemanha se tornou um império "acidental". Ao mesmo tempo, houve uma dramática queda generalizada de certos grupos sociais dentro dos países devedores. Os aposentados, a classe média e a geração jovem experimentaram uma drástica piora de sua situação econômica. Essa dinâmica de produção e distribuição de risco une a estrutura da desigualdade no nível europeu, transnacional e internacional à dinâmica da desigualdade dentro das nações. Isso não pode ser compreendido com a categoria de "nação" tal como a conhecemos, mas pode ser captado pelo conceito de "nação de risco", assim como as consequências do risco climático não podem mais ser captadas por conceitos convencionais como "região", mas devem ser abordadas com o conceito de "regiões de risco".

Panorama

Considerando o que foi dito, distinguimos três pontos principais. Primeiro, a perspectiva cosmopolita desloca o foco de visão das pessoas e comunidades somente como *vítimas* vulneráveis potenciais para sua visão como *cidadãos* com direitos a serem afirmados, alcançados e protegidos. Se desastres climáticos são percebidos como uma questão de justiça, é necessário então perguntar se os padrões vigentes de desigualdade e vulnerabilidade são justos – em vez de tratá-los como riscos a ser administrados.

Segundo, a perspectiva cosmopolita suscita a questão *"Quem?"*, porque a unidade de pesquisa e ação política não é mais predeterminada e "dada" por áreas de risco geograficamente definidas (de inundação etc.) em pressupostas fronteiras de Estados-nação. A questão "Quem?" transcende esses muros e fronteiras de pensamento e visão "dados". Ao nos concentrarmos na produção e distribuição de males, cumpre incluir seu ponto de impacto, que obviamente não está atado a seu ponto de origem, e devemos olhar para sua transmissão e seus movimentos, com frequência invisíveis e não registrados pela percepção cotidiana. Para superar essa invisibilidade social (construída como efeito colateral), a unidade de pesquisa deve conectar o que está nacional e geograficamente desconectado. Isso é exatamente o que a perspectiva cosmopolita pretende fazer ("cosmopolitismo metodológico").

Terceiro, além da questão "Quem?", a perspectiva cosmopolita pode ajudar a compreender a questão "Por quê?" – por que padrões de desigualdade climática existem –, estabelecendo conexões entre as duas diferentes formas de CLASSE de risco e classe de RISCO. Dessa maneira, a natureza do risco global em oposição à natureza de bens entra em foco. Bens são coisas – máquinas, prédios, corpos, comidas, graus educacionais (doutorados etc.). Riscos globais são de natureza completamente diferente; são socialmente construídos pelo conhecimento – previsões, imagens, probabilidades, possibilidades, aspirações correspondendo a diferentes tipos de catástrofes apocalípticas imaginadas. Assim, a política de risco global é, antes de mais nada, intrinsecamente uma *política do conhecimento*, que suscita questões. 1) Quem deve determinar a nocividade de produtos e tecnologias no risco envolvido, e suas dimensões? Cabe a responsabilidade àqueles que geram esses riscos ou àqueles que se beneficiam deles? São aqueles afetados ou potencialmente afetados por eles incluídos ou excluídos? 2) O que deve ser considerado prova suficiente e – num mundo em que lidamos necessariamente com conhecimento contestado ou conhecimento que não conhecemos e que nunca teremos no sentido clássico – quem decide isso? 3) Se há perigos e danos, quem deve decidir sobre compensações para os afligidos e quem cuida de assegurar que futuras gerações sejam confrontadas com menos riscos existenciais?

6. Para onde vai o poder?
Política da invisibilidade

Este capítulo trata da problemática da metamorfose do poder na sociedade de risco mundial. Sob que condições os riscos normais se tornam riscos globais e vice-versa? Como a arquitetura das relações de poder na sociedade de risco mundial se metamorfoseia? E quem detém os recursos de dominação que permitem estabelecer definições e redefinições sociais? Usando a teoria da metamorfose como prisma para analisar as transformações históricas em relações materiais e sociais básicas, concentrando-nos em relações de poder existentes, é necessário introduzir um novo conceito diagnóstico do tempo para examinar a metamorfose categórica e institucional do poder – as *relações de definição como relações de dominação*. Esse conceito de médio alcance, que poderia se tornar o ponto focal da teorização e da pesquisa cosmopolita, evita a "racionalidade" superficial da avaliação e administração do risco e inclui em sua perspectiva as estruturas e agências de poder subjacentes à definição social de risco global sob os pontos de vista nacional e global.

Dessa maneira, a perspectiva da metamorfose desloca o foco sobre o poder e a dominação das "relações de poder de produção" (no sentido marxista), no capitalismo global moderno, para as "relações de poder de definição", na sociedade de risco mundial. Com "relações de definição" refiro-me aos recursos e ao poder dos agentes (especialistas, Estados, indústrias, organizações nacionais e internacionais), aos padrões, regras e capacidades que determinam a construção social e a avaliação do que é um risco global e do que não é. Entre eles estão a política da invisibilidade, os padrões de prova e os padrões de compensação. Em que medida os riscos imperceptíveis (como radiação nuclear e mudança climática) podem ser tornados publicamente invisíveis e inobserváveis? Em que medida a política da invisibilidade produz uma situação de ignorância do risco existencial?

Há um segundo aspecto da metamorfose do poder: quem define se os riscos são "globais" ou "normais"? E que estratégias simbólicas e métodos de definição são aplicados?

Metamorfose institucional refere-se à metamorfose de estar no mundo. Isso é exemplificado aqui mediante a análise do paradoxo de por que e como instituições operantes fracassam. É preciso que a lente da mudança social seja substituída pela lente da metamorfose para que a visão se abra para o novo campo cosmopolizado de atividades. Essa metamorfose do poder – a partir da conceituação e descoberta das condições de definição inter-relacionadas com as relações de produção e ao mesmo tempo dela desconectadas – torna-se o centro da teorização cosmopolita e a unidade de pesquisa empírica para o cosmopolitismo metodológico. Esse é um "deslocamento positivo de problema",[1] pois lança luz sobre a metamorfose institucional examinando por que, diante do desconhecimento fabricado dos riscos para a humanidade, os padrões jurídicos ou legais nacionalmente circunscritos e fundamentados e as normas científicas universais de causalidade a um só tempo funcionam e fracassam.

Para onde vai o poder?

A perspectiva de mudança social deixa escapar assim a metamorfose histórica do poder, inclusive as relações em mudança entre lei nacional, princípios de justiça, igualdade, parlamento, governo e especialistas ("culturas epistêmicas").

Deve-se também levar em conta uma metamorfose normativo-política: o imperativo da democracia e justiça aplicado às relações de poder de definição torna visível uma metamorfose de *revolução*: a "revolução" centrada nas relações de poder de definição não acontece onde a noção marxista de revolução esperava que ela ocorresse. Não há, por exemplo, nenhuma necessidade de apoiar movimentos revolucionários, como a esquerda costumava fazer na América Latina, mas de arrecadar dinheiro, por exemplo, a fim de distribuir dosímetros para as partes mais pobres e vulneráveis da população de risco. Assim o monopólio de poder incorporado nas relações de definição pode ser modificado por intervenções mínimas. Trata-se não de derrotar as relações de poder de produção (revolução socialista), mas, para começar, de dar a todos os indivíduos o dosímetro – isto é, o meio para determinar as doses de radiação incorporadas em suas condições de vida.

Política da invisibilidade

Riscos globais se caracterizam fundamentalmente pela problemática da invisibilidade. Essa problemática está conectada de forma intrínseca à problemática do poder. Para analisar as novas paisagens das relações de definição, é útil introduzir um dualismo diagnóstico do tempo entre uma invisibilidade *natural* ("dada") de riscos altamente civilizacionais e uma invisibilidade *fabricada* (política da invisibilidade).

Os riscos quintessenciais da sociedade de risco mundial – por exemplo, mudança climática, riscos associados a poder nuclear e especulação financeira, organismos geneticamente modificados, nanotecnologia e medicina reprodutiva – são cada vez mais complexos em seus cursos e efeitos (repletos de efeitos sinérgicos e de limiar) e temporal e espacialmente expansivos em seu alcance. Por sua complexidade e pela defasagem temporal eles são – paradoxalmente – caracterizados por uma invisibilidade *natural*: de modo paradoxal, quanto mais complexa se tornam a produção e a natureza dos riscos, e quanto mais a produção e a definição dos riscos dependem da interconectividade global, mais "natural" é a invisibilidade desses riscos.

Foi o "choque antropológico" decorrente da catástrofe de Chernobyl como um evento de mídia que tornou visível a invisibilidade do risco da radiação.[2] Com base na direção a partir da qual os ventos sopravam a "nuvem de radiação" para oeste, populações inteiras na Europa – além de classe e nação – compreenderam que, nas questões existenciais de sua própria vida e da vida de seus filhos, elas dependiam totalmente de representações da mídia, de narrativas, especialistas e antiespecialistas em debate: dependiam também de equipamento tecnológico, mapas, boatos e teorias rivais que introduziam na vida cotidiana um vocabulário que não compreendiam. Nem todos os riscos – não os locais (como chaminés fumegantes) – são caracterizados por um estado de invisibilidade natural, mas aqueles globalmente produzidos, distribuídos e definidos. Sem a informação fornecida pela mídia e outras instituições sociais, os cidadãos não estão sequer cientes do risco para sua vida e para a vida de seus filhos e vizinhos. Não há nenhum componente direto na nossa experiência de risco global, nenhuma evidência sensorial e de senso comum simples. Riscos globais (como a radiação, mas também a mudança climática) não reconhecidos cientificamente não existem legal, médica, tecnológica ou socialmente, e assim não são evitados, tratados ou compensados.

A invisibilidade natural implica e multiplica o poder institucional da definição de risco. Enquanto o cidadão não possuir os meios para tornar visível a ameaça invisível à sua vida, todo o poder para definir riscos globais estará nas "mãos" das instituições (especialistas e sistemas legais, indústrias, governo etc.). Como veremos adiante, no contexto da definição de risco global e nacional, o Estado-nação de risco afligido pode desempenhar um papel importante.

Os riscos globais têm uma característica notável: eles introduzem a dupla ameaça existencial – primeiro, para a vida e a soberania dos cidadãos e, segundo, para a autoridade e soberania do Estado-nação. Não só o Estado, mas até a possibilidade do Estado, depende fundamentalmente de garantir a segurança e a proteção de seu povo. Um governo que admite e reconhece seu fracasso diante de riscos globais ameaça sua legitimação e existência ou se envolve numa metamorfose da política (um exemplo dessa segunda possibilidade é a virada na política de energia nuclear na Alemanha após o desastre de Fukushima). Isso implica que a política da invisibilidade é uma estratégia importante para estabilizar a autoridade do Estado e a reprodução da ordem social e política pela negação da existência de riscos globais e seus efeitos de "apropriação ecológica e de risco", e efeitos sobre a saúde para grandes partes da população.

No processo de fabricação da invisibilidade – isto é, na política da invisibilidade –, a invisibilidade natural pode ser instrumentalizada. Não fazer nada ativamente é a estratégia política mais barata, eficaz e poderosa para "simular" a controlabilidade de riscos incontroláveis e catástrofes indefinidas, como radiação e mudança climática.

O desaparecimento público quase completo dos riscos invisíveis não é exclusivo de sistemas políticos específicos, por exemplo, a União Soviética após o desastre de Chernobyl. Encontramos essas práticas também nas democracias ocidentais. Aqui, também, instituições destinadas a controlar riscos simultaneamente fracassam e não fracassam. Fracassam porque não têm nenhuma ideia ou resposta quanto a como enfrentar esses riscos globais. Não fracassam porque sua política da invisibilidade torna continuamente invisíveis esses riscos para o público. Aqui podemos observar algo que poderia se chamar "funcionalidade do fracasso" ou "funcionalidade da disfuncionalidade".

Em todos os países do mundo, todos os tipos de riscos imperceptíveis "se tornam continuamente invisíveis pelas indústrias que os produzem, e que por sua vez são auxiliadas por órgãos administrativos que não as regulam. A indústria do tabaco trabalhou abjetamente para tornar os efeitos do fumo sobre a saúde publicamente invisíveis".[3] Mas este é ao mesmo tempo um exemplo histórico para a política da metamorfose: ao longo de prolongadas batalhas nacionais e globais, o poder e a política da invisibilidade foram superados e transformados numa política de visibilidade, demonstrando que mesmo as indústrias mais poderosas podem se render e ser forçadas a reconhecer o risco do fumo para a saúde de grandes partes da população.

A indústria química esteve fazendo uma campanha contra o reconhecimento dos efeitos dos pesticidas para a saúde e o meio ambiente ... Estudos históricos e sociológicos documentaram as várias estratégias usadas por indústrias para desviar a atenção pública de toxinas perigosas: reformulando o debate público sobre perigos, promovendo falsos debates onde há consenso científico, silenciando críticos, orquestrando estudos para neutralizar mesmo fortes evidências de dano, culpando a constituição genética ou os estilos de vida das vítimas e negando influências ambientais e apresentando um atraso na monitoração como uma ausência de efeitos sobre a saúde. Essas estratégias aparecem em casos de perigos criados em consequência de acidentes, bem como em casos de produção rotineira de perigos. De fato, mesmo a mudança climática é um fenômeno complexo que não pode ser diretamente percebido, que precisa ser tornado publicamente visível, e que alguns interesses estão tentando tornar invisível.[4]

Mas temos também de traçar limites para a perspectiva da metamorfose: não há uma única verdade na qual a análise ampliada das paisagens de poder de definição de risco possa se basear. A verdade do olho de Deus não é o ponto de referência para a análise da metamorfose. Mas é pelo deslocamento de perspectivas que os riscos se tornam mais publicamente visíveis e observáveis. O foco da análise se desloca para a dinâmica do reconhecimento público de riscos imperceptíveis que dependem das relações de poder de definição. A visibilidade pública depende de quais vozes podem ser ouvidas e de quais grupos "possuem" os meios de apoio institucional e infraestrutural (pesquisa).

Para ampliar o alcance das estratégias de invisibilidade, é útil traçar uma distinção entre *catástrofe*, ilimitada no tempo, espaço e pessoas afetadas, e a noção de *acidente*, definido por estritas limitações no tempo, espaço e pessoas afetadas. Confundir catástrofes indefinidas com acidentes limitados significa obscurecer o imperceptível com riscos normais (radiação nuclear com acidentes de carro). Daí surgem estratégias de política simbólica: catástrofes ilimitadas estão sendo enquadradas e "administradas" como acidentes limitados.

Por um lado, tem início a pesquisa do risco; mas, por outro, ela é organizada de modo a não fazer as perguntas vitais; o alcance e a pesquisa no tempo, espaço e grupos sociais afetados são limitados. Riscos globais ou riscos nucleares são definidos segundo números de vítimas fatais, excluindo todos aqueles que ainda estão vivos, mas sofrem graves problemas de saúde; excluindo os efeitos sobre gerações futuras; aplicando normas ortodoxas de causalidade; limitando a "zona de alienação", onde é preciso haver esforços administrativos para "reabilitação", inclusive controle radiológico estatal dos alimentos, programas de saúde e recuperação para crianças; regulando a observação das condições de vida cambiantes de posições e populações de risco; e pressionando por uma abordagem seletiva dos dados radiológicos. A partir disso, limitam-se alcance, esforços, custos e tratamento especializado para os programas, produzindo assim tanto a nossa ignorância quanto a expansão das catástrofes em curso – sem esquecer, claro, a sofisticada estratégia de não procurar respostas pragmáticas.

Há outra estratégia muito eficaz de invisibilidade: deslocar o foco (quadro de referência) dos efeitos sobre a saúde para os custos econômicos e os problemas econômico-administrativos – isto é, enfatizar as restrições econômicas.

> Isso pode parecer um paradoxo: uma consequência do acidente de Chernobyl ... foi a enorme contaminação radiológica, no entanto, o tema da contaminação radiológica nunca foi o foco principal da cobertura da mídia. Em vez disso, mais de 90% dos artigos ... debateram questões socioeconômicas; ... discussões sobre como

viver nas áreas contaminadas e quem deveria ser evacuado estavam diretamente ligadas a questões de financiamento e à esperança de ajuda internacional.⁵

Desconhecimento fabricado

Nosso conhecimento dos riscos globais é altamente dependente da ciência e dos especialistas. Eles são as instituições de poder centrais num mundo em que todos se confrontam com riscos existenciais invisíveis fora de controle. Mas a ciência e os especialistas em sociedades de risco desempenham um papel cada vez mais paradoxal, que solapa seriamente sua legitimação e seu poder. Por exemplo, indústrias e especialistas nucleares ocupam uma posição dupla: são ao mesmo tempo criadores e avaliadores de risco. Isso mina sua posição de poder baseada em relações de definição de risco.

No caso das indústrias e dos especialistas nucleares, isso é especialmente verdadeiro. Hans Blix, diretor-geral da Agência Internacional de Energia Atômica (Iaea, na sigla em inglês) de 1981 a 1997, afirmou cinco anos após Chernobyl: "O futuro do poder nuclear depende essencialmente de dois fatores: quão bem e quão seguramente ele realmente funciona, e quão bem e quão seguramente parece fazê-lo."⁶ Assim, a comunidade epistemológica dos especialistas em segurança nuclear internacionalmente organizados tentou afirmar seu controle sobre as áreas de incerteza restabelecendo a fronteira entre os especialistas e o público, em especial a população afetada: conclusões racionais, científicas, dos especialistas justapostas ao público "irracional, inculto, emotivo e por vezes até histérico".

A metamorfose está profundamente ligada à ideia de desconhecimento, o que encerra um profundo e duradouro paradoxo. Por um lado, enfatiza as limitações inerentes ao conhecimento, em particular a realidade de que algum conhecimento é cognoscível ou não atrai uma disposição para saber, de que nanotecnologia, bioengenharia e outros tipos de tecnologia emergente contêm não somente riscos cognoscíveis, mas também riscos que ainda não podemos conhecer, fornecendo uma janela de limitações fundamentais para a capacidade de a sociedade perceber e governar os riscos. Esse estado de desconhecimento "reflexivo" representa desafios essenciais não só para a pesquisa de risco (como as condições climáticas), a fim de prosseguir com o potencial da engenharia genética, da medicina reprodutiva e suas aplicações. É muito mais que isso.

É a coincidência, a coexistência de desconhecimento e riscos globais que caracterizam os momentos existenciais de decisão não somente em política e ciência, mas também em situações da vida cotidiana. Como sobreviver e decidir sob condições de desconhecimento e inconsciência não é uma problemática fictícia, mas a verdadeira problemática existencial do início do século XXI, em todos os níveis de tomada de decisão, em famílias e em organizações nacionais e internacionais.

Como lido com a inimaginabilidade e a imperceptibilidade de riscos potencialmente fatais na vida cotidiana? Há um tipo específico de processo de individualização.

> Mais de duas décadas após o acidente, o fato paradoxal sobre a radiação de Chernobyl é que os indivíduos são responsáveis por suas próprias doses de contaminação interna. ... Em outras palavras, as pessoas fazem suas próprias doses, mas não em circunstâncias de sua própria escolha: essas circunstâncias apresentam

um singular entrelaçamento de fatores radiológicos, geográficos, econômicos, culturais, infraestruturais e outros.[7]

Pedir aos leigos afetados que façam mudanças individualizadas de estilo de vida é não levar em conta a impossibilidade estrutural subjacente dessa "posição de risco". Mas a contaminação radiológica é somente uma parte da conhecida condição de inconsciência e perigo. A outra parte é que indivíduos e famílias têm de desenvolver práticas de como fazer frente ao perigo invisível com base em informações conflitantes de especialistas para mitigar o risco de radiação e reduzir suas próprias doses. Esse é um "trabalho duro" e tem resultados muito diferentes dependendo da situação socioeconômica e das relações de definição infraestruturais locais. Algumas pessoas dizem: "Eu preferiria morrer de radiação a morrer de fome."[8] Como podemos ver a partir dessa declaração, a gama de opções depende muito da situação econômica. Aqui encontramos mais uma vez a desigualdade da "CLASSE de risco". Ou, para expressá-lo em termos mais teóricos: nesse caso, as relações de definição estão subordinadas às relações de produção.

Reconhecer não saber é uma coisa, mas viver com riscos desconhecidos invisíveis é outra. Como mostra a pesquisa de Olga Kuchinskaya, é errado esperar que os grupos afetados estejam compartilhando a mesma perspectiva sobre o perigo da radiação e colocando em prática as mesmas respostas. É também errado apresentar suas percepções como irracionais, intuitivas e baseadas em experiências, e como imutáveis ao longo do tempo. O que ocorre é o contrário: "Um indivíduo pode manter múltiplas perspectivas" sobre o risco de radiação.

A maioria dos indivíduos pode expressar diferentes perspectivas e pode mudar – e muda – o que afirma dependendo do contexto e de com quem está falando. Por exemplo, a mesma pessoa poderia afirmar que Chernobyl teve "graves consequências para a saúde" em alguns contextos (por exemplo, ao reivindicar benefícios de Chernobyl, lecionar para crianças ou falar com administradores locais), ao mesmo tempo que assume uma posição de indiferença em sua vida diária.[9]

E as posições de risco em que as pessoas se encontram são "posições antropocenas" também.

Condições econômicas difíceis levam a uma maior dependência de recursos gratuitos, inclusive lotes de horta privada, florestas e pastos silvestres. Ao mesmo tempo, a contaminação radiológica pós-Chernobyl tende a se acumular na camada superior de uma floresta ou campo, e várias práticas efetivamente transferem radionuclídeos para lotes privados. Por exemplo, residentes mandam seu gado pastar em pastos silvestres, depois consomem radionuclídeos com leite e outros laticínios – a menos que tenham acesso a pastos deliberadamente plantados com tipos especiais de capim que não acumulam radionuclídeos. O esterco do gado contaminado é um fertilizante, o que contribui para a contaminação dos lotes privados. Muitos residentes locais usam madeira da floresta em seus fornos, o que os transforma em "reatores privados". As cinzas são depois usadas como fertilizante do solo, continuando o ciclo.[10]

A própria radiação e os recursos para enfrentá-la são distribuídos desigualmente e dados pela estrutura. Ao mesmo tempo as doses de radiação estão sendo individualizadas. Suponhamos que o que é vendido em armazéns tenha de passar pelo controle da radiação, mas o que é individualmente produzido não.

O consumo de bens gratuitos da floresta pode ser menos uma questão de vontade que de necessidade. Maior vulnerabilidade econômica traduz-se em maior exposição a riscos de radiação, e essa relação é mediada, paradoxalmente, pelos recursos naturais da floresta. A relação entre o privilégio socioeconômico, o uso de florestas e a distribuição de risco pode ser observada tanto no nível das comunidades quanto no dos indivíduos.[11]

Essa metamorfose da natureza numa ameaça civilizacional produz algo novo que poderia ser chamado de "apropriação ambiental ou de risco". Ela representa, historicamente, uma nova desvalorização da natureza, do capital e de realização, enquanto as relações de produção (propriedade) e às vezes até as características das mercadorias continuam constantes.

Tomando mais uma vez a questão "Para onde vai o poder?", a primeira parte de minha resposta é: a estrutura de poder do risco global está centrada não somente ou principalmente no Estado (como sugere a perspectiva nacional), mas nas culturas epistêmicas de especialistas. Enquanto estudamos o risco dentro dos paradigmas institucionalizados de mudança social, o poder e a política da invisibilidade permanecem invisíveis. Somente quando vistas através da lente da teoria da metamorfose as relações definicionais e sua problematização histórica aparecem. Novas questões e domínios da realidade e das políticas de risco se abrem para a análise. A lei, que é nacionalmente concebida, institucionalizada e limitada, deixa de levar em conta a susceptibilidade e vulnerabilidade ao risco de outras populações e outras nacionalidades em outras partes do mundo. Sob condições de cosmopolização, essas práticas produzem todo tipo de contradição. Após o acidente de Fukushima, por exemplo, observamos a tática comum dessa época: as autoridades japonesas minimizam o alcance da catástrofe retendo dados e elevando os limites para exposição à radiação pelo menos vinte vezes, inclusive para crianças.

Precisamos distinguir entre dois diferentes modelos de poder de definição de risco por parte de comunidades epistêmicas globais de especialistas: o modelo *nuclear*, em que os especialistas são ao mesmo tempo criadores e avaliadores do risco que criam; e o modelo de *mudança climática*, em que os cientistas do clima são especialistas em efeitos colaterais.

Política da invisibilidade: ciência nuclear

No modelo nuclear, os especialistas que definem os riscos são ao mesmo tempo criadores e avaliadores do risco nuclear que criam. Sua estrutura de poder é determinada pelo poder da indústria nuclear e sua densa interconectividade e cooperação com a burocracia estatal. A principal consequência disso é que, sempre que reconhecem a natureza incontrolável dos riscos nucleares para a população afetada ou, no pior caso, para toda a humanidade, eles violam *seus próprios* interesses vitais, bem como os interesses da indústria e do Estado.

No caso da dominação política, a invenção e implementação da democracia introduziu as normas da separação do poder. Uma das principais características do complexo do poder nuclear é que *não* há separação de poder definicional. Traduzindo em outros termos, o poder especializado nuclear é constituído na unidade entre "executivo" e "judiciário" dos riscos nucleares. Não há nenhuma separação institucional entre os que produzem e os que diagnosticam os riscos; na realidade, questões a esse respeito são rejeitadas com referência à "racionalidade científica", que é a característica distintiva do julgamento especializado. Dessa maneira, as questões são determinadas de forma institucional preventiva. Quem tem acesso aos recursos (de pesquisa) para diagnosticar os riscos? Às questões de pesquisa formuladas ou não formuladas? Ao financiamento e publicação de descobertas de pesquisa? Quem pode participar da discussão? Quem está no comando? Quem deve se manter em silêncio? No caso de riscos nucleares, não há, em última análise, absolutamente nenhuma questão, porque os especialistas que produzem e diagnosticam o risco têm o monopólio global da definição – tanto em relação aos Estados quanto em relação aos sistemas legais nacionais.

O poder definicional da indústria nuclear ocidental é globalmente organizado, tal como resumido por Olga Kuchinskaya e muitos outros estudos, "na falta de assistência internacional adequada no nível do Estado, nos estudos internacionais que trabalharam arduamente para não descobrir nada e nos relatórios que ignoraram a pesquisa de cientistas locais e culparam os estilos de vida da população afetada ou seu medo de radiação".[12]

Levando isso em conta, fatos surpreendentes aparecem. A "nação de risco" que é principalmente afetada pelas consequências da catástrofe nuclear está organizada como um lugar e um ator cujo objetivo é romper o monopólio de poder dos especialistas nucleares internacionais e suas organizações. Em comitês e conferências nos quais especialistas internacionais e nacionais se encontram, a política da invisibilidade é questionada pela primeira vez mediante a enfatização de eventos suprimidos. Entre eles está o fato de que muitos médicos deixaram as zonas pretensamente não perigosas; o problema de saber por que os valores de referência que regulam quais reivindicações de compensação são justificadas são constantemente modificados: quanto e que partes da população devem ser evacuadas – e assim por diante. De modo curioso, são essas contradições precisamente que estimulam a oposição das nações em risco aos diagnósticos apaziguadores de não periculosidade feitos por especialistas internacionais em física nuclear. "Os cientistas bielorrussos propuseram seu conceito alternativo. De sua perspectiva, as pessoas não podiam viver onde não era possível obter comida não contaminada e onde as atividades normais da vida tinham de ser limitadas."[13]

No processo de transição da União Soviética em desintegração para os Estados independentes pós-soviéticos, formou-se uma resistência nacional compreendendo especialistas locais e políticos nacionais. Em contraposição às organizações internacionais de especialistas em física nuclear, eles concediam às consequências de Chernobyl o status de "desastre nacional", com todas as consequências sociais e políticas disso decorrentes. Os conflitos resultantes giraram em particular em torno das reivindicações de compensação para aqueles que viviam e trabalhavam nas áreas assim consideradas contaminadas. No entanto, essa política de reconhecimento foi frustrada pelo fato de que os custos resultantes, incontroláveis, de fato inimagináveis, tornaram-se o foco central. Ao mesmo tempo, enfatizou-se que a integração do novo Estado independente na economia de mercado ocidental pressupunha que as consequências de Chernobyl deviam ser eliminadas ou (tornadas) invisíveis.

O antagonismo e a discordância entre os poderosos especialistas em riscos nucleares internacionais e os especialistas locais que experimentam e analisam a complexidade dos riscos *in loco* podem ser mostrados pela maneira como são tratados os efeitos a longo prazo de pequenas doses de radioatividade, ainda em grande parte não pesquisados. Ninguém conhece realmente os efeitos a longo prazo de doses de radiação classificadas como toleráveis a curto prazo. As áreas mais ou menos radioativamente contaminadas forneceram uma oportunidade ideal para esse estudo. Mas as tentativas de financiar projetos de pesquisa correspondentes malograram diante da resistência da Iaea e dos especialistas nucleares ocidentais, que sustentaram, entre outras coisas, que tinham a situação sob controle, com a ajuda de seus sistemas de monitoração baseados em satélites. Cabe notar aqui que essa resistência não pode ser interpretada necessariamente como simplesmente uma defesa dos monopólios de poder. Em vez disso, a crença na racionalidade da própria posição é precisamente o que exclui a questão do poder, e desse modo suporta e protege a posição de poder. Todas as formas de oposição são destituídas dos atributos da racionalidade e rejeitadas como amadoras, diletantes e histéricas. "Há um lobby nuclear [globalmente organizado] ali que prega que usinas de energia nuclear são inofensivas."[14] Eles defendem o futuro da indústria nuclear com todos os recursos de poder de que dispõem.

Política da visibilidade: ciência do clima

Como a criação e a manutenção da *visibilidade pública* se tornam possíveis? Como vimos, no caso do risco nuclear, a visibilidade pública depende de uma oposição especializada (local) respaldada local e nacionalmente pela nação mais afligida contra o poder global da comunidade epistêmica internacional e sua organização. Depende do contrapoder de especialistas independentes, por causa da invisibilidade "natural" e, portanto, da necessidade de examinar constante e criticamente as condições empíricas e os padrões de proteção. Em outras palavras, mesmo aqueles que são mais afligidos dependem dos meios científicos e administrativos de visibilidade. Sem esses meios eles vivem como felás no antigo Egito.

Mais importante, isso implica uma "democratização do risco" que democratiza o acesso à relação de poder de definição e a sua posse. Concentrando-nos nas relações de poder de produção, percebemos que toda uma série de instituições modernas foi criada e implementada em sociedades democráticas para limitar o poder do capital e fortalecer os trabalhadores – instituições como sindicatos, Estado do bem-estar social, leis trabalhistas etc. Nada parecido com isso aconteceu em favor das relações de definição na sociedade de risco mundial. As normas de responsabilidade são, para dizer o mínimo, insuficientes (em especial no nível internacional). O oposto é verdade: as indústrias nucleares e seus especialistas foram capazes de construir um monopólio global de poder definicional praticando da maneira mais sofisticada a política da invisibilidade. No caso dos riscos nucleares, não há dúvida: para ser eficientes, as sociedades de risco avançadas devem ser democratizadas. Isso requer uma reforma das relações de definição. Porque se deixamos de reconhecer ou se negamos os riscos globais da modernidade radicalizada (uma persistência de inconsciência), o mundo se torna um lugar muito mais perigoso, talvez até mais frágil.

Assim, como vimos, os socioeconomicamente mais vulneráveis são aqueles que mais sofrem em decorrência da construção social do desconhecimento. Em termos mais teóricos, as relações de definição são subordinadas às relações de produção. Esse é o statu quo na maioria das sociedades de risco ("CLASSE de risco"). Mas não há necessidade dessa subordinação. De fato, como algumas sociedades demonstram, reformas da relação de definição podem ser levadas adiante enquanto ainda se mantêm intactas as relações de produção. Por exemplo, a eliminação gradual da energia nuclear e o desenvolvimento político pretendido de fontes de energia alternativas na Alemanha mostram que relações de definição podem ser reformadas e democratizadas, enquanto as relações de propriedade permanecem constantes.

Muitas das características da comunidade epistêmica nuclear não caracterizam a comunidade epistêmica dos cientistas do clima. Eles não são especialistas duplos, que se beneficiam tanto da criação quanto da avaliação de risco. Esse deslocamento estrutural básico, que parece ser o caso normal, foi derrotado. Seu diagnóstico de aquecimento global surge do fato de que eles são "especialistas em efeitos colaterais". Esse é um papel e um modelo completamente diferentes de poder especializado.

A estrutura de poder de risco no caso dos cientistas do clima é: 1) organizada de maneira tal que eles não violam seus próprios interesses ao monitorar e articular o risco público de aquecimento global; 2) o contrário é verdadeiro: a política de visibilidade pública do também imperceptível risco climático para a humanidade *aumenta* seu poder definicional e seu status social; 3) criar e manter a visibilidade pública mediante a abertura e a defesa de espaços especialmente para aqueles mais afetados pelo aquecimento global é uma parte importante de sua profissionalização; 4) há uma independência estrutural daquelas indústrias que produzem o risco climático; portanto, 5) há uma divisão de poder entre aqueles que produzem os riscos e aqueles que os avaliam; 6) por último, mas não menos importante, sua avaliação dos "efeitos colaterais" que ameaçam a sobrevivência da humanidade vem da ciência natural, seus recursos científicos, seu poder definicional e sua autoridade.

Cientistas do clima apontam para uma preocupação global ou a produzem. A distinção e a desigualdade globais entre aqueles que produzem os riscos e aqueles que são afligidos e ameaçados por eles tornam-se visíveis – contra a política e a lei institucionalizadas, que são nacionalmente organizadas. Assim, sua política da visibilidade é dupla: seu objetivo é tornar visível a ameaça invisível para a humanidade. Com isso criam uma perspectiva cosmopolita que torna visível a estrutura social do poder e da desigualdade.

Em contraste com o caso do risco nuclear, no caso da ciência do clima a ligação entre o Estado e o poder definicional dos especialistas não existe. Não há ator político correspondente para a avaliação do risco climático global. E a tradução e implementação de políticas climáticas eficazes nos vários contextos políticos nacionais enfrentam todos os tipos de obstáculos. Isso ocorre porque a legitimidade das instituições nacionais provém na realidade da negação do aquecimento global.

Ao mesmo tempo, a ciência climática redefiniu o chamado universal assim como o chamado nacional. De maneira bastante interessante, o Painel Intergovernamental sobre Mudanças Climáticas (IPCC, na sigla em inglês) é atacado pelos que negam a mudança climática em nome da ciência. E é também atacado porque introduz um número excessivo de "interesses nacionais", ou é criticado até como um "lobby internacional" – o lobby dos construtores de modelos.

O próprio sistema do IPCC representa uma nova maneira de conectar problemas globais, com a ciência cosmopolita referindo-se a fronteiras nacionais e transcendendo-as, porque cada nação avalia alguma coisa em relação ao relatório. Nele há uma dimensão nacional, e ao mesmo tempo há um novo tipo de instituição – um "parlamento mundial cosmopolita da ciência (climática)", criando uma espécie de universalismo contextual que representa as diversas vozes nacionais e locais, dessa maneira incluindo conhecimento local e nacional.

O que pode ser observado aqui é que, para todos os diferentes tópicos – florestas, níveis do mar, pesqueiros, agricultura, transporte, cidades –, foram inventadas e implementadas instituições totalmente novas que reorganizaram todas as conexões entre natureza e cidades.

Os cientistas do clima são apanhados no paradoxo: criar visibilidade do aquecimento global no nível global implica criar invisibilidade no plano local, nacional e regional.

Panorama

Há um notável consenso entre os especialistas nucleares da União Soviética e os especialistas ocidentais de democracias desenvolvidas. "Uma catástrofe cuja escala era inimaginável ... tornou-se *administrável* por meio de uma dinâmica particular: o não conhecimento tornou-se crucial para a utilização de conhecimento fidedigno."[15]

O consenso de manter (na verdade, restabelecer) as relações de poder definicional supera (ou superou) a fronteira ideológica e histórica que separa o sistema comunista da União Soviética do sistema capitalista-democrático dos Estados Unidos e da

Europa Ocidental. No entanto, com um atraso – a saber, três anos após a explosão nuclear de Chernobyl, em maio de 1989 –, ocorreu uma explosão política. "A consciência pública da contaminação e da extensão do encobrimento soviético explodiu."[16] Cientistas locais criticaram o relatório soviético de 1986 como desinformação. Não apenas a catástrofe e a sequela da catástrofe, mas também a previsão da futura catástrofe no presente, formam um novo tipo de força revolucionária. Em outras palavras, a sociedade de risco mundial metamorfoseia a noção da revolução (ver adiante).

Convencionalmente compreendemos revoluções como revoluções da pobreza, ocorrendo no centro do sistema político, com frequência sob a liderança ideológica e política de intelectuais de classe média que prometem colocar em prática os valores básicos de igualdade e justiça (ou combater esses valores e restabelecer estruturas autoritárias). Em certa medida, "a realidade em si mesma" é uma força natural de resistência contra a política da invisibilidade. Na sociedade de risco mundial, produtores e portadores de risco entram em conflito uns com os outros (e debatem entre si) no tocante a relações de definições que são em grande parte concebidas para a sociedade moderna do Estado-nação e que permanecem inalteradas, sendo historicamente inadequadas para a sociedade de risco mundial.

Relações de definição tornam-se expostas e politizadas a cada catástrofe que nos lembra a globalidade da sociedade de risco e à medida que a lógica de riscos globais permeia a experiência cotidiana. A combinação de relações de definição nacionais antiquadas e politização global da ciência torna visível a estrutura subjacente de "irresponsabilidade organizada", como situações em que indivíduos, organizações e instituições

Para onde vai o poder?

escapam da responsabilidade por causa exatamente desses riscos e desastres potenciais que escapam da preponderância de leis e regulamentos.

Na era atual de incerteza fabricada, a constante ameaça de uma crescente série de riscos locais e de megaperigos abre espaços de ação subpolíticos, sub-revolucionários e reinventa instituições de infraestrutura científica e política. Isso não tem a ver somente com novos espaços cosmopolizados de ação, mas com novos campos de ação e reformas políticas.

7. Catastrofismo emancipatório: bens comuns como efeitos colaterais de males

Um dia, quando a história do catastrofismo emancipatório for escrita, ela começará não com a questão do risco climático global, mas com as experiências e os horrores da Segunda Guerra Mundial como um importante deslocamento histórico em que o potencial emancipatório do risco de guerra global levou à criação de uma série de instituições cosmopolitas: a Organização das Nações Unidas (ONU), o Fundo Monetário Internacional (FMI), o Banco Mundial e, de maneira mais significativa, a União Europeia (UE). Esse foi um momento de metamorfose cosmopolítica. Evidentemente, este é um pósargumento. Ele *não* pretende sugerir que precisamos de uma catástrofe como a Segunda Guerra Mundial para alcançar a política emancipatória. É a experiência da catástrofe que viola as normas "sagradas" da civilização e da humanidade e, com isso, cria um choque antropológico a partir do qual respostas institucionais se tornam possíveis e podem ser institucionalizadas no nível global, não automaticamente, mas por meio de importantes esforços culturais e políticos.

A realização institucionalizada do potencial emancipatório da catástrofe "mundial" está sujeita a enorme resistência. Ao mesmo tempo, está aberta a revisão potencialmente indefinida. Não é a-histórica e fixa.

Catastrofismo emancipatório 153

A questão hoje é: a catástrofe em desenvolvimento da mudança climática constitui, da mesma maneira que a Segunda Guerra Mundial, um potencial para o catastrofismo emancipatório e a concretização implícita de instituições cosmopolitas? Este capítulo discute os efeitos colaterais *positivos* dos riscos globais, como o risco climático. Para aqueles cujas ideias estão enraizadas no paradigma da mudança social, a questão simplesmente não surge, porque esse paradigma exclui a ideia de riscos globais e aprisiona o observador no quadro moderno do risco normal. Isso faz os riscos se encaixarem nos enquadramentos institucionais existentes, os quais, no entanto, não são apenas incapazes de lidar com eles, mas na realidade os reproduzem e estimulam.

A metamorfose tem a ver com a ideia de efeitos colaterais ocultos de risco global. Como o Capítulo 5 demonstrou, a noção de "classe de risco" refere-se à coprodução e codistribuição de bens e males. Este capítulo dá um passo adiante e demonstra como a teoria da metamorfose vai além da teoria da sociedade de risco mundial: ela não diz respeito aos efeitos colaterais negativos de bens, mas com os efeitos colaterais positivos de males, como o momento de metamorfose cosmopolítica desencadeado pela Segunda Guerra Mundial. Eles produzem horizontes normativos de bens comuns e substituem a perspectiva nacional por uma perspectiva cosmopolita. Isso é o que chamo de "catastrofismo emancipatório" – contudo, mais uma vez, trata-se de um pós-argumento, e não de um apelo por catástrofes globais.

Como a metamorfose das engrenagens mundiais pode ser vista e analisada através de três lentes conceituais

A expectativa do risco climático global, apesar de todo o pessimismo em relação ao fracasso das respostas e da ação políticas adequadas, já revestiu a atitude pós-moderna de "vale tudo" de um novo significado, se não utópico, ao menos distópico. Riscos globais – como mudança climática ou crise financeira – nos deram novas orientações, novas bússolas para o mundo do século XXI. Reconhecemos que temos de atribuir importância central aos perigos que até agora reprimimos como efeitos colaterais. Mudança climática não é mudança climática; é ao mesmo tempo muito mais e algo diferente. É uma reforma de modos de pensar, de estilos de vida e hábitos de consumo, da lei, da economia, da ciência e da política. Seja apresentando a mudança climática como uma transformação da autoridade humana sobre a nação; seja como uma questão de (in)justiça climática; seja dizendo respeito aos direitos de futuras gerações ou às relações entre direitos morais e questões climáticas; seja como uma questão de política da União Europeia ou de comércio internacional; ou mesmo como uma indicação de capitalismo suicida (Capítulo 8) – tudo isso tem a ver com o enorme poder dos efeitos colaterais emancipatórios não intencionais e não percebidos do risco global, que já alteraram nossa maneira de estar no mundo, ver o mundo e fazer política.

O risco climático global poderia abrir caminho para um renascimento da modernidade. Os cientistas do clima não desencadearam uma transformação do capitalismo que destrói a si mesmo e a natureza, uma transformação que já devia ter acontecido há muito tempo, mas que antes parecia impossível? A agilidade com que hoje os chineses promovem a explosão no comércio de fontes de energia renovável não é um exemplo de coevolução do adversário? Assim, os céticos ocidentais do clima estão violando seu próprio interesse econômico. Talvez seja razoável desativar todas as usinas de energia nuclear, quer elas sejam, quer não mais seguras que os modelos japoneses –

isso, de qualquer maneira, resolve o problema do descarte final das barras de combustível irradiadas. E, de uma maneira ou de outra, a renovação da energia solar e eólica é uma renovação significativa da modernidade.

Talvez o tema da mudança climática seja mesmo uma forma de mobilização até agora desconhecida na história humana, que arromba um mundo autista nacional santimonial com a visão do apocalipse iminente? Seria possível, então, que o risco climático global, longe de ser uma catástrofe apocalíptica, possa ser transformado por trabalho (cultural) ativo e política cooperativa de muitos atores numa espécie de "catástrofe emancipatória"?

Três lentes conceituais são úteis para se compreender como a metamorfose do mundo funciona. Primeiro, a violação cria a norma (e não o contrário). A previsão de catástrofes globais viola normas *sagradas* (não escritas) da existência humana e da civilização. Segundo, uma violação de valores sagrados causa um *choque antropológico*; terceiro, causa uma *catarse social*. É assim que emergem novos horizontes normativos como um enquadramento para a ação social e política e um campo cosmopolizado de atividades.

Como já se disse, a emergência de uma bússola para o mundo do século XXI não deve ser mal interpretada como algo que acontece automaticamente ou é naturalmente causado pelo evento como tal. Ao contrário, ela é produto de *trabalho cultural*. A confrontação entre as instituições existentes da lei e da política e esses novos horizontes normativos leva a um processo permanente de reforma e contrarreforma – não linear e indefinido. Metamorfose é um processo em processo. Não conhecemos o fim – talvez não haja fim. E há muitas complicações. Antes de mais nada, há uma poderosa resistência.

Também há o paradoxo de promessas vazias. Pense sobre os acordos relacionados aos direitos humanos: eles foram ratificados por ditadores antes de 1949. Agora, a promessa vazia os alcança. Como, então, o choque antropológico se torna lei? É um caminho e uma história longos e por vezes intermináveis.

Furacão Katrina: como os horizontes normativos de justiça climática são globalizados

O caso do furacão Katrina, o choque antropológico que ele representou, é um excelente exemplo para lançar luz sobre a questão urgente e até agora negligenciada de como os horizontes normativos da justiça climática são realmente globalizados. Os efeitos colaterais emancipatórios ocultos do furacão Katrina se desdobraram quando ele atingiu a costa da Louisiana em 29 de agosto de 2005. Isso é patente no modo como a bibliografia refletiu sobre o evento. A análise dos discursos em torno do Katrina mostra uma mudança de paradigma – de fato, uma catarse social – em que se unem dois discursos antes distintos: desafios ecológicos e a história do racismo nos Estados Unidos. Uma excelente ilustração é oferecida por Quincy Thomas Stewart e Rashawn Ray, que usam a metáfora da "inundação de raça" para se referir ao fato de que a maior parte das pessoas atingidas pela inundação era negra e pobre. Afirmam eles

> que esse desastre natural espelha uma catástrofe social que afetou as vidas dos americanos desde a era colonial – *a inundação de raça*. Assim como o furacão e a inundação resultante penetraram na vida dos habitantes de Nova Orleans, o conceito de raça penetrou as instituições sociais americanas em tal medida que

a classificação racial molda a amplitude das interações sociais, das perspectivas e chances de vida de um indivíduo. A raça, de muitas maneiras, é uma das principais lentes através das quais os americanos veem, experimentam e avaliam seu mundo social.[1]

Até o furacão Katrina, as inundações não haviam sido encaradas como uma questão de justiça ambiental – apesar da existência de um substancial corpo de pesquisas documentando desigualdades e vulnerabilidade a inundações. Foi necessária a reflexão por parte do público e da academia sobre as devastadoras e extremamente desiguais "inundações raciais" do furacão Katrina, trazendo de volta o forte "Antropoceno" da escravidão, o racismo institucionalizado, a vulnerabilidade e as inundações, para que a substancial comunidade de estudiosos e ativistas da justiça ambiental nos Estados Unidos voltasse sua atenção para um risco que, apesar de aparentemente "natural", precisa ser desvelado como algo essencialmente social e político. Dessa maneira, o nascimento social e a carreira da perspectiva e dos horizontes de justiça cosmopolitas podem ser empiricamente situados e estudados: "Um pequeno, mas crescente, corpo bibliográfico agora concebe riscos de inundação nos Estados Unidos e em outros lugares como uma questão de desigualdade e injustiça ambiental."[2]

Foi essa catarse social que levou à emergência de um novo horizonte normativo, a saber, a moldura da justiça global – isto é, que produziu um bem comum como efeito colateral de males. O Katrina deixou claro que catástrofe climática e desigualdade racial estão estreitamente interligadas. Isso tornou óbvia a conexão inseparável entre mudança climática e justiça social global. A experiência traumática produz um processo de reflexão em que coisas antes não pensadas como conectadas agora estão interligadas – inundação de cidades com desigualdade racial, com questões de justiça global.

A catarse social, entretanto, não deve ser mal interpretada como algo que acontece automaticamente e é causado, de modo inerente, pelo evento como tal. Ela é o produto do engajamento bem-sucedido de grupos de portadores que participam com sucesso do "trabalho cultural", do "trabalho de significação" transformador dos ativistas ao testemunhar o sofrimento distante dos outros.[3] Esse trabalho de significação consiste em respostas para algumas questões. Qual a natureza da ameaça? Quem são as vítimas e como elas se relacionam com os públicos envolvidos? Uma das especificidades do risco climático global é que não há diferença entre vítimas e públicos (risco para a humanidade). Quem é responsável? E, por fim, mas não menos importante, o que deveriam a comunidade global e os indivíduos, as comunidades e organizações, onde quer que estejam agora, estar fazendo em resposta?

O trabalho cultural não envolve simplesmente a representação dos eventos como tais, mas o ambiente simbólico dentro do qual e contra o qual o evento é percebido, a imaginação da catástrofe – por exemplo, tal como apresentada em públicos do clima (Capítulo 4) ou em práticas de estética de clima (entrelaçadas com eventos científicos e de meios de comunicação de massa) e em cultura popular (história em quadrinhos, filmes de grande sucesso, romances de ficção científica etc.). "Práticas artísticas estão ativamente atentas para essa cosmopolização 'arriscada', dando voz estética e 'visualidade' a questões e preocupações climáticas em desdobramento, e praticando assim ... uma estética da cosmopolização!"[4]

Para produzir poder cívico, esses portadores culturais e trabalhadores do significado têm de construir eventos extranacionais localmente de uma maneira que, apesar das diferentes línguas e histórias, revelem muitas vezes um alto nível de intertextualidade, criando entendimentos comuns.

Um exemplo de "trabalho transformativo" é fornecido por Gordon Walker em seu estudo sobre como o enquadramento da justiça ambiental se ampliou e diversificou através de tópicos, contextos e continentes.

Os contextos espaço-culturais e institucionais em que reivindicações de justiça estão sendo feitas e discursos sobre justiça estão sendo expressos são globalizantes muito além dos Estados Unidos, para incluir, por exemplo, África do Sul, Taiwan, Austrália, Reino Unido, Nova Zelândia, Suécia, Israel e contextos globais.[5]

Como Gordon Walker argumenta, a globalização dos horizontes normativos de justiça climática pode ser observada e estudada de duas maneiras: horizontal e verticalmente. A horizontal, claro, é uma questão de interconexão internacional e *globalização a partir de baixo*.

A Coalizão para a Justiça Ambiental, [por exemplo,] uma rede de ação cívica de ativistas, advogados e pesquisadores de organizações ambientais e de direitos humanos na Bulgária, na República Tcheca, na Hungria, na Macedônia, na Romênia e na Eslováquia, foi fundada em 2003 para promover ativamente uma teia de justiça ambiental através da Europa Central e da Oriental. Atividades de rede incluíam conectar-se com ativistas de justiça ambiental nos Estados Unidos para formar uma "Transatlantic Initiative on Environmental Justice" em 2005,[6] e o estabelecimento de uma agenda de questões essenciais para a Europa Central e a Oriental.[7]

Observando a difusão das expectativas em relação à justiça, Gordon Walker também distingue processos de globalização *vertical*, os quais não estão desconectados da viagem horizontal de ideias e significados através das fronteiras. A "lógica" do risco global torna-se desse modo real, incluindo o posicionamento de responsabilidades transnacionais por dano em locais distantes, conectando relações globais econômicas e políticas com suas consequências ambientais locais ou nacionais. Por exemplo, a agenda da rede transnacional da Coalizão para a Justiça Ambiental na Europa Central e na Oriental inclui a exportação de riscos de países mais ricos para países mais pobres ao longo de uma série de preocupações específicas dos países.[8]

O "tornar-se real" da perspectiva cosmopolita pode, claro, ser estudado também pela análise das maneiras pelas quais as catástrofes climáticas são (re)apresentadas nos meios de comunicação de massa e comunicação digital (Capítulo 8). É necessário, portanto, distinguir entre inundação e outras catástrofes em espaço e tempo específicos, por um lado, e o risco global de mudança climática como um risco existencial para a humanidade, por outro. Riscos globais (como os riscos climáticos globais) não são o resultado de nenhuma catástrofe específica para os outros em qualquer espaço e tempo específicos. Ao contrário, eles precisam ser arranjados ("socialmente construídos") como catástrofes antecipadas para a humanidade, *para nós*. A questão torna-se então: como a perspectiva cosmopolita se torna "real" – isto é, uma realidade transfronteiriça – "para nós"?

Isso, pode-se especular, pressupõe, por exemplo, a representação de uma soma de tragédias percebidas como *nacionais* interconectadas. A "ligação" entre as tragédias nacionais interconectadas poderia ser, por exemplo, o turismo de massa. O turismo de massa envolvido em catástrofes climáticas e ameaçado por elas é uma maneira pela qual a distância geográfica e social – a catástrofe "para os outros" – está se metamorfoseando numa catástrofe "para nós" pela proximidade social de uma catástrofe "distante de nós". Televisão, e-mail e telefone por satélite permitem às pessoas permanecer em contato com seus entes queridos e fazer imagens e vídeos aterrorizantes, disponíveis a um clique de mouse.

Panorama: bússola para o século XXI

Choques antropológicos ocorrem quando muitas populações sentem que foram submetidas a eventos horrendos, que deixam marcas indeléveis em suas consciências, que marcarão suas memórias para sempre e mudarão seu futuro de maneira fundamental e irrevogável. Choques antropológicos fornecem uma nova maneira de estar no mundo, ver o mundo e fazer política.

A partir disso pode emergir uma catarse social, incluindo reflexo, reflexividade e reflexão. O choque antropológico induz uma espécie de memória coletiva compulsiva do fato de que decisões e erros passados estão contidos naquilo a que nos vemos expostos; de que mesmo o grau mais elevado de reificação institucional não é nada senão uma reificação que pode ser anulada, um modo de ação emprestado, que pode e deve ser modificado se levar ao autocomprometimento. O risco climático global, mas também o risco financeiro global etc., é descoberto no discurso e na reflexão públicos como a materialização dos erros da industrialização e financeirização em curso.

Metamorfose não é uma revolução, não é uma reforma, não é algo que seja intencional, orientado para um objetivo, parte ou resultado de uma luta ideológica (entre partidos ou nações). Ela está – como tento mostrar com o estudo de caso sobre mudança climática – prosseguindo de maneira latente, por trás dos muros mentais de efeitos colaterais não intencionais, que estão sendo construídos como "naturais" e "evidentes por si mesmos" pelas leis (nacionais e internacionais) e pela produção de conhecimento científico.

Mas isso é apenas parte da história; a outra parte é que o choque antropológico da catástrofe cria um "momento cosmopolita". Nesse momento de catarse, os muros mentais dos efeitos colaterais institucionalmente construídos estão sendo derrubados, e podemos estudar empiricamente o fato social de como os horizontes cosmopolitas estão emergindo e sendo globalizados.

Não argumentei em termos de um cosmopolitismo filosófico-normativo. Argumentei que a mudança climática produz *empiricamente* um sentido básico de violação existencial e ética do sagrado, que cria o potencial para todos os tipos de expectativas e desenvolvimentos normativos – normas, leis, tecnologias, mudanças urbanas, negociações internacionais e assim por diante. Esse é o poder da *metamorfose* rumo a um horizonte cosmopolita de expectativas normativas. Esse é o ponto de vista crítico.

Esse ponto de vista crítico tem de ser clarificado. Ele é empírico e normativo ao mesmo tempo. Mas a normatividade desse ponto de vista crítico é muito específica. Ela tem a ver com a aceitação empírica (*Geltung*) de "relações de valor" (*Wertbeziehungen*, como Max Weber as chamou). Elas não devem ser confundidas com juízos de valor, usando termos, frases e linguagens morais explícitas carregados de valor. São empíricas no sentido de que podem ser estudadas da perspectiva de um observador.

O discurso sobre a justiça climática revelou vários obstáculos – às vezes obstáculos de um tipo teoricamente perturbador. Um exemplo é que questões de justiça climática incluem gerações futuras, que irão sofrer mais. Por isso surge o problema de como abordar e aplicar normas de justiça a sujeitos que ainda não existem, não tendo, portanto, voz própria nas tomadas de decisão que irão afetar drasticamente suas condições de vida. Com frequência aqueles injustamente prejudicados pelo risco da mudança climática não podem se queixar a ninguém em particular. Isso, de fato, torna fácil aplicar o sistema legal nacional existente, que exclui os excluídos.

Ao mesmo tempo, uma visão favorável à justiça climática tem de reconhecer, mais cedo ou mais tarde, aquela persistência de padrões coloniais históricos e a densa intimidade de suas conexões e dinâmicas com a constituição pela lei tanto de seu "sujeito" (o ator legal) quanto do "ambiente". O problema da justiça climática revela ligações entre os fundamentos coloniais do direito internacional e os fundamentos filosóficos do imaginário jurídico ocidental. O que está em jogo aqui empiricamente, e portanto normativamente, é um modo de violação dirigido à própria ordem viva. Ao mesmo tempo, porém, temos de ser cuidadosos para não confundir a diferença entre "dependência" e "cosmopolização": problematizar a injustiça climática apontando para indivíduos, comunidades e nações que estiveram do lado errado da história colonial, que sofreram e continuam a sofrer, é em si mesmo uma indicação de que a cosmopolização imposta pelo risco climático global cria um horizonte normativo e de uma reflexividade exatamente com relação àquele fato. Mais que isso, cria de novo (como um fato) a expectativa (às vezes até a convicção) de que uma reforma das instituições (direito, política, economia, práticas tecnológicas, consumo e estilos de vida) é agora urgente, moralmente imperativa e politicamente possível – mesmo que fracasse em conferências e na política.

Tentei mostrar que, com base na globalização empírica desse ponto de vista crítico, somos capazes de criticar o que poderíamos chamar de domesticação nacional (e transnacional) da mudança climática, o consenso pós-político em torno de "economia verde", inovações tecnológicas etc. É aí que as coisas se tornam uma questão de economia política, e, de uma perspectiva cosmopolita intrinsecamente conectada com a mudança climática, podemos incluir e mobilizar as novas geografias globais que de forma alguma respeitam o "consenso" europeu pós-político. Esse é também um ponto essencial em termos da *metamorfose* das relações de poder internacionais (Capítulo 10).

Visto dessa maneira, o risco de mudança climática é muito mais que um problema de medidas de dióxido de carbono e de produção de poluição. Não sinaliza tampouco apenas uma crise da autocompreensão humana. Mais que isso, o risco climático global sinaliza novas maneiras de ser, olhar, ouvir e agir no mundo – extremamente ambivalentes, indefinidas, sem nenhum resultado previsível.

Metamorfose, portanto, significa também que o passado é reproblematizado por meio da imaginação de um futuro ameaçador. Normas e imperativos que guiaram decisões no passado são reavaliados pela imaginação de um futuro ameaçador. Disso decorrem ideias alternativas para o capitalismo, o direito, o consumismo, a ciência (por exemplo, o IPCC) etc.

Ela inclui até mesmo uma abordagem autocrítica à criação cotidiana de normas de estilo dogmático. Na versão tecnocrática da política ambiental, emissões de carbono tornam-se a medida de todas as coisas. Quanto carbono produz uma escova de dentes elétrica em contraposição à manual? De agora em diante, até pelo divórcio devemos responder não só perante Deus, mas também perante o ambiente. Por quê? Solteiros consomem muito mais energia e outros recursos naturais que casais morando juntos.

Em consequência, surge uma bússola para o século XXI. Entretanto, em contraste com a Segunda Guerra Mundial, no caso do risco global de mudança climática, para onde essa bússola nos leva é uma questão em aberto. Há uma enorme discrepância entre expectativas normativas e ação política.

8. Males públicos: política da visibilidade

A relação entre "comunicação" e "mundo" é central para a teoria social da modernidade. Embora com frequência lhe falte reconhecimento, a contribuição essencial de Karl Jaspers para nossa compreensão da modernidade foi a invenção do conceito de *Weltkommunikation*. Depois foram Niklas Luhmann e Jürgen Habermas que tomaram as noções de comunicação e ação comunicativa, respectivamente, como essenciais em suas teorias da sociedade moderna.[1] Em minha teoria da metamorfose, a comunicação desempenha um papel essencial também, mas de maneira fundamentalmente diferente – de fato, ela é pensada e conceituada de maneira fundamentalmente diferente, a saber, pela perspectiva da metamorfose. Aplicado à teoria da sociedade moderna, isso significa que se trata da metamorfose da sociedade e da política modernas. Não há metamorfose sem comunicação: a comunicação sobre a metamorfose é constitutiva da metamorfose.

Até agora explorei essa mudança extraordinária de horizontes por meio da metamorfose das desigualdades sociais: de risco para classe de risco, nação de risco, região de risco. Analisei ademais a metamorfose do poder: relações de poder de definição em contraposição a relações de poder de produção. Finalmente, debati a sociologia da metamorfose por meio do exemplo da relação entre catástrofe e catástrofe emancipatória.

Para explorar a importância da comunicação para a metamorfose do mundo, não desenvolverei uma teoria universalista da constituição comunicativa do mundo. Em vez disso, introduzirei o conceito de médio alcance de "males públicos" como meio de teorização cosmopolita. Farei isso em dois passos: primeiro, introduzo o conceito de "paisagens de comunicação" e exploro sua metamorfose; segundo, analiso o conceito de "males públicos".

Novas paisagens de comunicação

Em tempos de comunicação digital, a sociedade de risco mundial é responsável por uma importante dinâmica estrutural, pela qual os riscos globais criam novas formas de "comunidades". Compreender essa dinâmica estrutural significa compreender a metamorfose da sociedade moderna na era digital.

Os riscos globais (mudança climática e crise financeira) têm o poder de mudar a sociedade e a política, mas somente por meio da comunicação pública. Os riscos globais por si mesmos são invisíveis. Somente através de imagens mediadas eles adquirem o poder de romper essa invisibilidade. Desastres de grande escala estão ocorrendo em toda parte, mas só expandem seu potencial emancipatório com o poder das imagens públicas, que criam uma esfera pública global, um tipo de público categoricamente diferente daquele aprisionado na perspectiva nacional. O que podemos observar é uma interação: riscos globais criam públicos globalizados; públicos globalizados tornam riscos globais visíveis e políticos.

O teórico da mídia francês Paul Virilio sintetizou esse poder das imagens na frase: "Imagens são munição, câmeras são armas." Os riscos globais estão se transformando em campos de batalha da globalização visual. Não são os eventos catastróficos, mas as imagens globalizadas desses eventos que desencadeiam o choque antropológico, o qual, filtrado, canalizado, dramatizado ou banalizado na diversidade das velhas e das novas mídias, pode criar uma catarse social e fornecer o enquadramento normativo para uma ética de "nunca mais".

Insisto, não são as imagens que levam isso a cabo, mas as imagens globalmente midiatizadas e comentadas que tornam possível a visualização repetida milhões de vezes. Quer seja o desespero de um pai palestino segurando o filho agonizante nos braços, no conflito entre Israel e Palestina, quer seja a brutalidade com que o Estado Islâmico executa e celebra a decapitação de reféns ocidentais perante os olhos do mundo, as imagens viajam em volta do globo e são poderosos instrumentos políticos. Nessas imagens simbolicamente condensadas, conflitos históricos e lutas políticas se intensificam, são traduzidos, personalizados, mas também instrumentalizados, truncados, simplificados e falsificados. Não é a catástrofe como tal, mas a comunicação globalizada e figurativa da catástrofe que primeiro libera a emoção, e talvez também a identificação com o sofrimento dos outros, que desencadeia um choque antropológico capaz de mudar abruptamente a paisagem política.

O mundo dos meios de comunicação de massa foi durante muito tempo, e hoje ainda é em grande parte, um mundo de nações. De fato, como primeiro o filósofo alemão Hegel e mais tarde o sociólogo Benedict Anderson demonstraram em estudos pioneiros,[2] a invenção da imprensa contribuiu de maneira essencial para a produção e reprodução da consciência nacional, e portanto da nação como "comunidade imaginada". Nesse meio-tempo, os velhos meios de comunicação de massa (jornais, rádio e televisão) tornaram-se cada vez mais abertos aos eventos globais. A isso se somaram diversos novos meios de comunicação, que se desenvolvem rapidamente (internet, Facebook, mídia social, smartphones, Skype etc.). Esse desenvolvimento deu origem também a redes e fluxos de comunicação que atravessam fronteiras e marcam o fim dos sistemas nacionais de comunicação.

A comunicação global (e portanto também, num sentido diferente, a história mundial) está apenas começando. Até agora ela não existia; havia apenas um agregado de formas nacionais de comunicação. Mesmo onde estas estavam interligadas, a seleção de eventos e o modo como eram cobertos reforçavam o horizonte subjacente nacional ou local.

Hoje não há mais nenhum lado de fora ou de dentro. O quadro de referência da comunicação não é mais esta ou aquela nação – ao contrário, a situação da comunicação é uma situação da humanidade como um todo (o que não deveria ser confundido com o horizonte normativo da "opinião pública global" – falaremos sobre isso adiante). Estão ganhando forma novas paisagens de comunicação global em que os horizontes particulares, fragmentados e globalizados da comunicação por Facebook coincidem, se interpenetram e se mesclam com arenas públicas nacionais.

Males públicos

É no contexto dessas novas paisagens de comunicação que introduzo a noção diagnóstica do tempo "males públicos" como um foco para a teorização e a pesquisa cosmopolita. Por "males públicos" refiro-me à conexão constitutiva entre males globais e públicos globais. Não há males – riscos globais – sem públicos globais. Simultaneamente, riscos globais criam públicos globais e desse modo reconfiguram a paisagem nacional da comunicação pública. A noção de males públicos concentra-se na interseção conceitual de choque antropológico, efeitos colaterais e imaginações de risco futuro. Pela lente dos males públicos globais, a complexa e intricada arquitetura da metamorfose do mundo da mídia, comunicação e públicos pode ser estudada.

Seria "males públicos" simplesmente outro nome para "risco global"? Não, esse não é o caso. Ao contrário, ele sintetiza o que o conceito de risco global esconde – a saber, que a comunicação global e a arena pública global são constitutivas dos riscos globais.

A noção de males públicos combina diferentes trajetórias de teoria social. Em parte, ela se refere à noção de efeitos colaterais e risco global. Para os efeitos colaterais, há a obra de John Dewey sobre *The Public and its Problems*. Segundo Dewey, o público surge não da tomada de decisão política, mas da experiência dos efeitos colaterais negativos das ações dos outros. Ele afirma – para usar os meus termos – que os males produzem públicos e desse modo impõem a busca de uma nova ordem institucional.

A noção de males públicos é caracterizada ademais por três elementos: interconectividade; interconectividade pública, isto é, reflexiva; e ambivalência da interconectividade reflexiva criada pelos males. Sob esse aspecto, ela se relaciona com *A sociedade em rede*, de Manuel Castells, de 1996. Contudo, uma grande diferença é que podemos nos desligar (pelo menos em princípio) das conexões da sociedade em rede, ao passo que não podemos nos desligar dos males públicos. Não há saída. O futuro é uma maldição e uma bênção de coexistência comunicativa de todo mundo com todo mundo.

Publicidade de progresso e publicidade de risco

Nesse contexto, sugiro que façamos uma distinção entre duas formas de comunicação e suas respectivas dimensões públicas: por um lado, "publicidade* de progresso" e, por outro, "publicidade de efeitos colaterais" ou "publicidade de risco". A publicidade de progresso está conectada com o fato de que em todas as sociedades democráticas há uma discussão pública sobre o futuro da modernidade. Esta se concentra na produção e distribuição de bens no contexto nacional ou internacional, e na dinâmica social e política daí resultante. As questões e os conflitos que envolvem a produção e distribuição de bens, e a concomitante dinâmica social e política de poder e classe e formas democráticas de governo, estão essencialmente orientados para promover o "progresso" enquanto minimizam os efeitos colaterais associados (males). Por conseguinte, a discussão gira em torno de objetivos, decisões, ideologias etc., e conflitos relativos a diferentes concepções do futuro são conduzidos nessas esferas públicas nacionalmente organizadas que se digladiam pelo progresso. O modo desse tipo de dimensão pública nacionalmente organizada de poder da mídia é exclusivo. Ele é deliberadamente produzido; pode ser permitido, reprimido e assim por diante.

---

* Aqui e no que se segue, a palavra "publicidade" traduz a palavra inglesa *publicness*, isto é, publicidade em seu sentido primordial de "característica do que é público", como a define o *Dicionário Houaiss*. (N.T.)

A publicidade de efeitos colaterais ou publicidade de risco, que se centra na produção e distribuição de males (riscos), desenvolve-se em competição e conflito com isto. Aqui a metamorfose da comunicação e a dimensão pública começam a se revelar. A publicidade de efeitos colaterais concentra-se nas violações culturalmente percebidas de um progresso organizado no plano nacional que são amplamente ignoradas pelo público convencional. Isso não é apenas uma mudança de assunto, mas também uma mudança na forma de publicidade. A publicidade de efeitos colaterais não pode ser facilmente controlada pelos poderosos. Ela toma uma posição contra a coalizão alheia aos riscos dos defensores do progresso composta por especialistas, indústria, governo, partidos políticos e o establishment dos meios de comunicação de massa. Públicos de efeitos colaterais surgem sem ser planejados, em oposição ao discurso hegemônico sobre progresso, e são de difícil controle. A tematização dos efeitos colaterais marca um segundo estágio na metamorfose da publicidade. Pode surgir o que chamei de "catastrofismo emancipatório": o horizonte normativo de um destino compartilhado toma forma na ameaça existencial à humanidade. O que antes contava como "males" agora é considerado "bens". Tem lugar uma espetacular metamorfose, o que pode ser captado nas palavras de Friedrich Nietzsche, "a reavaliação de valores". Essa é uma forma radical de metamorfose que não só está se evidenciando hoje na área do risco climático global, mas tem precursores históricos em outras áreas.

Quando a luta pela emancipação das mulheres começou, as feministas eram aviltadas e ridicularizadas como "intelectuais feias", "amazonas assexuadas, devoradoras de homens" que violavam os ditames de Deus e da natureza. Hoje, em contrapartida, pode-se observar uma reavaliação de valores pelo menos no Ocidente: qualquer pessoa que se oponha publicamente à igualdade de gêneros perdeu o jogo político. De fato, mais que isso, encontramos agora variedades de feminismo oportunista. A exigência de direitos iguais serve como argumento e instrumento para erigir barreiras contra a imigração – um exemplo da política do mal menor.

Essa reavaliação de valores de "males" para "bens" não está acontecendo subitamente, da noite para o dia, de uma maneira linear e de cima para baixo. Ela envolve conflitos prolongados que podem se estender por muitos anos, décadas, até séculos. Esses processos são marcados por fases de estagnação e retrocesso, e "dependem da trajetória", o que significa que não se desdobram de maneira uniforme e simultânea, mas estão atados a diferentes contextos históricos e culturais; e atores sociais e políticos cambiantes tentam influenciá-los no nível nacional e internacional.

Outro exemplo de metamorfose, no sentido da reavaliação de "males", é exibido pelos debates alemães sobre migração. Na Alemanha, os imigrantes foram por muito tempo considerados uma ameaça à identidade nacional. Contrariamente a isso, lutas prolongadas levaram cada vez mais à visão de que a imigração e os imigrantes são necessários, dado o futuro da Alemanha como sociedade em processo de envelhecimento, com baixo índice de natalidade. Nesse caso, o enquadramento normativo permanece inalterado: segundo um argumento, o futuro da Alemanha é ameaçado pela imigração; segundo o outro, o futuro da Alemanha está em perigo se não houver imigração. Mas o comum é que, em ambos os casos, a preocupação é assegurar o futuro da Alemanha. Aqui a reavaliação de valores significa reavaliação de meios.

No caso da imigração, portanto, a metamorfose está ocorrendo enquanto o marco normativo de referência permanece constante. Aqui metamorfose significa que a imagem dos alemães acerca da Alemanha, ancorada na lei, está também sofrendo metamorfose. Isso, por sua vez, também ocorre de maneira mais ou menos (não)simultânea a partir das perspectivas do ator e do observador. A reavaliação da emancipação das mulheres de um "mal" para um "bem", no entanto, envolve uma mudança de horizonte. A liberação feminina deu origem a "males" porque a emancipação das mulheres era vista como contrária à natureza e a Deus. De maneira semelhante, no contexto europeu, o papel dominante da religião e a suposição de constantes antropológicas que definiram o horizonte normativo de referência tiveram primeiro de ser "invertidos". Esse horizonte religioso e antropológico ficou desencantado e foi substituído pelo horizonte normativo dos direitos humanos universais e os princípios de igualdade e justiça. Dentro desse horizonte, os "males" sofrem uma reavaliação e são transformados em "bens", que doravante não podem ser questionados impunemente.

Esses exemplos mostram que, no domínio social e político, estamos sempre lidando com formas de metamorfose incompleta. Assim, ela nunca chega ao que é conhecido em biologia como metamorfose completa – isto é, mudança de um estado fixo para outro estado fixo final.

Essa incompletude da metamorfose pode assumir diferentes formas. É possível ver isso na metamorfose associada à percepção ou ao reconhecimento de riscos globais. Aqui a metamorfose, como foi explicado, pode ser descrita em três estágios consecutivos: primeiro, publicidade de "bens" independentes, nacionalmente organizados; segundo, o discurso hegemônico do progresso é subvertido e posto em questão pela publicidade de "males", de difícil controle; depois pode se desenvolver um terceiro tipo de publicidade cuja característica essencial é que "males" ambientais se transmutam em "bens" econômicos e políticos. O que o slogan *"Black is beautiful"* sintetiza sobre a metamorfose pela reavaliação poderia ser expresso no contexto da sociedade de risco mundial da seguinte maneira: a sustentabilidade é bela, um estilo de vida ecológico é belo, a crítica ao crescimento é bela, a crítica ao capitalismo é bela.

Essa perspectiva da metamorfose inclui agora a reavaliação de "males" em "bens", não somente nas paisagens da comunicação digital, mas também nos meios de comunicação de massa estabelecidos, que ainda são nacionalmente organizados e refletem assuntos de relevância nacional e prioridades nacionais. Por um lado, o global é refratado no horizonte nacional de relevância. Mas a presença de múltiplos desastres atuais também dá origem à publicidade global dentro da mídia nacional. Entretanto, essa intromissão da opinião pública global – essa metamorfose interna de esferas públicas nacionais – é por sua vez produzida através de "males": pelo anseio da mídia por catástrofes (tsunamis, Fukushima, casamentos forçados) ou pela controvérsia em torno da afirmação de que outras religiões, em particular a muçulmana e a judaica, maltratam os meninos quando os circuncidam por razões religiosas. Outro "mal", a crise do euro, chegou até a transformar o Reino Unido, crítico do euro, num fórum público europeu em todos os canais de televisão e em todas as seções dos jornais.

Ao mesmo tempo, as novas variantes tecnológicas da comunicação digital, em processo de rápida evolução, estão transformando o conceito de público. Consumidores de notícias se tornam produtores de notícias. Fronteiras e tópicos nacionais se tornam menos importantes. Novas paisagens de comunicação emergem – fragmentadas, individualizadas e espalhando-se simultaneamente em redes nas quais o poder dos meios de comunicação é quebrado. No processo, conceitos essenciais como "participação", "interesse" e "integração", considerados invariantes na perspectiva da mudança social, estão mudando. Mais uma vez, o que significa metamorfose nesse contexto? Em primeiro lugar, *metamorfose categórica*: aqui o foco está no conceito de males públicos (ver acima). Segundo, *metamorfose institucional*: aqui está a competição ou a sobreposição ou interpenetração dos "velhos" meios de comunicação de massa (nacionais, monopolistas) com os novos meios de comunicação digitais (fragmentados, individualizados, globalizados). Por fim, *metamorfose normativa*: aqui se trata de como "bens" são metamorfoseados em "males" e "males" em "bens", e, por conseguinte, por sua vez, como o relato da catástrofe sob formas involuntárias (pelo menos incipientemente) e em geral irrefletidas (mas talvez também muitas vezes conscientes) torna-se o meio do catastrofismo emancipatório.

Construção digital do mundo

A construção digital do mundo tem a ver com a metamorfose digital do mundo. Isso significa que toda ação humana, toda máquina, produz dados. Entramos numa *terra incognita*. Isso não significa que tudo é novo (não há nada de novo no céu ou na terra), mas significa Virada Copernicana 2.0. Há sete aspectos a se considerar.

1. A comunicação digital metamorfoseia a noção clássica de *Öffentlichkeit* ("publicidade"). Coisas que costumavam estar

Males públicos

sujeitas à publicidade clássica agora são negociadas: ocorrem disputas entre movimentos civis e incivis, entre jornalistas e políticos; inundações ou ataques terroristas são globalmente debatidos e julgados; pais e polícia procuram crianças desaparecidas. A propaganda de produtos reflete a opinião pública e vice-versa. A comunicação digital tornou-se o espaço histórico para a comunicação pública. No passado, esta costumava ocorrer em espaços territoriais específicos, como ruas, praças, igrejas. As vantagens do espaço digital são evidentes: os grupos podem se organizar sem se deslocar fisicamente, os custos são baixos, o intercâmbio acontece em tempo real, a violência física é excluída. Nesse sentido, protesto e participação na rede são possíveis.

Entretanto, essas possibilidades são significativamente diferentes da participação democrática. Elas são moldadas e feitas por jogadores do mercado. A comunicação digital está nas mãos de grandes corporações transnacionais. Por isso, a soberania sobre o debate público é ocupada pelo poder das corporações privadas. O mesmo se aplica à infraestrutura tecnológica. Por quanto tempo as democracias podem sobreviver a essa privatização da opinião pública? Irá a economia de mercado revelar-se o melhor plebiscito?

Ao mesmo tempo observamos uma mudança de regulação pública para atores subpolíticos, como vimos com a tentativa e a decisão de corporações como Facebook e Twitter de proibir a difusão de vídeos terroristas. Há dois movimentos opostos: por um lado, há a demanda de regulação pública, estatal da web; por outro, é a web que possui o potencial de escapar às restrições do Estado.

2. A comunicação digital não substitui os velhos modelos de *Öffentlichkeit* (publicidade), mas nela encontramos um *entrelaçamento distinto do velho e do novo*. O modelo clássico de meio

de comunicação de massa é o antigo teatro. Há um palco em frente ao qual a plateia se reúne. Isso estabelece uma distinção entre o papel ativo do falante e o papel passivo da plateia. Essa distinção não é mais válida para a comunicação digital. Todo mundo é "falante" e "plateia" ao mesmo tempo. Mesmo que o consumo de meios de comunicação de massa permaneça alto ou aumente, a metamorfose do mundo ocorre atrás dessa suposta estabilidade simplesmente porque não há mais distinção entre on-line e off-line. A mídia digital tornou-se parte da vida cotidiana.[3] Considere, por exemplo, os modos de interação e comunicação nas nossas escolas.

Hoje o intercâmbio dentro de uma sala de aula envolvendo professores, dever de casa, colegas etc. tem lugar em considerável medida dentro da esfera digital. O Instagram e o Snapshot são usados para compartilhar experiências pessoais com colegas, o WhatsApp é a fonte de informação sobre que tipo de dever de casa precisa ser entregue e quando, o YouTube é usado para encenar e compartilhar talentos pessoais com o mundo, desde tocar guitarra até jogos de computador. É fácil não se dar conta da metamorfose nesse caso porque parece a comunicação costumeira, só que com meios diferentes. No entanto, o fundamento dessa comunicação supostamente comum não está em Munique ou Paris, mas em Palo Alto e Los Angeles. Os servidores que armazenam as interações das crianças estão sediados no sul da Califórnia ou no Círculo Ártico. Só se torna patente que há uma metamorfose no fato de que as comunicações sejam internas à sala de aula, mas na realidade não sejam locais quando ocorrem problemas – isto é, quando os servidores são hackeados. Somente então os próprios atores compreendem que a sala de aula e o círculo de amigos já estão tecnologicamente cosmopolizados. As crianças demonstram qual direção isso está tomando.

Elas intuitivamente representam a si mesmas, às suas identidades e suas ideias no mundo. Cedo na escola surge um "jogo de identidade" – isto é, uma competição acerca do reconhecimento no mundo, acerca de quem tem uma influência mais extensa, manifestada em cliques, "curtidas", "amigos" etc.

3. Relacionada a isso há uma nova *inimaginabilidade* de dados e números. A comunicação digital representa a produção e o consumo sistemáticos de dados numa extensão que não é mais imaginável. A concepção nacional do mundo segue o modelo das bonecas russas. Ele é imaginado como a unidade maior e universal que pode ser cortado em agregados menores. O mundo político consiste numa série de Estados-nação, o mundo econômico consiste em zonas de livre comércio, a economia consiste em mercados, os quais são ordenados por públicos-alvo. Esse tipo de pensamento e reunião de dados em recipientes não capta a essência do mundo digital. Essas qualidades não são contáveis. São estimadas. Pertencem ao mundo das estatísticas gerais, que têm a ver com tamanho, não com detalhes. A esmagadora quantidade de dados não é em princípio nada de novo. O momento de metamorfose surge num mundo moldado pela lógica do risco e da prioridade, em que esses tipos de "Big Data" são usados como base para que a ação "melhore", como na morte de terroristas em potencial pelos chamados *signature strikes*.*

4. Enquanto as sociedades existentes são nacionais, a comunicação digital produz, ao que parece, uma sociedade mundial.

---

* Ataque militar por um drone ou drones em que as pessoas são alvo porque suas atividades correspondem supostamente a um perfil comportamental particular, embora suas identidades individuais sejam desconhecidas. (N.T.)

No entanto, isso está errado. Ela produz *números indefinidos de "sociedades mundiais"*. Isso significa que produz uma realidade de relações sociais que não funcionam de acordo com a lógica clássica de *Öffentlichkeit* e "sociedade". A metamorfose digital perturba ou destrói as noções existentes de sociedade e publicidade. Ao mesmo tempo ela produz novas noções de sociedade e publicidade: os outros globais estão aqui no nosso meio e estamos simultaneamente em outros lugares. O que interessa é que isso não é produto de força, mas a precondição da era digital.

5. O mundo torna-se *individualizado* e *fragmentado*. O indivíduo – o "indivisível" – torna-se o ponto de referência, e ao mesmo tempo já não importa mais. Ele afunda na inimaginável quantidade de dados. A individualização é o processo pelo qual a unidade básica da ação social e política não é mais um agregado ou identidade coletiva, mas torna-se restrita a pessoas individuais – o paradigma se desloca de "nós" para "eu". Como tal, não deve ser mal interpretado como a ideologia neoliberal do individualismo.

Ao mesmo tempo, individualização e cosmopolização constituem momentos opostos na comunicação digital. Por um lado, a comunicação digital força os indivíduos a confiar em si mesmos porque solapa a matriz de identidades coletivas dadas. Por outro lado, força-os a usar os recursos que os espaços cosmopolitas de ação possuem.

6. Para captar a metamorfose da comunicação digital, o conceito de *meme* é central. O meme refere-se a uma mudança de perspectiva, para longe de atores comunicantes e na direção de conteúdos e mensagens comunicativos. Essa perspectiva é essencialmente não nacional porque o meme não segue fronteiras nacionais. No entanto, as trajetórias do meme não são acidentais;

elas são moldadas por características, como comunidades, afiliações profissionais, linguagens, culturas, percepções de risco.

7. Os dados produzidos na comunicação digital não são simplesmente dados, mas *dados reflexivos*. A comunicação digital produz constantemente dados e uma espécie de reflexividade organizada. Para compreender o que isso significa precisamos distinguir entre a perspectiva dos participantes e a perspectiva da observação. A relação entre a perspectiva dos participantes e a perspectiva da observação é uma relação moldada pelo fato de que os atores comunicativos não se dão conta de que são observáveis e observados. Isso significa que há uma situação comunicativa que parece estar fechada para os próprios atores quando olhada a partir de dentro, mas está aberta para todos os tipos de observação se olhada a partir de fora. Isso leva a uma situação de bolha de filtros,[4] em que o indivíduo fica preso num mundo digital que é moldado segundo suas próprias preferências e hábitos.

Panorama: dados cosmopolitas

O que foi dito tem consequências para o que entendemos por dados. Até agora, as ciências sociais produziram dados que seguem os princípios da representatividade e da agregação como base central para a objetividade científica social. A exploração da metamorfose digital do mundo não pode ser escrava desses princípios. A comunicação digital deve ser compreendida como a produção permanente de dados não representativos e não agregativos *pelos próprios atores*, e não pelos cientistas sociais. Esse fato básico implica um deslocamento epistemológico.

O que há na comunicação digital são dados que *constituem* *a realidade* da cosmopolização. Eles *produzem* cosmopolização: *não* a *representam* simplesmente. São social e politicamente significativos. Essa compreensão é intrigante porque, adotando a ideia de Henrietta Moore e Sabine Selchow, a internet é então não só um espaço de ação ou uma ferramenta para organizar, comunicar e trocar, mas um "processo de vir a ser"[5] – é um processo de vir a ser um mundo cosmopolizado. Portanto, o processo de cosmopolização em seu status epistemológico não pode apenas ser representado por índices, indicadores e definições operacionais, mas deve ser observado como um processo de realidade.

Para ser claro, dessa perspectiva, o vir a ser de um mundo cosmopolizado não é um processo oculto que só podemos tornar visível empregando meios complexos, mas é um processo visível em si mesmo. O processo e a observação do processo estão inerentemente conectados.

Aqui temos acesso à realidade da cosmopolização em torno de várias questões que foram discutidas até agora de uma perspectiva diferente – por exemplo, a questão de como comunidades transnacionais (de "migrantes") se desenvolvem. O mesmo se aplica para o surgimento de "famílias mundiais",[6] bem como o poder de risco global de produzir comunidades cosmopolitas (de cidades mundiais). Em resumo, cabe distinguir entre a noção de "dados representativos, agregados", e a noção de "dados cosmopolitas". Esta última compreende dados que produzem a cosmopolização do mundo (pode também haver outros significados dessa expressão).

"Dados cosmopolitas" não são cosmopolitas *per se*, mas evidenciam-se como cosmopolitas a partir de uma perspectiva cosmopolita. É evidente que a comunicação digital pode ser analisada a partir de uma perspectiva convencional, mas é somente por meio da perspectiva cosmopolita que a metamorfose digital se evidencia. Por um lado, a nova situação de produção de dados permanentes abre novas perspectivas. Por outro, ela suscita o problema de que a avaliação metodológica se desloca do modo como os dados são produzidos para o modo como são usados e interpretados.

Ao mesmo tempo, essa produção de dados dá acesso a novos objetos de análise, como correntes comunicativas, padrões de interação e mobilidade numa escala mundial. Abre a possibilidade de estudar padrões cosmopolitas de relações e observar como a "solidariedade cosmopolita" se desenvolve, por exemplo, em torno de catástrofes climáticas localmente experimentadas e riscos climáticos percebidos. Ela nos habilita e convida a estudar não somente "momentos cosmopolitas", como as ocupações de praças em toda a Europa e o mundo, mas a manifestação potencial e a complexificação das estruturas sociais cosmopolitas.

9. Risco digital: o fracasso de instituições operantes

A metamorfose diante do risco global produz um abismo entre expectativas e problemas percebidos, por um lado, e instituições existentes, por outro. As instituições existentes poderiam funcionar perfeitamente no antigo quadro de referência. No entanto, no novo quadro de referência elas fracassam. Por isso, uma característica essencial da metamorfose é que as instituições simultaneamente funcionam e fracassam. Para dar um exemplo, sugiro dois argumentos empíricos: primeiro, o "risco à liberdade digital", que se refere ao programa de vigilância Prism;* segundo, a metamorfose digital da sociedade, da intersubjetividade e da subjetividade.

Risco à liberdade digital

O escândalo do Prism abriu um novo capítulo na sociedade de risco mundial. Nas últimas décadas encontramos uma série

---

* Prism é o nome do sistema de vigilância global da National Security Agency (NSA) mantido em segredo até 2013, quando foi exposto por documentos fornecidos por Edward Snowden ao jornal britânico *The Guardian*. O sistema envolve a espionagem de dados de posse de servidores como Google, Microsoft, Facebook, Yahoo!, YouTube, Skype etc. (N.T.)

de riscos públicos globais, inclusive os riscos representados por mudança climática, energia nuclear, finanças e terrorismo – e agora enfrentamos o risco à liberdade digital global.

Enquanto os acidentes nos reatores de Chernobyl e depois em Fukushima provocaram um debate público sobre o risco da energia nuclear, a discussão sobre o risco à liberdade digital não foi provocada por uma catástrofe no sentido tradicional. Ao contrário, foi suscitada pela disparidade entre a realidade percebida e a realidade efetiva da liberdade e dos dados nas sociedades (ocidentais) contemporâneas que veio a público por meio das revelações de Edward Snowden. A catástrofe real seria o controle hegemônico invisível numa escala global. Quanto mais completo e total é o controle global da informação, mais ele desaparece da consciência das pessoas e se torna invisível. Daí a natureza distinta do risco digital e o paradoxo nele implícito: quanto mais perto chegamos da catástrofe – isto é, do controle hegemônico global de dados –, menos visível ela é. Só nos demos conta da catástrofe potencial porque um único trabalhador independente a serviço da CIA aplicou os meios de controle da informação para contar ao mundo sobre o risco digital global. Assim, estamos diante de uma completa inversão da situação.

Nesse sentido, nossa consciência do risco digital global é extremamente frágil, porque, ao contrário de outros riscos globais, esse risco não se concentra numa catástrofe que seja física e real no espaço e no tempo, nem resulta dela ou se refere a ela. Em vez disso – e de maneira inesperada –, ele interfere com algo que damos por certo – isto é, nossa capacidade de controlar as informações pessoais. Mas, se é assim, a mera visibilidade da questão provoca resistência.

Permitam-me explicar o fenômeno de uma maneira diferente. Em primeiro lugar, há algumas características comuns a todos os riscos globais. De uma maneira ou de outra, todos eles tornam clara para nós a interconectividade global em nossas vidas cotidianas. Esses riscos são todos globais num sentido particular – isto é, não estamos lidando com acidentes espacial, temporal ou socialmente restritos, mas com catástrofes espacial, temporal e socialmente delimitadas. E todas elas são efeitos colaterais da modernização bem-sucedida, o que põe em questão retrospectivamente as instituições que impulsionaram a modernização até aqui. Em termos do risco à liberdade digital, isso inclui o fracasso da capacidade do Estado-nação de exercer o controle democrático ou o fracasso do cálculo das probabilidades (para a proteção de seguros etc.). Além disso, todos esses riscos globais são percebidos de modo diverso em diferentes partes do mundo. Estamos diante de um "choque de culturas de risco", para usar uma variação da frase de Samuel P. Huntington. Defrontamo-nos também com uma inflação de catástrofes existenciais e com uma catástrofe ameaçando superar a outra: o risco financeiro "supera" o risco climático; e o terrorismo "supera" a violação da liberdade digital. Esta, aliás, é uma das principais barreiras ao reconhecimento público do risco global à liberdade, que, portanto, só parcialmente se tornou objeto de intervenção pública.

O modo como avaliamos o risco representado pela violação dos direitos à liberdade difere de nossa avaliação de todos os outros riscos globais. O risco à liberdade representa uma ameaça imaterial. Não é uma ameaça à vida (como o terrorismo), à sobrevivência da humanidade (como o risco da mudança climática ou o risco nuclear) ou à propriedade (como o risco financeiro). A violação de nossa liberdade não dói. Nós nem a sentimos, não sofremos uma doença, uma inundação, uma falta de oportunidades para encontrar trabalho ou uma perda de dinheiro. A liberdade morre sem que os seres humanos sejam fisicamente feridos. O risco à liberdade digital ameaça "somente" algumas das principais conquistas da civilização moderna: liberdade e autonomia pessoais, privacidade e as instituições básicas da democracia e do direito, todas baseadas no Estado-nação.

Sob esse prisma, a verdadeira catástrofe ocorre quando a catástrofe desaparece e se torna invisível, porque o controle exercido vai ficando cada vez mais perfeito. Isso acontece na medida em que nossa reação diante da iminente morte da liberdade permanece uma reação exclusivamente técnica e individual. Nesse sentido, a percepção do risco à liberdade é o mais frágil entre os riscos globais que experimentamos até agora.

O processo de catarse social em curso e a reação de âmbito mundial suscitou um horizonte normativo centrado em questões de direitos humanos com relação à vigilância de massa: por um lado, o direito de todas as pessoas de proteger sua vida privada; por outro, o dever dos Estados de proteger a liberdade pessoal, inclusive os dados pessoais. O direito de proteger a privacidade combinado com o dever de proteção de dados é o supremo direito humano internacional. É encontrado na Declaração Universal dos Direitos Humanos da ONU, de 1948 (artigo 12), e sua forma legal é encontrada no Pacto Internacional da ONU sobre Direitos Civis e Políticos de 1966 (artigo 17, 1). Esses direitos implicam que dados pessoais pertencem ao cidadão, não ao Estado ou a empresas privadas.

O último princípio está ameaçado atualmente. No entanto, o reconhecimento desse fato é bastante frágil. Afinal de contas, que ator poderoso está interessado em assegurar que as pessoas continuem conscientes desse risco, impulsionando assim o público para a ação política? O primeiro ator que vem à mente é o Estado democrático. Mas, lamentavelmente, isso seria como pedir à raposa para tomar conta do galinheiro. Porque foi o próprio Estado, em colaboração com os empresários digitais, que estabeleceu a hegemonia sobre os dados com o objetivo de otimizar seu interesse essencial em segurança nacional e internacional. O amplo enredamento dos recursos de controle privados e públicos nesse campo significa que não estamos nos movendo na direção de um "Estado mundial", como muitos previram, mas de um poder central digital anônimo que controla o âmbito privado por trás de uma fachada democrática. Atrevemo-nos a dizer que um novo império digital está emergindo. Mas nenhum dos impérios históricos que conhecemos – nem o grego, nem o persa, nem o Império Romano – foi caracterizado pelos traços que marcam o império digital de nosso tempo. O império digital é baseado em características da modernidade sobre as quais ainda não refletimos verdadeiramente. Ele não se baseia na violência militar, nem tenta integrar zonas distantes política e culturalmente a seu próprio domínio. No entanto, exerce um controle amplo e intenso, profundo e de vasto alcance que em última análise pressiona qualquer preferência e déficit individual a se revelar – estamos todos nos tornando transparentes. O conceito tradicional de império, entretanto, não abrange esse tipo de controle. Além disso, há uma ambivalência fundamental: fornecemos importantes instrumentos de controle, mas o controle digital que exercemos é extremamente vulnerável. O império do controle não foi ameaçado por um poder militar, por uma rebelião ou revolução, ou pela guerra, mas por um único e corajoso indivíduo. Um especialista do serviço secreto, de trinta anos de idade, ameaçou derrubá-lo virando o sistema de informação contra si mesmo. O fato de que esse tipo de controle pareça irrealizável

Risco digital

e que ele seja muito mais vulnerável do que imaginamos são dois lados da mesma moeda.

Quem, então, neutralizaria esse movimento em direção a um poder central digital anônimo? Seriam os direitos constitucionais, garantidos por instituições democráticas, como parlamentos e tribunais? Infelizmente, na Alemanha, o artigo 10º da Constituição estipula que o sigilo postal e da telecomunicação é sacrossanto. Isso soa como um mundo há muito desaparecido e não se encaixa de maneira alguma nas opções de comunicação e controle fornecidas por um mundo globalizado. A Europa fornece excelentes agências supervisoras – toda uma série de instituições que tentam afirmar direitos fundamentais contra seus poderosos oponentes –, por exemplo, a Corte Europeia de Justiça, departamentos de proteção de dados e parlamentos.

E é exatamente assim que as instituições operantes fracassam. Uma vez que são concebidas no interior de uma lógica nacional, elas não estão equipadas para a realidade cosmopolita. Isso se aplica, aliás, a todos os riscos globais: respostas baseadas na perspectiva nacional e os instrumentos políticos e legais oferecidos por nossas instituições não podem mais atender aos desafios lançados hoje pela sociedade de risco global.

O indivíduo de fato pode resistir ao sistema aparentemente hiperperfeito, o que é uma oportunidade que nenhum império jamais ofereceu. Se a liberdade digital está em perigo, o corajoso pode recorrer ao contrapoder, à inconformidade no trabalho. Uma das questões-chave, portanto, é se não deveríamos obrigar as grandes empresas digitais a implantar legalmente um sindicato de denunciantes e, em particular, o dever de resistir na própria profissão, talvez primeiro na escala nacional e depois no plano europeu etc.

Metamorfose digital da sociedade, intersubjetividade e subjetividade

Todo mundo fala sobre a revolução digital e o potencial que ela possui. Metamorfose digital é essencialmente diferente de revolução digital. A revolução digital descreve uma mudança social sobretudo tecnologicamente determinada, que capta o crescente grau de interconectividade e intercâmbio global. A noção de revolução sugere que a mudança é intencional, linear e progressiva. Como tal, ela se aproxima de uma ideologia segundo a qual desenvolvimento significa ter uma conexão de internet.[1]

A metamorfose digital, ao contrário, tem a ver com efeitos colaterais não intencionais, com frequência invisíveis, que criam sujeitos metamorfoseados – isto é, seres humanos digitais. Enquanto a revolução digital ainda implica a clara distinção entre on-line e off-line, a metamorfose digital tem a ver com o entrelaçamento essencial do on-line e do off-line.[2] Ela tem a ver com seres humanos digitais, cuja existência metamorfoseada questiona categorias tradicionais, como status, identidade social, coletividade e individualização. O status de uma pessoa não é mais definido principalmente por sua posição na hierarquia de ocupações, mas, por exemplo, pelo número de "amigos" no Facebook, no qual a própria categoria de "amigo" foi metamorfoseada em algo que não tem necessariamente a ver com familiaridade. Como tal, a metamorfose digital ocorre não onde seria de esperar, mas em lugares inesperados.

O efeito colateral emancipatório do risco global produzido aqui é a expectativa do humanismo digital, em cujo cerne está a exigência de que o direito à proteção de dados e à liberdade digital seja um direito humano, que deve prevalecer como qualquer outro direito humano.

As revelações de Snowden relativas à vigilância de massa exemplificam outra "catástrofe emancipatória". Por um lado, elas estão provocando um choque antropológico ao revelar que, e como, as democracias estão passando a ser metamorfoseadas de maneira insidiosa e imperceptível em regimes totalitários. Esse processo da metamorfose da democracia pode produzir uma nova forma de controle totalitário por trás das fachadas da democracia operante e do estado de direito. Por outro lado, esse choque, e as repercussões políticas muito substanciais ao longo de 2013 e até de 2015, deram origem a uma catarse social, suscitando profundas questões normativas e legais. Mais que isso, foi criado um horizonte normativo que contesta as práticas existentes de vigilância totalizante exercida por uma poderosa coalizão entre Estados e empresas. Isso acontece tendo ao fundo a perspectiva de que, nas sociedades liberais e neoliberais avançadas, como os Estados Unidos ou o Reino Unido, grande parte do bem-estar e do progresso (futuro) da sociedade está construído sobre a ideia de que o setor privado é um condutor essencial. Dado o dogma da boa governança e o discurso gerencial que passou a moldar a política global e a política das instituições globais, hoje os problemas públicos são naturalmente tratados por meio de parcerias público-privadas e da devolução de mais responsabilidades ao indivíduo. De maneira crescente e inevitável, essas estratégias se baseiam em dados digitais. Há muita esperança de que a análise dos Big Data resolva problemas de saúde; *crowdsourcing* (produção colaborativa) de dados é regularmente usada para lidar com situações de crise; o financiamento de atividades (antes públicas), como projetos de arte, por meio de *crowdfunding* (financiamento colaborativo) tornou-se tão comum quanto a luta "pública" contra a obesidade ou o fumo por meio de jogos on-line de interação social. Mas esses detalhes implicam a metamorfose de entendimentos estabelecidos do caráter e da legitimidade de toda uma série de instituições que constituem a ordem nacional-internacional da primeira modernidade: metamorfose de longo prazo na política dos estados, nas relações internacionais e nas instituições e normas estabelecidas em relação a procedimentos democráticos, o estado de direito, relações entre Estado e sociedade civil, relações entre política pública e interesses econômicos privados, a aceitabilidade de normas culturais e, por último, mas não menos importante, até a noção de subjetividade.

As práticas de vigilância em grande escala efetuadas por NSA, Google etc. devem, assim, ser compreendidas não como um escândalo que logo passará, mas como um efeito colateral do sucesso na criação de uma modernidade digital, que é inevitavelmente uma modernidade em que setor privado, setor público e indivíduo estão estranhamente emaranhados – por isso, metamorfoseados.

Há uma nova *intelligentsia digital*, uma nova classe digital transnacional, usando a cosmopolização digital como um recurso de energia para remodelar o mundo. Essas comunidades epistemológicas de especialistas desafiam tanto o Estado-nação quanto o cidadão. Por outro lado, os indivíduos são os produtores constantes dos oceanos de dados. A produção de dados acontece de maneira consciente e voluntária, como através de sites de mídia social, mas também de maneira inconsciente, rotineira e implícita, por meio do uso cotidiano de aparelhos pessoais, como telefones celulares, e sistemas de vigilância que estão incorporados aos ambientes contemporâneos, como cartões magnéticos, bilhetes de ônibus eletrônicos etc.

Ser digital no mundo, a visão digital do mundo e o imaginar e fazer digitais da política não são de maneira nenhuma um destino, uma necessidade, um novo tipo de "lei da história" que todos devem aceitar. Dá-se o contrário: é uma forma e um processo de metamorfose que está em franco processo de substituição de um quadro de referência por outro, até agora desconhecido ou nebuloso.

Panorama

Este capítulo examinou uma figura da metamorfose em que a ordem política e social se dissolve e outra ordem diferente surge. Isso foi ilustrado com a ajuda do caso Prism. A metamorfose se evidencia no cruzamento de quatro "revoluções" não convencionais.

Em primeiro lugar, metamorfose digital, em contraposição a *revolução digital*, tem a ver com a metamorfose de modos de existência: a proximidade social está sendo desconectada da proximidade geográfica; a distinção entre ficção e realidade está empalidecendo; e modos de (in)controlabilidade pelo Estado-nação, junto com a contradição de ser incontrolável e controlável ao mesmo tempo, começam a aparecer.

Segundo, "coletar tudo" é o princípio revolucionário definidor praticado pela NSA, com isso destituindo os princípios constitucionais da liberdade. "Coletar tudo", esse foi o ponto de não retorno para o Estado de vigilância. Em vez de procurar uma só agulha no palheiro, a abordagem era "Vamos recolher o palheiro todo", nas palavras de um ex-funcionário graduado dos serviços de informação dos Estados Unidos que acompanhou a implementação do plano. Isto levou a um establishment de vigilância que estava globalmente fora de controle. "Coletar tudo" foi um dos procedimentos institucionalizados de totalitarismo a partir de dentro do sistema democrático.

A *denúncia pública de Snowden* foi o terceiro ato revolucionário; foi revolucionário porque tornou visível o invisível.

Finalmente, a perspectiva cosmopolita sobre o risco digital abre o horizonte para a ação alternativa. Aquelas novas opções são cosmopolitas porque misturam e conectam atores além de fronteiras nacionais, religiosas, étnicas e de classe. Para dar um exemplo: a luta não é contra os Estados Unidos, mas contra a NSA e em favor da Constituição americana – na esperança de que a tradição constitucional seja grandiosa demais para fracassar nessa situação. Portanto, uma das opções que Snowden oferece é a confiança no sistema constitucional americano e seus juízes para tomar a decisão histórica contra a ameaça digital à liberdade. Lembre-se: não é o governo Obama, mas a lei constitucional, os advogados e legisladores que se sentem obrigados para com a tradição americana de liberdade.

10. Jogo de metapoder da política: metamorfose da nação e relações internacionais

O argumento deste livro é que a metamorfose do mundo está "acontecendo". Mas o que significa "acontecendo"? Neste capítulo esboço a resposta: a metamorfose, em termos sociológicos, não é um destino nem algo que decorre da lei da natureza, como na biologia. As diferenças são: primeiro, não conhecemos o final; segundo, trata-se de uma política de efeitos colaterais envolvida num conflito entre aqueles que defendem a ordem nacional e a ortodoxia da política e aqueles que as contestam reescrevendo as regras de poder e da política. O conceito cosmopolita de médio alcance que estou introduzindo aqui é *o jogo de metapoder da política*.

Por "o jogo de metapoder da política" quero dizer que a política nacional, que funcionava obedecendo a regras, e a nova política mundial cosmopolita, que funciona de uma forma que altera as regras, estão completamente enredadas uma na outra. Elas não podem ser separadas em termos de atores, estratégias ou alianças específicas. Torna-se claro que, na zona crepuscular entre o falecimento da era nacional e a emergência da era cosmopolita, a ação e o poder políticos estão seguindo dois roteiros completamente diferentes e ainda assim entretecidos. Há dois atores diferentes no palco do mundo, representando duas peças diferentes, em conformidade com cada perspectiva, de tal modo que há um enredamento extremamente paradoxal entre o drama político estabelecido e o alternativo, entre aquele que está defendendo a ordem mundial nacional da política e aquele que está tentando mudar as regras e os papéis do jogo de poder de uma maneira cosmopolita.

A analogia com o jogo precisa ser interpretada com cuidado. Os espaços de ação *não* operam como um jogo, no qual os jogadores adotam estratégias numa competição para vencer os outros, observados por um árbitro. Não há um único jogo para todos. Jogadores jogam diferentes jogos ao mesmo tempo. De fato, a cosmopolização é definida pelas turbulências que surgem desse fato. Não há regras da arte, nenhuma *raison d'être* para os espaços cosmopolizados de ação e nenhum árbitro. Visto que há regras diferentes (por exemplo, entre boxe e rúgbi), já não é fácil identificar os movimentos apropriados e concordar quanto ao significado de "vitória" e "derrota".

Ao mesmo tempo, o novo e indefinido jogo de metapoder não pode ser jogado sozinho, muito menos de acordo com as regras do velho jogo do Estado-nação. O velho jogo, para o qual há muitos nomes diferentes, como "Estado-nação", "ordem westfaliana de Estados soberanos", "capitalismo nacional" ou mesmo "Estado de bem-estar social nacional", é contestado porque a metamorfose do mundo introduziu novos espaços e enquadramentos para a ação. A política não está mais sujeita aos mesmos limites de antes nem ligada unicamente a atores e instituições estatais. Contudo, é possível que velhos e novos atores sejam personificados num único indivíduo, que tem de definir e criar seus papéis e recursos subpolíticos e sub-revolucionários no tabuleiro de jogo.

Na metamorfose de uma era para outra, a política está entrando numa peculiar zona crepuscular, a zona crepuscular da *dupla contingência*: nada permanece fixo, nem as velhas instituições e os sistemas básicos de regras, nem as formas e os papéis organizados específicos dos atores; em vez disso, eles são perturbados, reformulados e renegociados num conflito entre aqueles atores ou organizações que defendem e aqueles que tentam mudar a ordem nacional da política. De maneira destacada, essa metamorfose da política de poder não envolve simplesmente percepções em mudança, mas uma real confusão de categorias, roteiros, peças, jogadores, papéis, doutrinas e espaços de ação.

Esse conflito da "negociação da metamorfose" pode ser observado a partir de diferentes perspectivas, do ponto de vista do capital globalizante ou dos atores em movimentos da sociedade civil. Aqui eu gostaria de observar a mudança a partir da perspectiva da política nacional, e especificamente em relação a dois estudos de caso: a metamorfose da União Europeia e o envolvimento da China na dinâmica do risco climático global para a humanidade.

A metamorfose da política europeia

A União Europeia é um excelente exemplo de jogo de metapoder. A Europa não é uma condição fixa, não é uma unidade territorial, não é um Estado, não é uma nação. De fato, não há "Europa"; há a metamorfose da europeização, um processo de transformação em curso. No caso da União Europeia, metamorfose é uma outra palavra para geometria variável, interesse nacional variável, relações internas/externas variáveis, fronteiras variáveis, democracia variável, condição de Estado variável, direito variável e identidade variável. Um dos enigmas da teoria política é a questão de como Estados-nação desenvolvem a cooperação no contexto da soberania dos Estados sem perder sua identidade e encontrando respostas para desafios globais. A metamorfose dos Estados-nação em formas europeias de governança e cooperação é o grande experimento histórico para levar isso a cabo. O primeiro passo nessa metamorfose foi a "política de efeitos colaterais". Embora o processo de europeização – "a realização de uma união cada vez mais estreita de povos da Europa", como expressa o tratado da União Europeia – fosse intencional, suas consequências institucionais e materiais foram não intencionais. O fato notável é que o processo de integração *não* seguiu nenhum plano mestre. Ocorreu o contrário: a meta foi deliberadamente deixada em aberto. A europeização opera num modo específico de improvisação institucionalizada.

Essa "política de efeitos colaterais" por um longo tempo parecia ter uma grande vantagem: mesmo enquanto avançava inexoravelmente, a jamanta da europeização não parecia requerer um programa político independente, uma meta fixa, ou uma legitimação política. No primeiro estágio, a metamorfose da política do Estado-nação em política da União Europeia não pôde ocorrer através da cooperação transnacional de *elites* com seus próprios critérios de racionalidade, independentes em grande medida de públicos, interesses e convicções políticas nacionais. Essa compreensão de "governança tecnocrática" situa-se numa relação inversa à dimensão política. O enquadramento dos tratados europeus exerce dessa maneira uma política de metapoder que altera as regras do jogo de poder da política nacional pela porta dos fundos dos efeitos colaterais.

A "invenção" da Europa não foi um produto de deliberação pública e procedimentos democráticos, mas de prescrições e prática judiciais. O Tribunal de Justiça da União Europeia

(TJUE) foi e é o que elevou os tratados europeus fundadores ao status de "Carta Constitucional" em decisões judiciais de importância decisiva, em 1963 e 1964.

Aqui temos mais um estágio da metamorfose – uma espécie de "tomada de poder cosmopolítica" –, um processo que foi levado adiante por "conversão legal" em cooperação e conflito com as várias Supremas Cortes nacionais e, o que é mais importante, que foi adotado pelos governos e parlamentos nacionais como base para suas operações seguintes. Essa "virada cosmopolítica" do TJUE deu origem a uma forma fidedigna de constitucionalismo na Europa *sem* uma constituição formal, baseada numa prática de legiferação. A Europa é o produto da práxis política sem teoria política.

A metamorfose europeia da política, nessa perspectiva, é uma política de institucionalização do horizonte cosmopolita em cooperação com o horizonte nacional mediante *a prática de lei europeia coercitiva*. A partir disso, vigora até hoje um conflito de metapoder entre atores nacionais e defensores do direito constitucional nacional e os atores cosmopolitas do direito europeu. Aqui podemos observar o que o jogo de metapoder da política significa no contexto da "política do direito". Por um lado, a velha política nacional do direito funcionava pela aplicação da lei constitucional; por outro, a nova política do direito no nível europeu funciona mudando a política do direito. Esses dois estão agora completamente enredados e não podem ser separados um do outro: o jogo não pode mais ser jogado sozinho. O que aparece pouco a pouco é que o poder das cortes constitucionais nacionais é lenta mas seguramente transferido para o Tribunal Europeu, que empurra as cortes constitucionais nacionais, em sua prática, para um conflito fundamental: por um lado, espera-se que elas julguem com base no direito constitucional nacional; por outro, elas têm de antecipar a metamorfose do sistema legal nacional para o europeu, e com isso reduzir o próprio poder. Mas essa metamorfose não é uma rua de mão única. A crise do euro nos permite acompanhar como o pensamento nacional na Europa recebeu um estímulo, e os economistas liberais, bem como políticos de todas as colorações, redobraram seus esforços para deslocar o quadro de referência europeu em direção à Alemanha como quadro de referência político. O resultado foi e é um conflito em relação à soberania na ameaça ao euro, porque o retorno ao Estado-nação era e é frustrado pelo regime de política monetária do Banco Central Europeu atualmente em vigor. Podemos falar de um "euro de Draghi",* pelo que se entende uma política de emergência monetária e fiscal não escrita que adquiriu enorme influência sobre as políticas fiscais dos Estados-membros também. O que fala em sua defesa, o que a legitima, é que essa política de emergência pode apontar o caminho de saída da crise, aquele que leva a mais, não a menos, Europa. O retorno ao enquadramento nacional está sendo solapado e superado, portanto, pela metamorfose da "divisão de soberania" à custa do nacional e em favor da soberania europeia, que é o resultado da pressão do risco para o euro.

Em política financeira também, a lei da ação deslocou-se do controle do ministro das Finanças alemão em direção ao único ator plenamente capaz de agir na crise, o Banco Central Europeu. Nesse movimento de metamorfose, a questão crucial é: quem determina a política financeira na zona do euro, nesse estado de exceção da política monetária? Essa é

---

* O banqueiro e economista italiano Mario Draghi é o atual presidente do Banco Central Europeu. (N.T.)

também, em última análise, a questão que foi remetida pela Corte Constitucional Federal alemã ao TJUE. Como primeiro passo em direção à eliminação gradual da soberania nacional sobre a política fiscal, esse desenvolvimento levou na Alemanha à fundação de um partido antieuro, o Alternative für Deutschland (Alternativa para a Alemanha), em que os "economistas nacionais alemães" que estão sob o fascínio do nacionalismo metodológico se uniram para formar um movimento de protesto.

A disputa legal relativa à política do Banco Central Europeu na crise do euro mostra como isso pode levar a relações confusas de conflito-cooperação. Por um lado, a Corte Constitucional alemã declarou que a matéria está fora de sua jurisdição, e recorreu ao TJUE. Por outro lado, ao fazê-lo, pôs, por assim dizer, uma arma na cabeça do TJUE. Se ele bloquear a decisão política e legal da Corte Constitucional alemã de mostrar ao Banco Central Europeu os seus limites, a Corte Constitucional se recusará a agir em conformidade com ele nesse ponto. Isso é simbólico de um conflito histórico na metamorfose entre o direito nacional e o europeu. A característica aqui é uma certa ambiguidade de interesses. A Corte quer salvar não só o euro, mas, acima de tudo, a si mesma – salvar-se da irrelevância num contexto europeu que é cada vez mais importante. Em outras palavras, a Corte Constitucional da Alemanha quer consolidar seu papel e seu poder também no contexto europeu. Isto é, está conduzindo a política de acordo com seu próprio interesse.

A metamorfose europeia *não* significa que os Estados-nação desapareçam, mas significa uma "revolução copernicana": a Europa não está mais girando em torno do Estado-nação como o Sol parece estar girando em torno da Terra; os Estados-nação irão girar em torno da Europa, assim como a Terra está girando em torno do Sol. Isso significa que o Estado-nação, ou, ainda mais, a ideia do Estado-nação está se metamorfoseando. Mas as eleições europeias em maio de 2014 e o sucesso dos partidos anti-Europa não mostraram que a Europa cosmopolita está em declínio, derrotada pelos antieuropeus? O que aparece à primeira vista como caso claro é na realidade uma falácia da perspectiva nacional. Ela deixa escapar a lógica da metamorfose realmente existente na União Europeia.

O passo seguinte foi que, pela primeira vez na história das eleições parlamentares europeias, os vários grupos partidários indicaram candidatos para presidir a Comissão. Em consequência, embora os partidos antieuropeus tenham entrado no Parlamento Europeu muito fortalecidos, o presidente da Comissão, agora eleito numa votação de toda a Europa, foi simultaneamente legitimado e robustecido por uma eleição democrática. A interação e o conflito entre as políticas nacional e europeia, por sua vez, exibe uma confusão de responsabilidades e posições de poder. Assim, segundo as regras em vigor, a eleição do presidente da Comissão é feita por recomendação dos chefes de Estado e chefes de governo nacionais que compartilham o poder no Conselho Europeu, mas ao mesmo tempo através do Parlamento Europeu. Após a eleição, essa ambígua constelação no triângulo de poder compreendendo a Comissão, o Conselho dos chefes de Estado e chefes de governo e o Parlamento Europeu deslocou-se inesperadamente em direção a mais Europa e mais democracia. Os chefes de governo nacionais ao menos em parte rejeitaram a pessoa de Jean-Claude Juncker como presidente da Comissão indicado pelos conservadores. O resultado foi um conflito sem paralelo entre duas concepções de democracia. Uma extrai sua sustentação da democracia nacional, que tenta se manter firme contra as reivindicações de poder europeias; essa foi a posição do primeiro-ministro britânico, David Cameron. A outra posição atribuía importância central ao fato de que a eleição europeia do candidato havia emprestado a este e ao Parlamento Europeu nova legitimidade e poder. Se essa eleição fosse agora boicotada pelo Conselho Europeu e solapada pela proposta de outro candidato, não democraticamente eleito por sua própria autoridade, isso equivaleria a uma espécie de assassinato da democracia europeia. Nesse conflito, a chanceler alemã, Angela Merkel, no fim (contrariando seu próprio papel dominante na Europa) se manifestou a favor de aumentar a democracia europeia, e portanto da simultânea perda de poder, no Conselho Europeu, dos chefes de governo nacionais. Assim, o presidente eleito da União Europeia – Juncker – tornou-se o presidente efetivo da União Europeia.

Isso marcou o término de mais uma etapa da metamorfose europeia. O Conselho dos chefes de governo, por conseguinte, a opção de poder do Estado-nação na Europa, experimentou uma redução de poder, e os atores europeus – o presidente da Comissão e o Parlamento Europeu – experimentaram um aumento. O novo presidente da Comissão está, por um lado, tentando consolidar esse deslocamento no poder e, por outro, dar-lhe um cunho criativo, forjando uma aliança entre o Parlamento Europeu e a Comissão "governante". Sob o tratado, esta última tem o direito exclusivo de propor legislação na União Europeia. Ao mesmo tempo, caso uma clara maioria ("qualificada") do Parlamento Europeu a apoie na primeira e segunda leituras, a Comissão estabelece a direção, o que significa que o Conselho Europeu não tem mais a palavra final. Dessa maneira, o novo presidente da Comissão, Juncker, está tentando transformar sua legitimidade democrática numa espécie de poder governamental europeu. A Comissão faz as propostas, e espera-se que o presidente do Parlamento Europeu, Martin Schulz, organize as maiorias necessárias – esse é o novo eixo de poder Comissão-Parlamento que procura sobrepujar o poder dos chefes de governo regionais nacionais na Europa.

Seria completamente equivocado situar essa metamorfose da estrutura de poder europeia exclusivamente nas relações de poder entre atores e instituições nacionais e europeus.

Quanto aos partidos antieuropeus, é preciso compreender que eles disputam assentos no Parlamento Europeu com o objetivo de afastar o nacional da Europa. No entanto, se eles não tivessem nenhum assento no Parlamento Europeu, ninguém se importaria com seus sentimentos e objetivos antieuropeus. Temos aqui o paradoxo de que o Parlamento Europeu está fortalecendo um tipo de política que quer destruir a democracia europeia.

Como o risco da mudança climática é usado para renegociar a autodefinição nacional da China

O poder de metamorfose e a metamorfose do poder são indicados pela *metamorfose da oposição*. Esse conceito refere-se às lutas de poder entre diferentes formas de desconhecimento e rejeição de males e a representação de males no contexto de redefinição do nacionalismo com uma perspectiva cosmopolita. Diante do risco global, emergem novos horizontes normativos que contestam instituições existentes, especialmente as nacionais. O Estado-nação está num dilema. Por um lado, ele precisa se alinhar às novas expectativas normativas emergentes; por outro, é incapaz de fazer face à natureza global dos riscos, como o risco climático. Esta seção trata dessa questão no caso da China, mais especificamente como o maior jornal, o *People's Daily* (Diário do Povo), informa sobre o risco climático. O que vemos nesse exemplo é de que modo o risco de mudança climática, como uma questão *global*, é traduzido numa questão "nacionalizada-cosmopolita", o que, por sua vez, leva a uma virada cosmopolita na política e na identidade nacional chinesas. A promulgação da sociedade de risco mundial – esta é a minha tese – converte-se numa reimaginação da nacionalidade que ocorre no contexto da representação e percepção dos riscos climáticos para a humanidade, mas também no contexto de riscos financeiros globais que ameaçam todos os subsistemas de sociedades ou as questões de direitos humanos que forçam as nações a renegociar sua autocompreensão em relação a outras nações. O mesmo se aplica a fluxos de migração (por exemplo, embates diretos com a diferença), terrorismo global (por exemplo, gerando ameaças existenciais para sociedades civis e alterando os parâmetros do contrato hobbesiano), gerações globais (que cresceram digitais e estão lutando para se tornar "cidadãos digitais") e interpenetrações globais e locais de religiões mundiais (por exemplo, a proliferação de diásporas etnorreligiosas), para citar apenas alguns dos panoramas globais que moldam os conflitos nacionais e mundiais sobre a redefinição de nacionalidade no contexto da sociedade de risco mundial.[1]

A China é um estudo de caso particularmente interessante por duas razões. Em primeiro lugar, sendo o mais importante país em desenvolvimento, ela demonstra que o horizonte normativo da política climática já foi distribuído em todo o globo. Em segundo lugar, na China, a autoridade estatal desempenha um papel poderoso, especialmente no *People's Daily*, que é uma plataforma e a voz pública do Partido Comunista.

As páginas que se seguem examinam as estratégias de discurso político e ideológico incorporadas na formulação nacional de questões de mudança climática. Recorrendo ao estudo de Zhifei Mao, "Cosmopolitanism and the media construction of risk", elas o fazem em termos de preocupações com responsabilidade, consequências, conflito, moralidade, interesse humano e liderança. Duas fases na metamorfose da oposição da política nacional chinesa se evidenciam nas reportagens no *People's Daily*.

Fase 1. Mudanca climática e o contexto antes e depois da Revolução Cultural

Nessa fase, as reportagens sobre mudança climática no *People's Daily* passaram por três estágios: a não percepção da questão a princípio, seguida pela rejeição da questão, e depois vários anos de desconhecimento. O "estágio da não percepção" ocorreu antes da publicação, em 1973, do primeiro artigo noticioso falando sobre mudança climática em relação ao risco global, no sentido de que a mudança climática não era concebida como um risco global na China devido ao que se poderia chamar de "silêncio não intencional". O silêncio era não intencional no sentido de que se devia simplesmente à falta de conhecimento das pessoas sobre a questão. Assim, por exemplo, a maior parte dos chineses nessa época não conceberia o clima extremo que enfrentavam como algo relacionado ao risco global de mudança climática.

Depois, com a publicação da notícia negando que a mudança climática era um risco global,[2] seguiu-se a fase da "rejeição de males". O ponto interessante é que a primeira vez em que o *People's Daily* mencionou a expressão, ele se referia a uma mudança de grande escala em padrões climáticos globais (durante a Revolução Cultural da China).

Antes e durante a Revolução Cultural o problema da mudança climática foi relativizado ou ignorado na crença socialista no progresso. Como tal, foi submetido à estratégia da rejeição categórica de qualquer ideia de males e riscos como pessimismo cultural.

O artigo intitulado "A discussion of climate change in recent years", falando sobre as "condições climáticas anormais" globais, em 1972, foi escrito por dois meteorologistas.[3] Empregava o quadro de consequências para descrever a questão e negava as consequências destrutivas da mudança climática declarando: "Os seres humanos devem subjugar a natureza porque o socialismo é antidesastre." O artigo começava usando linguagem técnica para descrever a preocupação global com as condições climáticas incomuns e introduzia o movimento da temperatura média como método para medir a mudança climática. Essa linguagem era compatível com as palavras técnicas e o tom não político da cobertura noticiosa da mídia sobre a pesquisa meteorológica antes da Revolução Cultural.[4] Embora os autores negassem que a mudança climática fosse um risco global, refutando "preocupações e medos" de alguns meteorologistas de que os seres humanos pudessem mais uma vez enfrentar uma era glacial ou uma pequena era glacial, eles afirmavam que a anormalidade nas condições climáticas estava estreitamente relacionada à agricultura e ao sustento de pessoas no mundo todo. No fim do artigo, os autores passaram a usar uma linguagem muito política e ideológica ao mencionar como o povo chinês subjugou o desastre da seca em 1972 e realizou uma "abundante colheita" sob a liderança do presidente

Mao, louvando a estratégia de Mao e o bom funcionamento do socialismo.

O artigo parece adotar o discurso de "o silêncio desintoxica": a expressão do risco é silenciada ou marginalizada para assegurar o funcionamento tranquilo do atual sistema social e político.[5] No entanto, sua publicação teve outros significados. Aqui as especificidades do discurso sobre mudança climática na China são importantes: não se trata tanto de protesto constante e ativismo a partir de baixo (como foi o caso em alguns países europeus) – isto é, o discurso de "o silêncio desintoxica" em alguns países europeus ocorreu depois que a mudança climática foi posta em cena por grupos verdes e alguns cientistas. No entanto, no caso da China, há um momento paradoxal: esse discurso – contra a vontade política por trás dele – serviu como o reconhecimento implícito da urgência das questões relativas à mudança climática. O artigo noticioso, embora negando que a mudança climática fosse um risco global, quebrou o silêncio do estágio de não percepção e mostrou a milhões de leitores chineses que havia uma explicação alternativa para o clima incomum em suas vidas diárias: a mudança climática no nível global.

Assim, após o artigo de 1973, seguiu-se um estágio de *desconhecimento intencional*, que é a estratégia de "o silêncio desintoxica" contínua, em lugar de não percepção não intencional da questão. A diferença entre os dois períodos de silêncio reside no conhecimento ou não conhecimento da possível associação entre a mudança climática e o conceito de risco global. Quando a questão foi suscitada em 1973 não houve nenhum flashback. Os tópicos da mudança climática, globalmente, e do risco permaneceram "plantados" no quadro de referência do povo chinês desde então. Dessa maneira, num primeiro passo, o início de um novo horizonte mundial foi criado e afirmado. Pelo menos nesse caso, o contradiscurso à afirmação de que a mudança climática é um risco global não serve somente como "o silêncio desintoxica".

Fase 2. Após a Revolução Cultural

Na segunda fase a metamorfose da política e da identidade nacional chinesa se evidencia.

Depois da Revolução Cultural, a mudança climática apareceu no título de três matérias publicadas no *People's Daily* entre 1977 e 1987. Comparadas aos artigos publicados durante a Revolução Cultural, houve três importantes mudanças na formulação da mudança climática: primeiro, os enquadramentos noticiosos desses artigos tornaram-se diversos. Embora os jornalistas ainda estivessem preocupados com as consequências da mudança climática – os problemas energéticos do mundo, problemas populacionais e problemas alimentares[6] –, eles começaram a destacar outros aspectos, como os interesses humanos à luz da questão da mudança climática e a atribuição de responsabilidades por essas mudanças.[7] Segundo, ao contrário do artigo que saiu em 1973, uma matéria publicada após a Revolução Cultural admitia parcialmente as consequências negativas da mudança climática sobre as pessoas, declarando que "algumas áreas vão se beneficiar da mudança climática e outras serão prejudicadas".[8] A matéria também mencionava a Primeira Conferência Mundial do Clima e ressaltava a questão das emissões de dióxido de carbono. Em vez de declarar que "os seres humanos devem subjugar a natureza", o autor mostrava sua fé na ciência para "conhecer os padrões da mudança climática". Finalmente, os termos ideológicos do socialismo e do presidente Mao não foram mencionados nos artigos relevantes durante esse período. Os três artigos empregavam frequentemente linguagem técnica ao formular o problema da mudança climática.

A redefinição da responsabilidade nacional fica patente na maneira como o termo central "nós" foi usado pelo representante chinês Luo Xu. Ele afirmou que o clima era de importância crucial para o mundo e que "haveria sérias consequências se *nós* não tomarmos medidas". Ele usou um "nós inclusivo", referindo-se à China e a outras nações para compartilhar a responsabilidade global de lidar com a questão. Esta foi nacionalizada por meio de outro artigo noticioso:

> Fatos falam mais que palavras. Dois mil e nove é o ano mais difícil para a China, na economia, desde o início dos anos 2000. Entretanto, para a proteção do clima e o ambiente na Terra, os chineses estiveram e ainda estão agindo tão ativa e seriamente quanto lhes é possível, e mostram uma magnífica imagem de um país responsável para as pessoas do mundo todo.[9]

No entanto, o "nós inclusivo" foi partido novamente e substituído pela distinção entre o mundo desenvolvido e o mundo em desenvolvimento, entre o Norte capitalista e a China. Desde os primeiros anos da participação da China em discussões sobre mudança climática num nível global, o *People's Daily* usou o enquadramento da responsabilidade para ressaltar que os países desenvolvidos tinham causado o problema, e portanto precisavam assumir mais responsabilidade, ao passo que os países em desenvolvimento, inclusive a China, não deviam ser pressionados.[10]

Vinte e um desses artigos relataram como o premiê chinês, Wen Jiabao, envolvia-se de modo efetivo e eficiente no trato da questão climática, tanto nacional quanto internacionalmente. Esses artigos enfatizavam como Wen protegia o interesse nacional ao insistir na estratégia da própria China de reduzir gases estufa, evocando ao mesmo tempo um sentido de cosmopolitismo ao assumir responsabilidade por resolver o problema global. Uma notícia publicada na primeira página do *People's Daily* relatava o comparecimento de Wen Jiabao à Conferência sobre Mudanças Climáticas da ONU, em 2009, como uma discussão produtiva com líderes políticos tanto de países desenvolvidos quanto em desenvolvimento, bem como sua "sinceridade, confiança e determinação".[11] Nesse sentido, a mudança climática foi empregada como uma plataforma para abrilhantar a imagem do líder político.

Portanto, vemos que a metamorfose da oposição ocorre na confluência de quatro componentes. Primeiro, houve a colocação em cena de uma sensibilidade cosmopolita que levou a sério o caráter global da mudança climática. Segundo, reforçando isso, houve uma redefinição da autocompreensão nacional como aberta e responsável. Terceiro, a China se colocou como um país de Terceiro Mundo contra o Norte dominante. E quarto, houve o esforço pessoal do então líder do Partido Comunista para se apresentar como um líder responsável e de mente aberta.

O interessante no caso chinês é que a metamorfose não tem a ver com protesto e ativismo a partir de baixo, mas é concebida, iniciada e promovida pelos que estão no poder, e usada por eles para provocar uma mudança dentro do Partido Comunista.

11. Comunidades de risco cosmopolitas: de Nações Unidas a Cidades Unidas*

De uma perspectiva nacional, as cidades desempenham um papel interessante, mas não nítido, na política mundial. Elas continuam a ser subatores no quadro nacional e internacional. Quando se observa a metamorfose do mundo de uma perspectiva cosmopolita, a relação entre Estados e cidades é invertida. Em face de riscos globais e cosmopolitas, os Estados permanecem presos na ficção de soberania egoísta e fracassam. As cidades, entretanto, não estão presas na ficção do recipiente nacional. Ao contrário, historicamente, elas muitas vezes mantiveram uma posição autônoma. Diante dos riscos globais, estão mais abertas à política cosmopolita cooperativa. Em consequência, a relação entre Estados e cidades tem sua ordem invertida. As cidades se transformam em pioneiros que aceitam o desafio da modernidade cosmopolita como um experimento para encontrar respostas para o mundo em risco. Por isso, o enquadramento das cidades como atores cosmopolitas lança luz sobre a metamorfose das relações internacionais, bem como sobre a legiferação internacional.

---

* Este capítulo foi escrito em colaboração com Anders Blok.

Este capítulo não é sobre o papel de cidades isoladas na política mundial, mas sobre a cooperação, diante de riscos globais, entre várias delas, que desempenham um papel ativo nos espaços de ação cosmopolitas. Sob esse aspecto, cidades são atores específicos e diferentes de outros atores (sub)políticos, como os atores da sociedade civil, os especuladores do mercado e os movimentos e organizações religiosas. As cidades podem tomar coletivamente decisões obrigatórias. Elas estão integradas de maneira ativa na legiferação internacional. E estão sujeitas a práticas e desafios democráticos tradicionais; seus prefeitos têm de ser reeleitos com base no quanto realizaram em face desses desafios.

Mas como as cidades se transformam em "comunidades de risco cosmopolitas imaginadas"? Este capítulo introduz o conceito de "comunidades de risco cosmopolitas imaginadas" como um conceito de médio alcance para a teorização cosmopolita. Para ser claro, a noção de "comunidade" difere da noção de "rede". Comunidade não tem a ver apenas com estar conectado e ser interdependente; também é mais que troca de informação e encontros regulares para discutir problemas compartilhados. Indicadores das características das comunidades de risco incluem projetos que combinam legislação e tomada de decisão política, e formas de participação cívica para além dos limites das cidades. Mas esses são projetos em processo. Eles poderiam já se manifestar em instituições, contudo, no momento, é mais provável que estejam "apenas" aparentes em projetos em desdobramento. A situação é moldada neste momento pelo "voluntarismo municipal".[1]

A observação sociológica desses processos poderia ser parte do debate público e da emergência dessas instituições.

A metamorfose de assuntos mundiais tal como vista pela lente das cidades mundiais

Para explicar melhor essas teses, é útil retornar à distinção entre transformação e metamorfose. Observar a tomada de decisão política e a ação coletiva através do quadro de referência da transformação significa concentrar-se na problemática da política nacional (por exemplo, eleições, mudanças na constelação de partidos políticos, mudanças na ordem nacional e regional etc.), bem como em organizações internacionais, alianças, guerras regionais, "Estados fracassados" etc. Dessa perspectiva, as cidades mundiais parecem ser de pequena importância política no tocante aos novos desafios que enfrentamos hoje.

Dentro dessa enquadramento nacional, as prioridades são claras. Tudo gira em torno de uma mudança geopolítica no poder, na qual a reprodução da ordem nacional-internacional da política mundial é sempre tacitamente assumida. No presente, dá-se muita atenção, por exemplo, à questão de saber se, dentro de alguns anos, a China terá deslocado os Estados Unidos de sua posição de domínio global; se os Estados árabes mergulharão no caos ou serão invadidos por fundamentalistas militantes; ou se a União Europeia, que não é capaz de falar com uma só voz, está sendo marginalizada apesar de sua posição econômica global. Aqui o caráter anárquico da política mundial, apresentado como uma constante no modelo da política internacional, não é aplaudido, mas, em vez disso, é defendido com um argumento depreciativo – a saber, que é o melhor entre os piores sistemas. Qualquer outro sistema parece inconcebível para a perspectiva nacional ou parece levar ao caos (é o que se afirma).

Metamorfose aqui significa o oposto: as políticas nacional e internacional são vistas no enquadramento e através da lente de cidades mundiais e seu poder emergente em assuntos mundiais. Essa mudança no quadro de referência abre nossos olhos para a real metamorfose do mundo que está ocorrendo na interdependência e na competição pelo poder entre Estados-nação e cidades mundiais; e abre novas perspectivas para a política climática cosmopolita.

- O potencial emancipatório do risco de mudança climática é visível não no horizonte de referências dos Estados-nação, mas no horizonte das cidades mundiais. As Cidades Mundiais Unidas, e não as Nações Unidas, poderiam se tornar a agência cosmopolita do futuro porque, em comparação com os Estados-nação, alianças de cidades mundiais estão adquirindo uma nova soberania, um novo poder e um novo papel pioneiro na política mundial, a qual é confrontada, por um lado, com os riscos globais e, por outro, com o fato de que os Estados-nação estão mais ou menos capitulando em face desses desafios.
- Uma lógica política diferente torna-se visível, a qual se desvia da lógica nacional do amigo-inimigo para a lógica cosmopolita da cooperação, que – não devemos esquecer – também inclui uma lógica de conflito existencial. Isso tem implicações epistemológicas. Expressa a essência do que se entende aqui por "metamorfose do político".
- Dessa maneira, torna-se claro mais uma vez por que devemos substituir o nacionalismo metodológico pelo cosmopolitismo metodológico: o nacionalismo metodológico, o quadro de referência nacional, nos cega para a rápida metamorfose da política mundial e, por isso, para questões que

só podem surgir e ser analisadas na perspectiva cosmopolita, que atribui importância central ao novo papel político global das cidades mundiais.

Comunidades de risco cosmopolitas

Quem é e onde está o ator ou portador do cosmopolitismo na era dos riscos globais? Quando se responde a essa pergunta, dois erros podem ser observados: o primeiro é o pessimismo: *não* há atores ou portadores do cosmopolitismo. Essa é a resposta "realista" daqueles cujo pensamento está preso às categorias do Estado-nação.

O ponto de vista oposto afirma que estamos testemunhando o nascimento de um novo sujeito revolucionário mundial, a União das Cidades Mundiais. O problema dessa posição é que ela repete o erro do socialismo, mas de uma maneira diferente: as cidades mundiais tomam o lugar da classe trabalhadora.

Em contraposição, proponho uma terceira posição, que tem fundamentalmente uma natureza empírico-analítica. Segundo ela, a política das cidades mundiais é transformada em política mundial translocal, conectando governança local e global – em competição e cooperação com política mundial nacional-internacional e em cooperação com a subpolítica global dos movimentos da sociedade civil. Essa terceira perspectiva atribui importância central à metamorfose do espaço político urbano. Para esse fim, introduzo a noção de *comunidade de risco cosmopolita*. Esse conceito, essencial para a teorização e a pesquisa cosmopolita, combina as seguintes condições constitutivas.

1. *Comunidades de RISCO GLOBAL*. No espaço experimental das cidades mundiais, riscos invisíveis frequentemente se tornam visíveis. Pense apenas na mistura de nevoeiro e fumaça que mergulha as cidades mundiais em nuvens venenosas. Dessa maneira, elas tornam-se o reflexo e o símbolo da catástrofe emancipatória. O mundo dos Estados-nação representa fracasso porque, em seus egoísmos nacionais, eles se bloqueiam uns para os outros. As cidades mundiais, por outro lado, representam a interação de colapso e despertar. Aqui o choque de riscos globais torna-se uma questão de experiência cotidiana, mas também o choque de desigualdades globais, o choque de conflitos mundiais (o conflito do Oriente Médio é encenado nas ruas de Paris, Londres, Berlim, Roma etc.) e as batalhas entre capitalismos suicidas e de sobrevivência. Aqui o choque da diversidade global de diferentes grupos, com suas diferentes maneiras de ver o mundo, estar no mundo e imaginar e fazer política, é também uma ocorrência de todos os dias. As cidades mundiais são nesse sentido um campo de experimentação do cosmopolitismo: como podem as diferenças no mundo e na história do mundo coexistir num único lugar político?

No entanto, a dolorosa e conflitante experiência cotidiana dos problemas criados pelos riscos globais no ambiente das cidades mundiais é uma condição necessária, mas não suficiente, para a formação de uma comunidade de cidades mundiais que persiga objetivos compartilhados, como a implementação de uma política climática eficiente. Aqueles que, como muitos cientistas do clima, a partir da compreensão da iminência de um apocalipse climático, concluem que daí decorrerá uma metamorfose da política como questão de necessidade "racional" sucumbem a uma falácia. Muitos, em especial os cientistas do clima muito comprometidos, se meteram nesse beco sem saída.

Eles são completamente incapazes de compreender por que pessoas de todas as nações, religiões e grupos étnicos, ricos e pobres, homens e mulheres, pretos e brancos, não se transformam finalmente no *Homo oecologicus* por força de seu interesse mais essencial pela sobrevivência. (Por que todos os seres humanos não se tornam pequenos cientistas do clima?) Essa inferência a partir da "objetividade" do problema reconhecido para a metamorfose da ação política e do comportamento cotidiano é sociológica e politicamente ingênua. Quando percebem que as pessoas não se comportam como pequenos cientistas do clima, eles se sentem compelidos a subestimar a democracia, a considerá-la antiquada e a procurar a solução em "Gaia" ou em variantes da ditadura ambiental.

2. *Comunidades* COSMOPOLITAS. A condição constitutiva da experiência cotidiana dos riscos globais deve ser suplementada pela questão de se e como se avizinha um processo de aprendizado a partir de baixo que torne possível dar aos conflitos de diversidade explosiva uma expressão política construtiva. O que está em jogo aqui é se um senso comum cosmopolita está ganhando forma nos ambientes das cidades mundiais. Em outras palavras, a primeira condição aponta para a "COMUNIDADE DE RISCO cosmopolita". A segunda condição, por outro lado, suscita a questão da origem das "COMUNIDADES COSMOPOLITAS de risco". Pode a esperança que brota do declínio cotidiano, muitas vezes brutalmente antecipado, adquirir poder político?

    O ambiente das cidades mundiais é caracterizado, nesse sentido, pela cosmopolização ubíqua, onipresente na vida cotidiana, incluindo a irritabilidade que incorpora uma experiência de alienação generalizada de todos contra todos, em especial para os habitantes de seu próprio mundo familiar. Aqui está ganhando forma um lugar de aprendizado, um ditame para aprender a que ninguém pode escapar – um "cosmopolitismo para os imóveis", um cosmopolitismo que brota da resistência contra a crescente hostilidade dirigida aos estrangeiros. Se atribuímos importância central à política climática das cidades mundiais, torna-se também importante formular perguntas incômodas, a saber: como a política da mudança climática necessitada e mobilizada pelas cidades mundiais lida com o fato de que, em outras culturas e partes do mundo, cujos habitantes também vivem em cidades mundiais, nem sequer são os negacionistas do clima que dão o tom e a expressão "mudança climática" é inexistente? Que conexões podem ser feitas entre mudança climática, diversidade explosiva e metamorfose do mundo? Será que a política do clima das cidades mundiais é frustrada por desequilíbrios globais que estão também na fonte do risco climático dentro das cidades mundiais do Sul e do Norte, e entre elas? Ou, ao contrário, poderiam os migrantes que cultivam modos de vida e pensamento "espacialmente polígamos" tornar-se defensores do clima em suas famílias, países de origem ou dentro de suas próprias redes?

A noção de comunidade de risco pressupõe o conceito de "preocupação" ou "cuidado". Com a previsão da catástrofe, a preocupação consigo mesmo torna-se preocupação com todos os demais. Cuidadosamente considerado, isso significa duas coisas: preocupação consigo mesmo inclui preocupação com os próprios inimigos; mas também significa que, por força da preocupação com tudo e com todos, surgem novas inimizades, novos conflitos existenciais – conflitos relativos àqueles que violam essa preocupação.

Se compreendemos as comunidades de cidades mundiais nesse sentido, como *"comunidades cosmopolitas* de risco global", no entanto, devemos abandonar a suposição generalizada nas ciências sociais de que a construção de comunidades só é possível com base na integração *positiva* por meio de valores e normas compartilhados. Em vez disso, apoiamos a tese de que outra forma de construção de comunidade também é possível, uma forma que surge no curso de conflitos a respeito de valores *negativos* (crises, riscos, ameaças de aniquilação) – a tese do catastrofismo emancipatório.

Um passo adicional é necessário: a solução não é produto de um consenso de cima para baixo, tecnocraticamente imposto. Dada a natureza manifesta dos problemas, poderia surgir um discurso de conflito de baixo para cima, ao mesmo tempo urbano e dirigido a um público global, no ambiente de cidades mundiais, um discurso do qual procedesse a reivindicação de ação em rede, comunal? Evidentemente, esta é também, em primeiro lugar, apenas uma questão a ser explorada.

Portanto, não supomos que o caráter global dos riscos apocalípticos dá origem por si só à comunalidade da ação política. O espaço cotidiano experiencial da interdependência não surge como um caso de amor de todos com todos. Ele consiste na indignação universal quanto aos apuros cotidianos provocados pelos riscos globais que se tornaram irrevogavelmente visíveis e dela provém. Dessa maneira, o imperativo urbano global pode desdobrar seu poder – cooperar ou fracassar! É isso que queremos dizer por "realpolitik cosmopolita" urbana.[2] Dessa maneira, pode ganhar forma uma definição de ameaças que seja aceita por pessoas em suas vidas cotidianas através de todas as fronteiras e divisões nacionais, étnicas e religiosas. Em consequência – de acordo com a tese do catastrofismo emancipatório –, é possível se criar um espaço comum de responsabilidade e ação que, analogamente ao espaço nacional e em competição com ele, *pode* (mas de maneira alguma deve) fundar a ação política democrática. Esse é o caso quando a definição aceita de ameaças, por um lado, se torna brutalmente visível na vida cotidiana de cidades mundiais, mas, ao mesmo tempo, também pode ser enfrentada dentro dos vários horizontes da ação individual. Por outro lado, ela também leva a normas e acordos globais por causa do papel político global das cidades mundiais. Dessa maneira, as cidades mundiais, em particular – diferentemente dos Estados-nação – apresentam a oportunidade de superar a dificuldade bem demonstrada de passar da definição compartilhada de ameaças para compromissos práticos obrigatórios. De qualquer maneira, o potencial cosmopolita, democrático e criador de comunidades para a indignação inerente à mudança climática está se tornando enorme e evidente, em especial no ambiente das cidades mundiais. Em nenhum outro lugar senão nas cidades mundiais e em suas conexões informais e formais reside a oportunidade de moldar o potencial para a indignação, o poder da catástrofe antecipada, em formas políticas institucionais e democráticas tão palpáveis.

3. *Soberania e poder formativo de cidades mundiais.* Como acabamos de ver, o conceito de "comunidades cosmopolitas de risco" envolve tanto (1) "comunidades de *risco global*" quanto (2) "*comunidades cosmopolitas* de risco global", bem como a conexão entre ambas. Nesse sentido, as cidades mundiais representam a interação de colapso e despertar. Mas isso não é suficiente. Devem-se acrescentar, como condições essenciais adicionais, a *soberania* e o *poder organizacional político e legal das cidades mundiais* nos níveis local e global. A questão até que ponto as cidades mundiais se desprendem do espaço de governo e jurisdição do Estado-nação e formam comunidades cosmopolitas não pode –

obviamente – ser respondida da mesma maneira para todas as cidades mundiais. Estudos empíricos mostram que isso é mais verdadeiro para as cidades mundiais americanas e da Europa Ocidental e menos para cidades mundiais chinesas e russas.

Aqui, a questão da soberania das cidades mundiais não deve ser equiparada com a questão sobre em que medida as cidades mundiais podem ou não se libertar legal e politicamente do domínio de seus Estados-nação. Há também algo como uma "política doméstica global urbana". Por exemplo, cidades têm alguma autonomia em questões de estabelecimento de migrantes no espaço intraurbano. Podem decidir se seguem uma estratégia de separação que estabelece diferentes grupos nacionais e religiosos em bairros distintos ou se seguem um modelo de multiculturalismo – isto é, uma estratégia de estabelecimento misto de grupos de migrantes. Assim, o conceito de Cidades "Unidas" adquiriria também um significado intraurbano.

Ao mesmo tempo, estudos também indicam que as ligações entre cidades mundiais e sua participação – de fato, seu papel iniciador – em processos globais de construção de normas estão aumentando. Dessa maneira, uma estrutura política embrionária de Cidades Unidas tornou-se visível. Em sua base de dados, Bulkeley e colaboradores arrolam sessenta diferentes iniciativas transnacionais que brotaram durante as últimas décadas, entre elas o Grupo C40 de Grandes Cidades para a Liderança Climática, o Covenant of Mayors, o programa Cidades pela Proteção do Clima (CCP, na sigla em inglês) e, não menos importante, a organização guarda-chuva Cidades e Governos Locais Unidos (CGLU), fundada em 2004.[3]

Por fim, está surpreendentemente claro que as orientações político-ideológicas consideradas "conservadoras" estão perdendo sua capacidade de ganhar apoio majoritário no explosivo ambiente experimental da diversidade das cidades mundiais. Um mapa político global representando a relação entre a política nacional e a das cidades mundiais deveria deixar evidente que as cidades mundiais se destacam como ilhas coloridas no oceano negro da política nacional-conservadora. Isso se aplica tanto a Nova York como, de diferentes maneiras, a Londres, Seul e até a Zurique.

É basicamente a voz da intelligentsia profissional que trabalha e vive em redes transnacionais, combinando competência e espírito experimental (ambiental) com sucesso econômico, que está se tornando mais influente na competição pelo poder nas cidades mundiais. Em que medida já se pode falar de uma classe de intelligentsia profissionalizada como fonte de ideias e portadora de poder, essa é uma questão em aberto, tanto política quanto sociologicamente. Entretanto, as cidades mundiais abrigam decerto grandes populações de jovens profissionais de classe média que estão ficando cada vez mais desencantados com o capitalismo costumeiro e querem explorar e instituir novas alternativas verdes. Para usar a linguagem da teoria dos movimentos sociais, as cidades mundiais são o lugar onde encontramos os vários "nexos de reforma" emergentes do capitalismo.[4] Esses nexos levam atores que compartilham certas críticas verdes ao capitalismo para novas constelações políticas, inclusive ativistas, consultores, sindicatos de trabalhadores, empresas tecnológicas verdes, legisladores de políticas ambientais e assim por diante. O enverdecimento do capitalismo começa nas cidades.

No entanto, o fato de que ideologias partidárias conservadoras e candidatos conservadores que ainda são trunfos na competição pelo poder no nível nacional tenham perdido seu apoio majoritário nas cidades mundiais também depõe a favor dessa ideia. Um fator adicional é o apelo majoritário de profissionais transnacionais das cidades mundiais. Tomado em conjunto, isso pode ser compreendido como um indicador de que algo como "comunidades cosmopolitas de risco global" estão de fato ganhando forma. Nesse caso o "eixo das cidades mundiais" constituiria um traço do futuro no presente. Traduzido em termos políticos, isso é captado pela fórmula "de Nações Unidas a Cidades Unidas".

O processo em curso da metamorfose de comunidades de cidades mundiais pode ser mais bem explorado por meio de três estudos de caso diferentes: a metamorfose do trânsito, a expropriação por meio do risco e a metamorfose do conflito.

Metamorfose do trânsito

A metamorfose do trânsito é óbvia. Coisas que há não muito tempo pareciam obsoletas, como a bicicleta, estão de volta, no sentido de que passaram a ser valorizadas novamente. Por sua vez, o que costumava representar progresso e prestígio, o carro, passou a ser desvalorizado como fonte de riscos e males. À medida que se espalhou pelo mundo todo, a cultura da automobilidade passou a moldar grande parte da forma espacial e da vida urbanas – por exemplo, subordinando outras modalidades "públicas" de caminhar, andar de bicicleta, viajar de trem, e assim por diante, aos espaços de mobilidade "quase privados" do ubíquo trânsito de carros. Nos últimos anos, contudo, sob o peso de crescentes preocupações ecológicas e de saúde, compromissos urbanos com a direção de carros estão sofrendo séria reavaliação no mundo todo. Como os carros são cada vez mais percebidos como incômodos e "sujos", as cidades realizam experiências com uma série de alternativas, da expansão do transporte público e das ciclovias a novas formas de desenvolvimento urbano misto e compacto, que reduzem a necessidade de mobilidade. Nessa abordagem alternativa ao planejamento urbano sustentável, pedestres e ciclistas estão no topo da nova "hierarquia do transporte", ao passo que os carros estão no nível mais baixo.[5]

Nos últimos anos, certas cidades passaram a ser conhecidas por seus esforços para "enverdecer" as políticas de transporte, e esse conhecimento viaja e é mobilizado também por outras cidades. Por exemplo, após uma prolongada luta política no início da década de 2000, Londres é hoje reconhecida como uma cidade que efetivamente implementou a tarifação de congestionamento para reduzir o trânsito no centro da cidade. E, ao introduzir seu sistema de tarifação de congestionamento em 2006, Estocolmo se baseou no exemplo de Londres. De maneira semelhante, a cidade sul-coreana de Changwon, identificando Paris como cidade que implantara uma política bem-sucedida de ciclovias para reduzir as emissões de carbono, procurou aprender com o programa parisiense de bicicletas publicamente patrocinado, o Velib, ao introduzir seu próprio programa.[6] A cidade de Yokohama uniu forças com a Nissan para realizar um sistema de compartilhamento de veículos elétricos e tem planos para expandir o sistema por todo o Japão urbano (e possivelmente além). Enquanto isso, o centro de Manhattan passa por uma "copenhaguenização", num esforço para aprender com a ampla experiência histórica da cidade dinamarquesa no incremento do uso de bicicletas e na redução do uso de carros.

Comum a todos os casos é o fato de que o planejamento urbano e as práticas e políticas de transporte estão mudando no mundo todo, não por meio de algum exercício global de poder legal normativo, mas, ao contrário, por meio do poder do "bom exemplo" (ou da "melhor prática"). Além disso, todos os casos envolvem contestação e conflito locais. Infraestruturas de mobilidade urbana (e outras) são renitentes; elas não podem simplesmente ser alteradas da noite para o dia. Alguns expressam temores de que a redução do trânsito de veículos vá deprimir a atividade e o crescimento econômicos. Entretanto, embora a implantação prática continue fragmentada, *normas* e *visões* urbanas foram inteiramente transformadas, submetidas ao poder metamorfoseador dos riscos globais: quem hoje sonharia em promover carros movidos a combustível fóssil como futuro da mobilidade urbana? Sejam quais forem as dificuldades envolvidas, as ruas das cidades tornaram-se locais experimentais para novas normas de vida urbana.

O que estamos testemunhando no espaço da política climática urbana é um *processo transnacional de geração de normas*, mudando radicalmente o que é considerado planejamento e desenvolvimento urbano inovador, visionário e legítimo. Nesse processo, um número crescente de alianças interurbanas em rede desempenha papéis essenciais, gerando, compartilhando e ajudando a incrementar novo know-how relevante para a política de enverdecimento urbano em cidades geograficamente distantes no mundo todo.

Juntas, as alianças de cidades existentes formam uma complexa arquitetura organizacional de esferas superpostas, transnacionais e "em rede" de autoridade urbana que está mudando toda a paisagem da governança do clima global. Estimuladas em parte pelo lobby do C40 e outras alianças urbanas, as cidades ganham cada vez mais reconhecimento e voz no direito internacional, nas Nações Unidas e em outros fóruns de governança global antes restritos aos Estados-nação. Tudo isso repousa na compreensão, por parte dos governos municipais, de que compartilhar e combinar sua autoridade através das fronteiras transnacionais é a única maneira de começar a enfrentar os desafios comuns representados pelos riscos globais de mudança climática.

Por um lado, não deveríamos subestimar o poder da pressão normativa que "os pares urbanos" podem exercer: como dissemos, as visões e normas urbanas estão realmente mudando, na direção do enverdecimento, da sustentabilidade e da transição para uma baixa emissão de carbono. Juntas, as cidades estão criando e se envolvendo com novas geografias morais globais de carbono, produzindo novas normas compartilhadas do que significa exercer o desenvolvimento urbano responsável.

Por outro lado, mais cedo ou mais tarde precisaremos enfrentar as difíceis questões da tomada de decisão coletiva e da soberania combinada no nível urbano: como exatamente poderemos vincular "o terreno urbano" a novos regimes globalizados de autoridade legal e politicamente coercitiva?[7] De fato, que aparência teria uma arquitetura abrangente de Cidades Unidas, se não tomar simplesmente como modelo as (com frequência ineficazes) Nações Unidas?

Expropriação por meio de risco

Como já afirmei, risco não é catástrofe, mas a antecipação da catástrofe. Por isso, um dos momentos decisivos da metamorfose é que a própria *antecipação* da catástrofe desvaloriza o capital.

A própria antecipação de catástrofes de inundação urbana acarreta vastas consequências sociopolíticas – consequências que, contudo, muitas vezes ficam perdidas nos pontos cegos de análises "técnicas". Na cidade de Nova York, por exemplo, métodos atuais para estimar futuros riscos de inundação em toda a cidade tendem a "subestimar" subpopulações mais vulneráveis (com base em renda, raça etc.), levando a preocupações de justiça ambiental em termos de preparação e esforços de socorro.[8] Inversamente, os impactos causados pelo furacão Sandy em partes de Lower Manhattan em outubro de 2012 foram tanto simbólicos quanto materiais: a inundação intensificada, como esse evento mostrou, eleva a possibilidade de transformar espaços urbanos atraentes para a vida e a produção em "espaços de risco", com isso desvalorizando-os seriamente.

Não surpreende que, como a revista *Nature* relatou, o furacão Sandy "carrega os Estados Unidos de roldão para o debate sobre a adaptação ao clima".[9] Levado à sua conclusão lógica, o tipo de "expropriação ecológica" exercida por eventos de inundação maiores e mais frequentes contradiz e viola os interesses da própria instituição da propriedade, mesmo nos bolsões mais ricos do capitalismo moderno, de base urbana. Enquanto isso, a distribuição dos riscos de inundação urbana também exacerba desigualdades sociomateriais já evidentes:[10] enquanto esforços de engenharia de grande escala estão agora em curso para "proteger" Lower Manhattan "contra o clima", não há recursos disponíveis para as comunidades urbanas vulneráveis no Sul gobal.

Metamorfose do conflito

Em relação à metamorfose do conflito, duas compreensões são cruciais. Por um lado, os riscos globais superam divergências amigos-inimigos. Por outro, surgem novas polarizações para as quais ainda não estamos suficientemente sensibilizados e carecemos de vocabulário descritivo.

As alianças climáticas urbanas emergentes são parte de relações globais extremamente fraturadas e desiguais, que dão origem não só a novas formas de cooperação, mas também a novos tipos de competição, conflito e exclusão. Para começar, as alianças urbanas mais poderosas, como o C40, tendem a representar desproporcionalmente as cidades ricas de grande escala do Norte global – em detrimento das cidades no Sul global, claramente, mas também excluindo cidades menores e mais "comuns" em toda parte. Além disso, embora a distinção entre áreas urbanas e rurais esteja cada vez mais apagada – em decorrência do alcance global e da difusão de metabolismos econômicos urbanos (envolvendo também energia, água, lixo e assim por diante) –, ela ainda é muito relevante politicamente em todos aqueles contextos nos quais terra, recursos e condições de vida estão sendo redistribuídos (por vezes de modo violento) por meio de processos de rápida urbanização.

Como um fator de maior perturbação ambiental, escassez de recursos e assim por diante, os riscos de mudança climática e o modo como esses riscos são enfrentados nas cidades precisam ser situados dentro de um enquadramento mais amplo de desigualdades globais em mudança que são multifacetadas, ambivalentes e indefinidas.[11] E cidades de toda parte estão no próprio cerne dessas novas alianças e divisões políticas, essa paisagem política cambiante do século XXI que está sendo moldada por previsões de riscos globais.

Uma dimensão dessas novas divisões tem a ver com a busca do "ecourbanismo estratégico"[12] pelos governos locais no mundo todo, em particular em contextos urbanos mais ricos.

Entre outras coisas, isso envolve investimentos dirigidos para o desenvolvimento de "ecocidades", um conjunto de práticas políticas que emergiu e se espalhou globalmente desde o início dos anos 2000 como parte da transferência de conhecimentos interurbanos, do aumento da preocupação com o clima e de uma clara preferência da política urbana por soluções tecnológicas "verdes inteligentes". Iniciativas de ecocidades de maior escala já foram lançadas em centenas de cidades no mundo todo, concentrando-se principalmente na Europa e na Ásia (Oriental), e com menos frequência na América do Sul, na África e no Oriente Médio,[13] refletindo desigualdades urbanas globais. Na maior parte das vezes, o desenvolvimento de ecocidades é oficialmente promovido como um novo caminho para que as cidades atraiam investimentos, ganhem novos mercados e se autointitulem espaços "globais" e "avançados".

Essa metamorfose, como se observou, é ambivalente e indefinida, com novas formas de cooperação e competição se entrelaçando e se moldando umas às outras em novas paisagens econômicas e políticas. Em algumas regiões do Sul global, por exemplo, apelos à urgente necessidade de adaptação ao clima fornecem uma via através da qual os governos locais podem agora ter acesso a recursos internacionais, ajudando-os assim a melhorar as infraestruturas urbanas e as condições de vida para os pobres. Em outros contextos, ficou comprovado que a busca do enverdecimento urbano no Norte gerava seus próprios efeitos colaterais indesejados no Sul. A expansão do uso de veículos elétricos, por exemplo, requer a extração de lítio de minas na Argentina, na China e na Bolívia, que ficam assim aprisionados numa política dolorosa de direitos fundiários, grupos indígenas e assim por diante. Na maior parte do tempo, essas questões são ocultadas nos centros urbanos do Norte.

Comunidades de risco cosmopolitas 231

No entanto, de uma perspectiva cosmopolita, elas deveriam ser expostas, e novos mecanismos institucionais deveriam ser inventados para lidar com elas de maneira justa.

Afora essas questões de desigualdade e competição global, e a extensão em que elas podem ser amenizadas por meio de novas formas de solidariedade urbana transnacional, pode-se dizer também que os riscos induzidos pelo clima vêm com suas prerrogativas "estratégicas" próprias. Isso é experimentado cada vez que uma nova onda de tempestades ou eventos de inundação atinge centros urbanos no mundo todo, tornando os riscos da mudança climática tangíveis e urgentes. Essas realidades urbanas materiais podem ter mais peso que normas abstratas e "deveres" de governança climática global. Quando tais realidades atingem as cidades, fazem-no com violência, como um número cada vez maior delas está aprendendo. Ao lado da mitigação das emissões de carbono, a adaptação e a resiliência urbanas estão, acertadamente, se tornando prioridades essenciais nas agendas urbanas no mundo todo. Também nesse contexto, formular as adaptações como uma questão de direitos urbanos e justiça é central para revelar seu potencial transformador.

A nova "realpolitik" urbano-cosmopolita?

Para resumir a argumentação desenvolvida até agora, o que estou sugerindo é que a política urbana, conduzida por preocupações com os riscos climáticos globais, está passando neste momento por uma metamorfose fundamental e está se manifestando em novas alianças urbanas de geração transnacional de normas, em novos investimentos para a criação de ecocidades e em novas coalizões de reforma que buscam "enverdecer" o funcionamento do capitalismo urbanizado global. Essas tendências e transformações envolvem todos os tipos de novas ambiguidades e conflitos. As cidades mundiais, eu sugiro, são os principais lugares onde os choques de riscos globais tornam-se assunto da experiência e da política cotidianas. Quando falamos de cidades mundiais formando uma "comunidade" cosmopolita de riscos globais, portanto, essa expressão não se situa em oposição a esses choques e conflitos, mas, em vez disso, os *inclui*.

A essa noção de comunidade de risco cosmopolita, afirmamos agora, corresponde a noção de uma nova e emergente "realpolitik" urbano-cosmopolita, um novo padrão de estabelecimento de alianças e de conflitos que molda a política urbana no mundo todo (ainda que de formas muito diferentes em diferentes lugares e contextos). Uma questão nem de "idealismo" nem de "realismo", essa nova realpolitik entrelaça em novos padrões o que era anteriormente concebido como separado: cooperação *e* competição; economia *e* ambiente; igualdade *e* desigualdade; solidariedade *e* individualismo; localismo *e* cosmopolitismo. Nenhum desses binários funciona mais se quisermos captar e diagnosticar a metamorfose da tomada de decisão política urbana.

Em vez disso, vemos novas constelações de atores locais e transnacionais, alienando ex-parceiros e se aliando a estranhos companheiros na busca de um emaranhado de interesses e aspirações sob a bandeira de termos abrangentes como "sustentabilidade" – ele próprio um novo metadiscurso de planejamento urbano, incorporando toda espécie de conflitos de valores. Nessas novas constelações políticas, novos horizontes normativos de responsabilidade urbana para a transição para baixo carbono situam-se lado a lado e moldam-se umas às outras, com novas compreensões do individualismo urbano num mundo com escassez de recursos. Os choques, mobilizações e experimentações daí resultantes tornam-se tangíveis e salientes nas cidades mundiais de uma maneira que não ocorre no espaço político "abstrato" dos Estados-nação. Esta, mais do que qualquer outra coisa, é a razão pela qual as alianças de cidades mundiais são os novos espaços de esperança climática: nenhuma outra forma de organização está mais bem equipada para fazer experiências, inventar e realmente implementar as novas arquiteturas multilocalizadas de tomada de decisão política para o século XXI.

Para realizar esse potencial e trabalhar em prol da visão das Cidades Unidas, no entanto, os atores políticos precisam abraçar todas as novas ambiguidades e os conflitos do enverdecimento urbano, em vez de se afastar deles assustados. Se não o fizerem, os críticos[14] estarão certos ao nos advertir contra as tendências pós-políticas da "sustentabilidade", pelas quais iniciativas climáticas urbanas são reduzidas a formas tecnocráticas de intervenção infraestrutural, compatíveis com uma ênfase neoliberal na cidade empresarial como espaço de acumulação de capital. Semelhante crítica, no entanto, não é de maneira alguma uma conclusão inevitável. Ela é neutralizada, em termos inteiramente práticos e empíricos, pela multidão de formas pelas quais as questões de participação pública, responsabilidade ambiental, responsabilidade pelo carbono e justiça climática transnacional estão *também* inteiramente presentes no programa urbano-cosmopolita realpolítico.

O que precisamos, mais que qualquer outra coisa, é de uma melhor compreensão de como nos orientar através das novas paisagens políticas e de como analisá-las. Esse é o aspecto mais importante da metamorfose, e inclui as próprias ciências sociais: precisamos de novas maneiras de ver o mundo, estar no mundo, de imaginar e fazer política. Nosso objetivo é que o que propomos aqui – em termos de comunidade de risco, realpolitik urbano-cosmopolita e visão das Cidades Unidas – sejam degraus nessa direção, aumentando nossas capacidades de ver o mundo em mudança de forma diferente.

Panorama: uma reinvenção da democracia?

Quanta mudança climática a democracia pode suportar? Quanta democracia a proteção climática requer? Como a democracia é possível num tempo de mudança climática? Ou, para falar de maneira ainda mais franca: por que o maior desenvolvimento da democracia é a *conditio sine qua non* para uma política cosmopolita de mudança climática das cidades mundiais? Estas são questões extremamente urgentes. Com a desastrosa notícia do rápido derretimento das calotas polares, há um perigo de sucumbir à falácia de invocar uma espécie de expertocracia de emergência que impõe o bem comum do mundo contra egoísmos nacionais e reservas democráticas "antiquadas" no interesse universal pela sobrevivência. Três componentes – a previsão da calamidade que engolirá a humanidade, as limitações de tempo e a incapacidade progressivamente mais patente das democracias de tomar medidas decisivas – enganaram os indivíduos mais comprometidos, induzindo-os a acalentar, pelo menos de modo semitácito, a visão de Wolfgang Harich do "Estado de alocação resoluta, forte" e do "Estado de distribuição ascética", e portanto de modelos de ditadura ambiental.[15] Os modelos de ditadura ambiental sempre tomam o Estado individual rigoroso, tecnocraticamente decisivo ou Estado mundial como seu ponto de partida. Mas como deveriam os Estados impor o ecoconsenso a outros Estados, ou como deve o Estado mundial impô-lo a outros Estados? Por meio de ameaças militares, e portanto de guerras? Essa não é somente uma perspectiva que une ruína a ruína, mas, ao mesmo tempo – graças a Deus – é inteiramente infundada, e por conseguinte completamente irrealista. Aqui fica claro que a tentação tecnocrática repousa precisamente sobre o oposto daquilo a que faz apelo: não sobre um senso de realidade, mas sobre a perda desse senso.

A perspectiva da cidade mundial, em contraposição, mostra que uma política climática eficaz, que aproveita os potenciais emancipatórios de desastres antecipados, só é possível e real a partir do choque entre diversidade global e riscos globais num ambiente urbano e, por isso, somente na participação ativa dos cidadãos, no ressurgimento da democracia a partir de baixo contra a expertocracia. A cidade mundial é um lugar de experimentação de novas formas de cidadania climática, novas maneiras de habitar o mundo e novas maneiras de reinventar a democracia: primeiro numa escala urbana, depois na forma de alianças políticas policêntricas e em múltiplas escalas. Aqui, democracia não significa apenas uma série de procedimentos para a tomada de decisão política. Em jogo, mais fundamentalmente, está o que Clive Hamilton chama de "democratização da capacidade de sobrevivência" num mundo de ameaças ecológicas intensificadas e desigualdades globais radicais.[16]

Dada a resistência dos Estados-nação à colaboração transfronteiriça e à política cosmopolita, a "virada para a cidade" é importante, tanto epistemológica quanto politicamente, a fim de descobrir ou estabelecer instituições alternativas para comunidades cosmopolitas de risco compartilhado, tratando dos problemas cada vez mais numerosos de uma modernidade cosmopolizada sem abandonar a democracia que os Estados-nação tradicionalmente defenderam.

Para nos salvar tanto de formas anarquistas de globalização, como guerra e terrorismo, e de formas monopolistas, como cooperações multinacionais, precisamos de organismos democráticos globais que funcionem, organismos capazes de lidar com os desafios globais que enfrentamos num mundo cada vez mais interdependente.[17]

As nações, inclinadas por natureza à rivalidade e à exclusão mútua, parecem ser parte do problema, e não da solução, na sociedade de risco mundial do século XXI.

Num mundo metamorfoseado, as cidades globais poderiam reconquistar uma posição central semelhante àquela que ocupavam muito tempo atrás, num mundo pré-nacional. A humanidade começou sua ousada trajetória rumo à política na "pólis" – a cidade. A cidade foi a pioneira da democracia. Mas, durante milênios, as cidades se basearam na monarquia e no império, e depois em recém-inventados Estados-nação, para produzir e reproduzir a ordem social e política. Hoje o Estado-nação está fracassando em face de riscos globais. No mundo cosmopolizado das ameaças globais de agora, as cidades – historicamente, o solo social para movimentos cívicos de liberação – poderiam se tornar, mais uma vez, a melhor esperança da democracia.

PARTE III

Panorama

12. Gerações de risco global: unidas no declínio

Este capítulo tem por foco a "geração da metamorfose" e a "metamorfose da geração". A problemática da geração é um excelente exemplo em que as figuras e os momentos da metamorfose do mundo se unem. O que significa crescer num mundo "dividido", isto é, num mundo em que modelos e instituições predominantes (isto é, os "outros" dominantes da socialização – professores, políticos, juízes, estudiosos e intelectuais) transmitem e vivem de acordo com uma visão de mundo moldada por uma "perspectiva nacional", enquanto, ao mesmo tempo, a metamorfose do mundo trabalha inexoravelmente para a dissolução do mundo nacional? Como pode alguém viver com a permanência de uma metamorfose, de fato sobreviver a ela, quando ninguém pode dizer para onde ela está caminhando? Uma metamorfose que afeta da mesma maneira centro e periferia, ricos e pobres, muçulmanos, cristãos e não religiosos? Uma metamorfose que não surge de fracasso, crise ou pobreza, mas que cresce e se acelera com os sucessos da modernização? Uma metamorfose que não é detida pela inação, mas acelerada por ela? O que ela significa para a autocompreensão política dessa geração, para seu estilo de vida, seu comportamento de consumidor e sua sensação de esperança e desespero? A indiferença de grandes porções da geração mais jovem será o pré-requisito para um compromisso enfático ou o indício de uma rendição incondicional? Como deve alguém se comportar se as instituições "operantes" fracassam?

O específico na compreensão da ideia de geração em tempos de metamorfose é que ela tem de ser desenvolvida *a partir de dentro de uma sociologia histórica do tempo* – isto é, uma sociologia cosmopolita dinâmica. Para tornar isso possível, introduzo o conceito de médio alcance de *gerações de risco global*.

Metamorfose da socialização: a debilitação das gerações mais velhas e o fortalecimento das mais jovens

Karl Mannheim, o fundador da sociologia das gerações, afirmou em 1928 que o conceito de geração implica que sua unidade surge de sua ação. Nesse sentido, gerações são essencialmente políticas. Seu poder transformador é fundado na utopia que compartilham. No entanto, como afirmo, esse não é o caso para as gerações de "risco global" no início do século XXI. Essas gerações são o que chamo de "gerações de efeitos colaterais". Sua existência e sua ação não se baseiam em ação política ou numa imagem de mundo, mas, antes de mais nada, em sua existência digital um tanto pré-embriônica. A metamorfose do mundo (e a mudança de quadro de referência aí implicada) começou a mudar sua existência, sua compreensão do mundo, suas possibilidades de ação, sua concepção e prática do social e do político. Essa mudança de existência está se desdobrando sem revolta ou utopia; ela não passa do efeito colateral da modernidade digitalizada transformada no DNA social. Essas gerações encarnam o a priori digital – contudo, não no fim, mas no início de sua socialização. Não é o poder da ação política que revela e forma essas gerações, mas, metaforicamente falando, seu uso de telefones celulares, que implica diferentes formas e coordenadas de comunicação e vida em conjunto. O conceito comum de "socialização" já não capta isso.

Em geral, socialização significa que é tarefa da geração mais velha da família, da escola e de outras instituições introduzir a geração mais jovem na ordem social e política existente. Como Talcott Parsons enfatizou, é esse tipo de socialização que assegura que a ordem da sociedade e da política seja estabilizada e reproduzida ao longo do tempo.[1] Um pré-requisito essencial é que os pais e a geração mais velha saibam e sejam capazes de mostrar aos jovens o caminho, o que, por sua vez, estabiliza sua legitimidade e as hierarquias existentes dentro da relação entre gerações na família e na sociedade.

Esse modelo, que permite apenas a transformação social, se rompe sob as condições da metamorfose do mundo. Essa ordem foi abolida. Evidentemente, ainda há campos em que os pais têm mais conhecimento. Mas há cada vez mais campos em que já não se dá mais isso – de fato, em que os papéis estão invertidos: a geração mais jovem se transforma em mestra da mais velha, mostrando aos idosos a maneira de proceder. No entanto, isso acontece de uma forma um tanto defensiva. Por um lado, esse modo defensivo decorre do fato de que a geração mais jovem depende social e materialmente da mais velha. Por outro, isso se dá porque a geração mais jovem é não ideológica e está desprovida de uma compreensão clara acerca da maneira correta de proceder; ela sabe o que não funciona mais sem saber o que de fato funciona, como poderia funcionar e para onde isso leva.

No palco mundial da luta entre gerações, os papéis estão claramente distribuídos: os idosos são os *neandertalenses* e os da geração jovem, global, são membros do *Homo cosmopoliticus*. Eles são aqueles para quem a metamorfose tornou-se uma segunda natureza, enquanto as gerações mais velhas a experimentam como ameaça à sua existência. Os idosos nasceram como seres humanos, mas, como no romance *Metamorfose*, de Kafka, acordaram uma manhã como insetos chamados "analfabetos digitais". As gerações mais jovens, ao contrário, já nasceram como "seres digitais". O que foi acondicionado na palavra mágica "digital" tornou-se parte de sua "bagagem genética".

As gerações do *Homo cosmopoliticus* ainda são fracas e inferiores na luta entre pai e filha e pai e filho. Seus protestos públicos ainda são desconsiderados – em especial porque não são unificados pela ideia de um futuro melhor pelo qual eles poderiam lutar contra e/ou com as gerações mais velhas. Mas eles se tornam mais fortes – em particular porque os *neandertalenses* pouco a pouco se extinguem. Eles só podem se reproduzir como seres humanos digitais. Como veremos, as posições das gerações mais velhas e as do *Homo cosmopoliticus* na sociedade de risco são radicalmente diferentes. Hoje as gerações de risco global já estão mais bem interligadas através das fronteiras e mais abertas para o mundo e seu potencial autodestrutivo. Em termos da administração da vida cotidiana, o *Homo cosmopoliticus* é superior aos *neandertalenses*. Aqueles para quem a metamorfose do mundo tornou-se uma segunda natureza desenvolvem – se tudo corre bem – uma competência que lhes permite administrar a vida entre "aqui" e "lá", uma vida cheia de evitação e conciliação, e uma capacidade de lidar com contradições. Ainda assim, os *neandertalenses* se revoltam. Eles defendem sua autoridade contra o *Homo cosmopoliticus*.

Como tal, a diferença entre a perspectiva nacional e a perspectiva cosmopolita transforma-se num conflito entre gerações, manifesto num choque de gerações dentro e fora da família. O caso da família migrante, que vive simultaneamente no Ocidente e em outras partes do mundo, é sintomático. As filhas podem superar seus pais em relação à lei, enquanto os pais vivem literalmente num mundo diferente. Eles sintetizam uma compreensão diferente da família e um papel diferente do Estado. No Ocidente, a lei destitui a hierarquia patriarcal dentro da família. Entretanto, embora esteja ocorrendo uma metamorfose da ordem familiar, isso não significa que ela alcance o pensamento de todos os membros da família. No Ocidente, as famílias estão inseridas num sistema normativo que inclui igualdade de homens e mulheres, proibição de estupro dentro do casamento e livre escolha de parceiro, de fato, tudo isso coisas – na verdade, imperativos – que parecem estranhas ou até ameaçadoras para mundos familiares diferentes.

Respeito, hierarquia e autoridade transformam-se na impotência dos governantes e juízes "divinos" das questões familiares – o homem, o pai, perde sua posição, é deixado para trás e jogado no monte de sucatas. Como já foi mencionado, isso não é provocado por uma prática revolucionária, mas desdobra-se atrás da fachada de continuidade na forma de fortalecimento da geração mais jovem e debilitação da geração mais velha: é um processo sutil e sub-reptício.

Consequentemente, a memória e a ideia de educação mudam também. A internet constitui algo semelhante a uma memória de todos, uma memória coletiva. Todas as bibliotecas do mundo, toda a informação e o conhecimento que elas encerram, são acessíveis a um clique individual. Na internet todos podem ganhar o conhecimento que nunca experimentaram. Há muita crítica e preocupação em relação à natureza fragmentada, desorganizada, desprovida de contexto desse conhecimento – de fato, o perigo de afogar-se nesse oceano de (não) conhecimento. Contudo, ele representa uma metamorfose que ainda não somos capazes de compreender inteiramente. Por um lado, a relação entre o professor e o aluno é dissolvida, até invertida. Por outro, o idoso lamenta a suposta ruína do elevado valor da educação e do conhecimento. Mas isso subestima a ambivalência da metamorfose. O conceito de educação é tradicionalmente orientado para dentro.

O filósofo Johann Gottlieb Fichte captou esse movimento circular da consciência autocognoscente do mundo que gira em torno de si mesma na fórmula "O ego postula a si mesmo". Com isso, ele (e muitos outros grandes filósofos) quis dizer que podemos usar a consciência para atravessar e explorar a consciência, e dessa maneira identificar as características básicas do mundo – as categorias transcendentais de espaço e tempo, eu e nós, sociedade e natureza, nação e moralidade.

Esse é um pensamento grandioso: encontrar um ponto de apoio contra o mundo dentro de si mesmo. Ele continua a exercer seu fascínio nas ciências sociais até hoje, em obras como as de Niklas Luhmann e Jürgen Habermas. Mas repousa numa magnífica confusão entre consciência e mundo, entre sistema e sociedade mundial ou política mundial. A terrível implicação é que precisamos apenas estudar a nós mesmos para compreender o mundo. Você não precisa sair, pode ficar em casa e se voltar para si mesmo; não precisa sair no mundo e não tem de aprender a ver o mundo através dos olhos dos outros para compreender o mundo e a si mesmo. Este erro maravilhosamente frívolo e confortável é intrínseco ao "conhecimento" que deriva seu poder da reivindicação acadêmica de autorreflexão autorreferencial (autopoiesis). Dessa maneira, a cultura se torna – e enobrece a – estreiteza de pensamento.

A disponibilidade digital de sabermos tudo por nós mesmos (mesmo que esse conhecimento não seja usado, ou se transforme em seu oposto) impõe, ou pelo menos permite, uma mudança de horizonte. Ela nos força a nos deslocarmos além do conhecimento adquirível – por conseguinte, ao menos de maneira incipiente, a ver o mundo pelos olhos dos outros.

Unidas no declínio

A metamorfose da geração e a geração da metamorfose têm de ser desenvolvidas numa sociologia do *tempo histórico* que se situa para além da ideia de linearidade e cronologia. No cerne desse pensamento está a noção de uma coexistência do que poderia ser chamado de "mundos do tempo". Isso significa que as gerações mais velhas e as mais jovens são contemporâneas, mas não vivem no "mesmo tempo". Não há similaridade homogênea. E isso, mais uma vez, é um *modus* de metamorfose denominado por Karl Mannheim e Wilhelm Pinder "contemporaneidade do não contemporâneo".

O historiador da arte Wilhelm Pinder questiona a ideia de que podemos observar a arte e o estilo de épocas relativamente homogêneas em estágios bem definidos.[2] Ele sugere que, a cada momento no tempo, épocas e estilos da história da arte existem simultaneamente e próximos uns dos outros. Pinder rejeita, por assim dizer, a ideia de "epoquismo metodológico da arte" – isto é, a ideia de que os estilos artísticos existem e podem ser estudados como unidades históricas fechadas. Com isso, ele se opõe no campo da arte à ideia de evolução e progresso segundo a qual uma época é substituída por outra. As noções de Pinder são similares ao que se tornou estabelecido mais tarde como uma noção de ecletismo pós-moderno, em cujo cerne estão os conceitos de desconstrução e dissolução.

Quando usamos a ideia de "contemporaneidade do não contemporâneo" para observar a emergência de gerações globais, podemos, de fato, ver algum ecletismo pós-moderno aqui também, alguma dissolução e ilusão, mas somente se nos prendermos a velhos quadros de referência. Se não nos prendermos a esses velhos quadros de referência, vemos que há variações e fragmentações significativas de gerações globais, o que implica a interação e o confronto entre diferentes horizontes e visões de mundo – tal como vistas, por exemplo, no movimento Occupy, na Primavera Árabe, em gerações de jovens europeus meridionais desempregados e em fundamentalistas "locais". Mas isso não exclui o fato de que há sensibilidades compartilhadas de problemas e riscos globais. O que, claro, não implica uma resposta comum igual. E ainda mais: a percepção do problema difere entre setores, estilos, percepções, histórias e padrões de ação diversos.

O que isso implica é que a compreensão de gerações de risco global não pode ser deduzida da cronologia biológica das gerações nem da ideia de uma unidade de gerações globais, baseada, por exemplo, na experiência compartilhada da globalidade. A existência de gerações de risco global certamente não significa que esteja ocorrendo uma convergência mundial de situações sociais. Ao contrário, a diversidade e a desigualdade de situações de vida e de oportunidades são extremamente visíveis, e é precisamente isso que produz tensões particulares e forças explosivas.

Os horizontes normativos das gerações de risco global podem ser globalizados – mas são simultaneamente caracterizados por nítidas linhas divisórias e conflitos. Há acima de tudo o fosso econômico que separa os habitantes do chamado

Ocidente do chamado O Resto, o fosso em recursos materiais, posições e oportunidades de acesso, o qual é também evidente na corrida pelos ícones do consumo global.

Para descrever as situações e posições de diferentes parcelas das pessoas mais jovens na sociedade de risco mundial combinando a distribuição de bens e males com os horizontes da diversidade cultural, precisamos de um novo conceito para a pesquisa transfronteiriça cosmopolita: *constelações geracionais*.[3] A razão disso é que temos de substituir o quadro de referência da mudança social pelo quadro de referência da metamorfose. Não podemos mais lidar, como era usual até agora, com a única "geração", entendida como algo que existe nos limites do Estado-nação. "Constelações geracionais" representam a perspectiva cosmopolita (cosmopolitismo metodológico). Isso significa dizer que o arranjo e os contornos das posições desiguais (como classes, nações, centro e periferia) são inadequados para representar a desigualdade das posições das gerações de risco no início do século XXI; novas posições ainda não estão à vista ou não foram empiricamente testadas. As seguintes dimensões se sobrepõem e interpenetram no conceito diagnóstico de "constelações geracionais": dimensão quantitativa, demográfica: polarização etária; desigualdades materiais: educação e posição no mercado de trabalho, bem como posições de risco e diversidades étnico-culturais.

Para compreender as diversas constelações geracionais é necessário não somente examinar a distribuição de bens e males, mas também levar em conta o fato de que princípios e expectativas de *igualdade* estão se espalhando pelo mundo todo. Uma importante dimensão das constelações geracionais é que existem agora horizontes normativos de igualdade pressionando as estruturas e instituições de desigualdade global existentes. Dessa maneira, a legitimação pelo Estado-nação da desigualdade transnacional ou global está começando a se esfacelar. Mesmo que tenhamos um aumento da desigualdade social em termos globais, dentro ou fora do Estado-nação, ele não introduzirá conflitos políticos enquanto não houver uma expectativa global de igualdade. Isso se dá porque as desigualdades sociais não levam a conflitos caso os ricos fiquem mais ricos e os pobres mais pobres. Elas só desencadeiam conflitos se as normas e as expectativas sociais estabelecidas em relação à igualdade – especialmente os direitos humanos – se espalharem. Se quisermos compreender a situação da geração mais jovem, precisamos começar transformando o discurso póscolonial da igualdade no foco da atenção: na era do governo colonial a inferioridade dos outros – "nativos", "selvagens" – foi definida como (mais ou menos) naturalmente dada. O discurso pós-colonial privou essas suposições de qualquer legitimação. Riscos globais têm efeitos semelhantes: eles intensificam as relações sociais de âmbito mundial que, mesmo na velha "periferia", estão moldando eventos no "velho centro" e vice-versa. Riscos globais não são mais, portanto, processos de imperialismo unidirecional. Em vez disso, são desordenados e caóticos. A difusão global do risco, ainda que desigual e esporádica, produziu a difusão global de incertezas fabricadas, ou, para dizê-lo de outra maneira, a geração de incertezas fabricadas.

O dualismo entre direitos humanos e direitos nacionais dos cidadãos é relativizado: agora uma garantia de direitos humanos foi normativamente prescrita em níveis cada vez maiores – por exemplo, na Declaração de Direitos Humanos das Nações Unidas, nos tratados da União Europeia e nas constituições de muitos Estados-nação. Essas normas institucionalizadas tornam cada vez mais difícil distinguir entre cidadãos e não cidadãos, nacionais e estrangeiros, e conceder certos direitos exclusivamente a alguns e não a outros. Essa difusão de normas e expectativas de igualdade tem consequências de amplo alcance para as gerações mais jovens. A desigualdade entre os que têm e os que não têm, entre as populações ricas do mundo e o resto do mundo, não é mais aceita como destino, mas posta em questão, ainda que apenas unilateralmente: são os outros, os excluídos, os habitantes de terras e continentes distantes que começam a se rebelar contra a desigualdade social – através de esperanças e sonhos de migração, que eles estão traduzindo em atividade prática.

A partir daqui podemos ver que a "globalidade" das diferentes frações e constelações das gerações de risco global é muito diferente: definitivamente não são as frações geracionais ocidentais, mas, ao contrário, as não ocidentais que se levantam contra as desigualdades através das fronteiras de Estados-nação, reivindicando igualdade. "Quero entrar!" – é o lema para essas gerações mais jovens do mundo todo, paradas junto aos portões das sociedades ocidentais e sacudindo vigorosamente as barras.

Uma dimensão adicional dessa constelação geracional refere-se à impressionante disparidade entre educação superior e desemprego. Vemos que, em muitos países do mundo, há a geração mais educada que já tivemos, a qual, no entanto, está ameaçada por um grau até agora desconhecido de desemprego. Além disso, há o regime de trabalho de risco, que se espalha globalmente. Por um longo tempo acreditou-se que uma forma precária de emprego, que existe em países latino-americanos semi-industrializados, era uma espécie de resquício pré-moderno no Norte global, que iria diminuir gradualmente e desaparecer na transição de uma sociedade industrial para uma sociedade baseada em serviço. No início do século XXI, testemunhamos o desenvolvimento contrário: a "multiatividade" precária – previamente, sobretudo um indicador de trabalho feminino – é uma variante do desenvolvimento em rápida expansão de sociedades de emprego tardio que estão ficando sem empregos de tempo integral atraentes, altamente especializados e bem pagos.

Essa transformação do mundo do trabalho afeta os jovens de uma maneira particularmente severa. A experiência dessa geração reúne penosamente o que costumava ser exclusivo: a melhor educação, mas as piores chances no mercado de trabalho. No cerne do movimento global de protesto surge uma nova figura social: o *graduado sem futuro* da geração *precarité*.

Duas conclusões podem ser extraídas dessas constatações e outras similares. Primeiro, a crescente insegurança, que está se tornando a experiência básica da geração mais jovem, não é um fenômeno local, regional ou nacional. Ao contrário, essa insegurança se transforma numa experiência essencial das gerações de risco, transcendendo fronteiras, uma experiência compartilhada que podemos resumir nas palavras *unidas no declínio*.

Além disso, há uma simultaneidade paradoxal, explosiva, a ser descoberta aqui. Enquanto no "Primeiro Mundo", especialmente para as pessoas mais jovens, os riscos e inseguranças da vida estão crescendo, os países que o constituem continuam a ser o destino de sonho para muitos dos jovens nas regiões pobres do globo. Em consequência, os temores existenciais dos primeiros vão deparar com as esperanças para o futuro dos últimos. De um lado, uma "geração *menos*", que, medida por décadas precedentes, tem de aceitar perdas materiais; de outro, uma "geração *mais*", que, motivada pelas imagens de um "Primeiro Mundo" afluente, quer participar dessa riqueza. E ambas – e este é o ponto crucial – são frações das gerações globais. O que já está se tornando visível hoje talvez irá emergir no futuro de maneira mais dramática: os contornos de uma nova luta de redistribuição global. Um lado na defensiva, tentando se agarrar nas sobras da afluência com leis e barreiras nas fronteiras; os outros partindo, arremetendo contra essas mesmas fronteiras com toda a força, impelidos pela esperança de uma vida melhor. Resultado: uma interação conflituosa – uma fração das gerações de risco global contra a outra.

Panorama

No final dessa discussão sobre a metamorfose do mundo, evidencia-se que a problemática da metamorfose da desigualdade é *a* questão essencial do futuro. Primeiro, isso ocorre por causa da institucionalização das normas da igualdade, o que significa que a desigualdade global não pode mais ser ignorada porque a perspectiva nacional, que produzia a impossibilidade de comparação entre espaços nacionais de desigualdade, não funciona mais. As desigualdades existentes são despojadas de sua legitimidade, e por isso se tornam (abertamente ou não) um escândalo político. Segundo, porque a desigualdade aumenta também dentro do contexto nacional. Terceiro, os recursos públicos que poderiam compensar as desigualdades crescentes são abolidos. Quarto, por causa da distribuição de males, que produz classes de risco, nações de risco e diferentes tipos e graus de desigualdade. Há uma síntese de pobreza, vulnerabilidade e ameaças implicadas na mudança climática e nos desastres naturais. Em suma, o *neandertalense* e o *Homo cosmopoliticus* estão vivendo num mundo em que a desigualdade se tornou social e politicamente explosiva. O problema da desigualdade surge hoje no contexto dos chamados desastres naturais, que são de fato produzidos pelo homem, em contraste com um horizonte em que a igualdade foi prometida para todos.

Notas

1. Por que metamorfose do mundo, por que não transformação? (p.15-37)

1. P. Bourdieu, *Outline of a Theory of Practice* e *Distinction*.
2. H. Joas, *The Creativity of Action*.
3. M. Krüger, "Menschenrechte und Marillenknödel".
4. T.S. Khun, *The Structure of Scientific Revolutions*.

2. Sendo Deus (p.38-52)

1. P. Hondagneu-Sotelo e E. Avila, "'I am here, but I am there': the meanings of Latina Transnational Motherhood".
2. U. Beck e E. Beck-Gernsheim, "Danish sperm and Indian wombs, in *New Cannibal Markets: globalization and commodification of the human body*, p.95-103.
3. Ibid., p.98-9.
4. U. Beck e E. Beck-Gernsheim, *Distant Love*; M.C. Inhorn, *Local Babies, Global Science*; E. Waldman, "Cultural priorities revealed: the development and regulation of assisted reproduction in the United States and Israel".

3. Como a mudança climática poderia salvar o mundo (p.53-68)

1. Ver também U. Beck, "Emancipatory catastrophism: what does it mean to climate change and risk society?".
2. B. Latour, "Waiting for Gaia: composing the common world through arts and politics".
3. Ver C. Russill e Z. Nyssa. "The tipping point trend in climate change communication".
4. R. Grusin, *Premediation*; E. Swyngedouw, "Apocalypse forever? Post-political populism and the spectre of climate change".

5. U. Beck, Risk Society, p.80.
6. Ver www.eurotrib.com/story/2014/1/25/12338/0822.
7. P.J. Crutzen, "The 'Anthropocene'".
8. E. Bloch, The Principle of Hope.

4. Teorização da metamorfose (p.69-103)
1. B. Steiner, Nebenfolgen in der Geschichte, p.33-4.
2. Ver J.I. Guyer, "Prophecy and the near future: thoughts on macroeconomic, evangelical and punctuated time"; B. Szerszynski, "Reading and writing the weather: climate technics and the moment of responsibility".
3. S.N. Eisenstadt, The Origins and Diversity of Axial Age Civilisations, p.3.
4. U. Beck, What is Globalization? e The Cosmopolitan Vision; A. Wimmer e N. Glick Schiller, "Methodological nationalism and beyond: Nation-State building, migration and the Social Sciences" e "Methodological nationalism, the Social Sciences, and the study of migration: an essay in historical epistemology".
5. A.M. Vara, "A South American approach to metamorphosis as a horizon of equality: focusing on controversies over lithium", in Current Sociology, vol.63, n.1, p.100-4.
6. Ibid., p.102.
7. Idem.
8. J.J. Yates, "Mapping the good world: the new cosmopolitans and our changing world picture", in Hedgehog Review, vol.11, n.3, p.7-27.
9. U. Beck, The Reinvention of Politics, p.63.
10. Ibid., p.36.
11. J.J. Yates, op.cit., p.20.
12. Ibid., p.20-1.
13. Nota da citação original: ver especialmente U. Beck, World at Risk; também, de maneira mais aprofundada, P. Wehling, Im Schatten des Wissens? Perspektiven der Soziologie des Nichtwissens.
14. S. Selchow, "Security policy and (global) risk(s)", in The Handbook of Global Security Policy, p.78.
15. Z. Bauman, Modernity and the Holocaust.
16. D. Campbell e N. Davison, "Illegal kidney trade booms as new organ is 'Sold Every Hour'".
17. R.K. Merton, Social Theory and Social Structures.

18. A. Blok, "Towards cosmopolitan middle-range theorizing: a metamorphosis in the practice of social theory?", in *Current Sociology*, vol.63, n.1, p.112.

5. De classe a classe de risco (p.107-28)

1. Por exemplo, G. Walker e K. Burningham, "Flood risk, vulnerability and environmental justice: evidence and evaluation of inequality in a UK context", in *Critical Social Policy*, vol.31, n.2, p.217.
2. Nota da citação original: J. Fielding e K. Burningham, "Environmental inequality and flood hazard"; G. Walker et al., *Environmental Quality and Social Deprivation, Phase II* e *Addressing Environmental Inequalities*; A. Werrity et al., *Exploring the Social Impacts of Flood Risk and Flooding in Scotland*.
3. Nota da citação original: J. Fielding e K. Burningham, "Environmental inequality and flood hazard".
4. Nota da citação original: G. Walker et al., *Addressing Environmental Inequalities*.
5. G. Walker e K. Burningham, op.cit., p.219-20.
6. S.L. Cutter et al. "Social vulnerability to environmental hazards"; S.L. Cutter e C.T. Emrich, "Moral hazard, social catastrophe: the changing face of vulnerability along the hurricane coasts"; A. Oliver-Smith, "Anthropological research on hazards and disasters"; B. Phillips et al., *Social Vulnerability to Disasters*.
7. S.L. Cutter et al., "Social vulnerability to environmental hazards".
8. G. Walker e K. Burningham, op.cit., p.222-3.
9. U. Fichtner, "The grapes of wrath: France's great wines are feeling the heat".
10. Idem.
11. Idem.
12. Idem.

6. Para onde vai o poder? (p.129-51)

1. I. Lakatos, *The Methodology of Scientific Research Programmes*.
2. U. Beck, "The anthropological shock: Chernobyl and the contours of risk society".

3. O. Kuchinskaya, *The Politics of Invisibility*, p.159-60.
4. Ibid., p.160.
5. Ibid., p.91.
6. D. Fischer, *History of the International Atomic Energy Agency*, p.171.
7. O. Kuchinskaya, op.cit., p.39.
8. Ibid., p.40; cf. UNDP et al., *Report: An Information Needs Assessment of the Chernobyl-Affected Population in the Republic of Belaru*, p.33.
9. O. Kuchinskaya, op.cit., p.41-2.
10. Ibid., p.43.
11. Idem.
12. Ibid., p.160.
13. Ibid., p.71-2.
14. Ibid., p.124.
15. A. Petryna, *Life Exposed*, p.39.
16. O. Kuchinskaya, op.cit., p.119.

7. Catastrofismo emancipatório (p.152-65)

1. Q.T. Stewart e R. Ray, "Hurricane Katrina and the race flood", in *Race, Gender and Class*, vol.14, n.1-2, p.39.
2. G. Walker e K. Burningham, "Flood risk, vulnerability and environmental justice: evidence and evaluation of inequality in a UK context", in *Critical Social Policy*, vol.31, n.2, p.217.
    O trecho citado traz a seguinte nota de referência no original: ver, por exemplo, R.D. Bullard e B. Wright, *Race, Place, and Environmental Justice after Hurricane Katrina*; J. Dixon e M. Ramutsindela, "Urban resettlement and environmental justice in Cape Town"; J. Ueland e B. Warf, "Radicalized topographies".
3. F. Kurasawa, *The Work of Global Justice* e "In praise of ambiguity: on the visual economy of distant suffering".
4. L.M. Thorsen, "Art and climate change: cosmopolitization of aesthetics/aesthetics of cosmopolitization".
5. G. Walker, "Beyond distributional proximity: exploring the multiple spatialities of environmental justice", in *Antipode*, vol.41, n.4, p.614.
    O texto original citado traz referências às seguintes bibliografias: para dados da África do Sul, ver L. London, "Human rights, environ-

mental justice, and the health of farm workers in South Africa"; Taiwan, ver M. Fan, "Environmental justice and nuclear waste conflicts in Taiwan"; Austrália, ver M.J. Hillman, "Situated justice in environmental decision-making"; Reino Unido, ver J. Agyeman e B. Evans, "'Just sustainability'"; Nova Zelândia, ver J. Pearce et al., "Every breath you take?"; Suécia, ver B. Chaix et al., "Children's exposure to nitrogen dioxide in Sweden; Israel, ver I. Omer e U. Or, "Distributive environmental justice in the city".
6. Nota da citação original: D. Pellow et al., *Proceedings from the Transatlantic Initiative to Promote Environmental Justice Workshop*.
7. G. Walker, "Globalizing environmental justice: the geography and politics of frame contextualization and evolution", in *Global Social Policy*, vol.9, n.3, p.361-2.
8. T. Steger, *Making the Case for Environmental Justice in Central & Eastern Europe*.

8. Males públicos (p.166-83)

1. K. Jaspers, *The Origin and Goal of History*; N. Luhmann, *Social Systems*; J. Habermas, *The Theory of Communicative Action*.
2. B. Anderson, *Imagined Communities*.
3. Ver H.L. Moore e S. Selchow, "Global civil society and the internet 2012: time to update our perspective", in *Global Civil Society 2012*, p.28-40.
4. E. Pariser, *The Filter Bubble*.
5. H.L. Moore e S. Selchow, op.cit., p.36.
6. U. Beck e E. Beck-Gernsheim, *Distant Love*.

9. Risco digital (p.184-94)

1. Por exemplo, D. Slater, *New Media, Development and Globalization*.
2. Por exemplo, H.L. Moore e S. Selchow, "Global civil society and the internet 2012: time to update our perspective".

10. Jogo de metapoder da política (p.195-211)

1. U. Beck e D. Levy, "Cosmopolitanized nations: re-imagining collectivity in world risk society".
2. J. Zhang e M. Zhu, "A discussion of the climate change in recent years".
3. Idem.
4. Xinhua News Agency, Annual Conference of Chinese Meteorologists.
5. U. Beck, *World at Risk*, p.193.
6. S. Zheng, "Two different points of view in regard to global climate change".
7. Xinhua News Agency, "Does the slowing speed of Earth's rotation correlate with climate change?".
8. S. Zheng, op.cit.
9. X. Lin e J. Yang, "In dealing with climate change, China shows its attitudes".
10. Por exemplo, L. Xie, "Li Xue's discussion on the Academic Conference of Climate Change and the Environmental Problem"; Xinhua News Agency, "United Nations framework Convention on Climate Change has ended: the developed countries must take more responsibility"; J. Zou, "The average emissions of greenhouse gas in China are much lower than those in the developed countries".
11. C. Zhao et al., "Premier Wen Jiabao attended the 2009 United Nations Climate Change Conference".

11. Comunidades de risco cosmopolitas (p.212-36)

1. H. Bulkeley, *Cities and Climate Change*.
2. U. Beck, *Power in the Global Age*.
3. H. Bulkeley et al., "Governing climate change transnationally: assessing the evidence from a database of sixty initiatives".
4. E. Chiapello, "Capitalism and its criticisms".
5. D. Banister, "The sustainable mobility paradigm".
6. T. Lee e S. van de Meene, "Who teaches and who learns? Policy learning through the C40 cities climate network".
7. Ver S. Sassen, "Recovering the city level in the global environmental struggle".

8. J. Maantay e A. Maroko, "Mapping urban risk: flood hazards, race & environmental justice in New York".
9. J. Tollefson, "Hurricane sweeps US into climate-adaptation debate".
10. U. Beck, "Remapping social inequalities in an age of climate change: for a cosmopolitan renewal of Sociology" e "How climate change might save the world: metamorphosis".
11. U. Beck, "Remapping social inequalities in an age of climate change: for a cosmopolitan renewal of Sociology".
12. M. Hodson e S. Marvin, *World Cities and Climate Change*.
13. S. Joss et al., "Towards the 'Ubiquitous eco-city': an analysis of the internationalization of Eco-City policy and practice".
14. Por exemplo, Swyngedouw, 2010.
15. W. Harich, *Kommunismus ohne Wachstum? Babeuf und der "Club of Rome"*.
16. C. Hamilton, *Requiem for a Species*.
17. B. Barber, *If Mayors Ruled the World*, p.4.

12. Gerações de risco global (p.239-52)

1. T. Parsons, *The Social System*.
2. W. Pinder, *Das Problem der Generation in der Kunstgeschichte Europas*.
3. U. Beck e E. Beck-Gernsheim, "Global generations and the trap of methodological nationalism: for a cosmopolitan turn in the Sociology of youth and generation".

Referências bibliográficas

Adeola, Francis O. "Cross-national environmental injustice and human rights issues". *American Behavioral Scientist*, vol.43, n.4, 2000, p.686-706.

Agyeman, Julian e Bob Evans. "'Just sustainability': the emerging discourse of environmental justice in Britain?". *Geographical Journal*, vol.170, n.2, 2004, p.155-64.

Anderson, Benedict. *Imagined Communities: reflections on the origin and spread of nationalism*, 2ª ed. Londres, Verso, 2006. (Ed. bras.: *Comunidades imaginadas*, São Paulo, Companhia das Letras, 2008.)

Banister, David. "The sustainable mobility paradigm". *Transport Policy*, vol.15, n.2, 2008, p.73-80.

Barber, Benjamin. *If Mayors Ruled the World*. New Haven, CT, Yale University Press, 2013.

Bauman, Zygmunt. *Modernity and the Holocaust*. Cambridge, Polity, 1989. (Ed. bras.: *Modernidade e Holocausto*. Rio de Janeiro, Zahar, 1998.)

Beck, Ulrich. "The anthropological shock: Chernobyl and the contours of risk society". *Berkeley Journal of Sociology: A Critical Review*, n.32, 1987, p.153-65 .

_____. *Risk Society: towards a new modernity*. Londres, Sage, 1992 [1986]. (Ed. bras.: *Sociedade de risco*. São Paulo, Editora 34, 2010.)

_____. *The Reinvention of Politics: rethinking Modernity in the global social order*. Cambridge, Polity, 1997.

_____. "Misunderstanding reflexivity: the controversy on reflexive modernization". In ____ (org.). *Democracy without Enemies*. Cambridge, Polity, 1998, p.84-102 .

_____. *World Risk Society*. Cambridge, Polity, 1999.

_____. *What is Globalization?*. Cambridge, Polity, 2000 [1997]. (Ed. bras.: *O que é globalização?*. São Paulo, Paz e Terra, 1999).

_____. *Power in the Global Age: a new global political economy*. Cambridge, Polity, 2005.

_____. *The Cosmopolitan Vision*. Cambridge, Polity, 2006.

_____. *World at Risk*. Cambridge, Polity, 2009.

_____. "Remapping social inequalities in an age of climate change: for a cosmopolitan renewal of Sociology". *Global Networks*, vol.10, n.2, 2010, p.165-81.

_____. "Cosmopolitanism as imagined communities of global risk". In Edward A. Tiryakian (org.). "Imagined communities in the 21st Century". *American Behavioral Scientist*, vol.55, n.10, 2011, p.1346-61, número especial.

_____. *German Europe*. Cambridge, Polity, 2013a. (Ed. bras.: *A Europa alemã*. São Paulo, Paz e Terra, 2015.)

_____. "Why 'class' is too soft a category to capture the explosiveness of social inequality at the beginning of the Twenty-First Century". *British Journal of Sociology*, vol.64, n.1, 2013b, p.63-74.

_____. "How climate change might save the world: metamorphosis". *Harvard Design Magazine*, n.39, 2014, p.88-98.

_____. "Emancipatory catastrophism: what does it mean to climate change and risk society?". *Current Sociology*, vol.63, n.1, 2015, p.75-88.

Beck, Ulrich e Elisabeth Beck-Gernsheim. "Global generations and the trap of methodological nationalism: for a cosmopolitan turn in the Sociology of youth and generation". *European Sociological Review*, vol.25, n.1, 2009, p.25-36.

_____. *Distant Love: personal life in the global age*. Cambridge, Polity, 2014.

Beck, Ulrich e Daniel Levy. "Cosmopolitanized nations: re-imagining collectivity in world risk society". *Theory, Culture & Society*, vol.30, n.2, 2013, p.3-31.

Beck, Ulrich e Peter Wehling. "The politics of non-knowing: an emerging area of social and political conflict in reflexive Modernity". In Fernando Domínguez Rubio e Patrick Baert (orgs.). *The Politics of Knowledge*. Londres, Routledge, 2012, p.33-57.

Beck-Gernsheim, Elisabeth. "Die schöne neue Welt der Fortpflanzung". In Martina Löw (org.). *Vielfalt und Zusammenhalt: Verhandlungen des 36 Kongresses der Deutschen Gesellschaft für Soziologie*. Frankfurt, Campus, 2014, p.161-72.

_____. "Danish sperm and Indian wombs". In Jean-Daniel Rainhorn e Samira El Boudamoussi (orgs.). *New Cannibal Markets: globalization and commodification of the human body*. Paris, Éditions de la Maison des Sciences de l'Homme, 2015, p.95-103.

Blank, Yishai. "The city and the world". *Columbia Journal of Transnational Law*, vol.44, n.3, 2006, p.868-931.

Bloch, Ernst. *The Principle of Hope*. Cambridge, MA, MIT Press, 1995 [1954] (Ed. bras.: *O princípio esperança*. Rio de Janeiro, Contraponto/Uerj, 2005.)

Blok, Anders. "Greening cosmopolitan urbanism? On the transnational mobility of low-carbon formats in Northern European and East Asian cities". *Environment and Planning A*, vol.44, n.10, 2012, p.2327-43.

_____. "Worlding cities through their climate projects? Eco-housing assemblages, cosmopolitics and comparisons". *CITY*, vol.18, n.3, 2013, p.269-86.

_____. "Towards cosmopolitan middle-range theorizing: a metamorphosis in the practice of social theory?". *Current Sociology*, vol.63, n.1, 2015, p.110-4.

Blok, Anders e Robin Tschötschel. "World port cities as cosmopolitan risk community: mapping climate policy experiments in Europe and East Asia". Sob revisão para *Environment and Planning C*, 2015.

Bourdieu, Pierre. *Outline of a Theory of Practice*. Cambridge, Cambridge University Press, 1977.

_____. *Distinction: a social critique of the judgement of taste*. Cambridge, MA, Harvard University Press, 1984.

_____. *The logic of Practice*. Stanford, CA, Stanford University Press, 1990.

Brenner, Neil (org.). *Implosions/Explosions: towards a Study of Planetary Urbanization*. Berlim, Jovis, 2014.

Broto, Vanesa C. e Harriet Bulkeley. "A survey of urban climate change experiments in 100 cities". *Global Environmental Change*, vol.23, n.1, 2013, p.92-102.

Bulkeley, Harriet. *Cities and Climate Change*. Londres, Routledge, 2013.

Bulkeley, Harriet et al. "Governing climate change transnationally: assessing the evidence from a database of sixty initiatives". *Environment and Planning C*, vol.30, n.4, 2012, p.591-612.

Bullard, Robert Doyle e Beverly Wright. *Race, Place, and Environmental Justice after Hurricane Katrina: struggles to reclaim, rebuild, and revitalize New Orleans and the Gulf Coast*. Boulder, CO, Westview Press, 2009.

Campbell, Denis e Nicola Davison. "Illegal kidney trade booms as new organ is 'Sold Every Hour'". *The Guardian*, 27 mai 2012; disponível em: www.theguardian.com/world/2012/may/27/kidney-trade-illegal-operations-who.

Castells, Manuel. *The Rise of the Network Society*. Oxford, Blackwell, 1996.

Chaix, Basile et al. "Children's exposure to nitrogen dioxide in Sweden: investigating environmental justice in an egalitarian country". *Journal of Epidemiology and Community Health*, vol.60, n.3, 2006, p.234-41.

Chiapello, Eve. "Capitalism and its criticisms". In Paul du Gay e Glenn Morgan (orgs.). *New Spirits of Capitalism? Crises, justifications and dynamics*. Oxford, Oxford University Press, 2013, p.60-81.

Crutzen, Paul J. "The 'Anthropocene'". In Eckart Ehlers e Thomas Krafft (orgs.). *Earth System Science in the Anthropocene*. Nova York, Springer, 2006, p.13-8.

Cutter, Susan L. e Christopher T. Emrich. "Moral hazard, social catastrophe: the changing face of vulnerability along the hurricane coasts". *Annals of the American Academy of Political and Social Science*, vol.604, n.1, 2006, p.102-12.
Cutter, Susan L., Bryan J. Boruff e W. Lynn Shirley. "Social vulnerability to environmental hazards". *Social Science Quarterly*, vol.84, n.1, 2003, p.242-61.
Dewey, John. *The Public and its Problems*. Chicago, Swallow Press, 1954 [1927].
Dixon, Jacqueline e Maano Ramutsindela. "Urban resettlement and environmental justice in Cape Town". *Cities*, vol.23, n.2, 2006, p.129-39.
Eisenstadt, Shmuel N. "Introduction: the axial age breakthroughs: their characteristics and origins". In Shmuel N. Eisenstadt (org.). *The Origins and Diversity of Axial Age Civilisations*. Albany, State University of New York Press, 1986, p.1-25.
Fan, Mei-Fang. "Environmental justice and nuclear waste conflicts in Taiwan". *Environmental Politics*, vol.15, n.3, 2006, p.417-34.
Fichtner, Ullrich. "The grapes of wrath: France's great wines are feeling the heat". *Spiegel Online International*, 30 out 2014; disponível em: www.spiegel.de/international/zeitgeist/climate-change-threatens-french-viticulture-a-1000113.html.
Fielding, Jane e Kate Burningham. "Environmental inequality and flood hazard". *Local Environment*, vol.10, n.4, 2005, p.1-17.
Fischer, David. *History of the International Atomic Energy Agency: the first forty years*. Viena, Iaea, 1997.
Foucault, Michel. *Power/Knowledge: selected interviews and other writings, 1972-1977*. Brighton, Harvester Press, 1980.
Grusin, Richard. *Premediation: affect and mediality after 9/11*. Basingstoke, Palgrave Macmillan, 2010.
Guyer, Jane I. "Prophecy and the near future: thoughts on macroeconomic, evangelical and punctuated time". *American Ethnologist*, vol.34, n.3, 2007, p.409-21.
Habermas, Jürgen. *The Theory of Communicative Action*. Cambridge, Polity, 1987. (Ed. bras.: *Teoria do agir comunicativo*. São Paulo, WMF Martins Fontes, 2012.)
_____. "Kant's idea of perpetual peace, with the benefit of two hundred years' hindsight". In James Bohman e Matthias Lutz-Bachmann (orgs.). *Perpetual Peace: essays on Kant's cosmopolitan ideal*. Cambridge, MA, MIT Press, 1997, p.113-53.
Hamilton, Clive. *Requiem for a Species*. Londres, Earthscan, 2010.

Harich, Wolfgang. *Kommunismus ohne Wachstum? Babeuf und der 'Club of Rome'* [Communism without growth: Babeuf and the Club of Rome]. Reinbek bei Hamburg, Rowohlt, 1975.

Hillman, Michael J. "Situated justice in environmental decisionmaking: lessons from river management in Southeastern Australia". *Geoforum*, vol.37, n.5, 2006, p.695-707.

Hobbs, Dick. *Lush Life: constructing organized crime in the UK.* Oxford, Oxford University Press, 2013.

Hodson, Mike e Simon Marvin. *World Cities and Climate Change: producing urban ecological security.* Maidenhead, Open University Press, 2010.

Hondagneu-Sotelo, Pierrette e Ernestine Avila. "'I am here, but I am there': the meanings of Latina Transnational Motherhood". *Gender & Society*, vol.11, n.5, 1997, p.548-71.

Inhorn, Marcia C. *Local Babies, Global Science: gender, religion and in vitro fertilization in Egypt.* Londres, Routledge, 2003.

Jaspers, Karl. *The Origin and Goal of History.* New Haven, CT, Yale University Press, 1953.

Joas, Hans. *The Creativity of Action.* Chicago, University of Chicago Press, 1996.

Joss, Simon et al. "Towards the 'Ubiquitous eco-city': an analysis of the internationalization of Eco-City policy and practice". *Urban Research & Practice*, vol.6, n.1, 2013, p.54-74.

Kafka, Franz. *The Metamorphosis.* Nova York, W.W. Norton, 2014 [1915].

Kant, Immanuel. *Perpetual Peace: a philosophical essay.* Nova York, Garland, 1972 [1795].

Köhler, Benedikt. *Soziologie des Neuen Kosmopolitismus.* Wiesbaden, VS Verlag für Sozialwissenschaften, 2006.

Krüger, Michael. "Menschenrechte und Marillenknödel". *Süddeutsche Zeitung*, 18 jun 2009, p.13.

Kuchinskaya, Olga. *The Politics of Invisibility: public knowledge about radiation health effects after Chernobyl.* Cambridge, MA, MIT Press, 2014.

Kuhn, Thomas S. *The Structure of Scientific Revolutions.* Chicago, University of Chicago Press, 1962.

Kurasawa, Fuyuki. *The Work of Global Justice: human rights as practices.* Cambridge, Cambridge University Press, 2007.

_____. "In praise of ambiguity: on the visual economy of distant suffering". In Ratiba Hadj-Moussa e Michael Nijhawan (orgs.). *Suffering, Art, and Aesthetics.* Basingstoke, Palgrave Macmillan, 2014, p.23-50.

Lakatos, Imre. In John Worrall e Gregory Currie (orgs.). *The Methodology of Scientific Research Programmes.* Cambridge, Cambridge University Press, 1978.

Latour, Bruno. "Waiting for Gaia: composing the common world through arts and politics". Conferência pronunciada no French Institute em Londres, nov 2011; disponível em: <bruno-latour.fr/sites/default/files/124-GAIA-LONDON-SPEAP_0.pdf>.

Lee, Taedong e Susan van de Meene. "Who teaches and who learns? Policy learning through the C40 cities climate network". *Policy Sciences*, vol.45, n.3, 2012, p.199-220.

Lin, Xiaochun e Jun Yang. "In dealing with climate change, China shows its attitudes". *People's Daily*, 18 dez 2009, p.2.

London, Leslie. "Human rights, environmental justice, and the health of farm workers in South Africa". *International Journal of Occupational and Environmental Health*, vol.9, n.1, 2003, p.59-68.

Luhmann, Niklas. *Social Systems*. Stanford, CA, Stanford University Press, 1995.

_____. *Theory of Society*, vol.1. Stanford, CA, Stanford University Press, 2012.

Maantay, Juliana e Andrew Maroko. "Mapping urban risk: flood hazards, race & environmental justice in New York". *Applied Geography*, vol.29, n.1, 2009, p.111-24.

Mannheim, Karl. "The problem of generations". In Paul Kecskemeti, *Essays on the Sociology of Knowledge*. Londres, Routledge & Kegan Paul, 1952 [1928], p.276-322.

Mao, Zhifei. "Cosmopolitanism and the media construction of risk". Documento de trabalho inédito, Hong Kong, 2014a.

_____. "Cosmopolitanism and global risk: news framing of the Asian financial crisis and the European debt crisis". *International Journal of Communication*, n.8, 2014b, p.1029-48.

Merton, Robert K. *Social Theory and Social Structures*. Nova York, Free Press, 1968.

Mills, C. Wright. *The Sociological Imagination*. Nova York, Oxford University Press, 1959.

Moore, Henrietta L. e Sabine Selchow. "Global civil society and the internet 2012: time to update our perspective". In Mary Kaldor et al. (orgs.). *Global Civil Society 2012: ten years of critical reflection*. Basingstoke, Palgrave Macmillan, 2012, p.28-40.

Mythen, Gabe. "From 'goods' to 'bads'? Revisiting the political economy of risk". *Sociological Research Online*, vol.10, n.3, 2005; disponível em: www.socresonline.org.uk/10/3/mythen.html.

_____. *Understanding the Risk Society: crime, security and justice*. Basingstoke, Palgrave Macmillan, 2014.

Newell, Peter. "Race, class and the global politics of environmental inequality". *Global Environmental Politics*, vol.5, n.3, 2005, p.70-94.

Nietzsche, Friedrich W. *The Antichrist*. Nova York, Knopf, 1920.

Oliver-Smith, Anthony. "Anthropological research on hazards and disasters". *Annual Review of Anthropology*, n.25, 1996, p.303-28.

Omer, Itzhak e Udi Or. "Distributive environmental justice in the city: differential access in two mixed Israeli cities". *Tijdschrift voor Economische en Sociale Geografie*, vol.96, n.4, 2005, p.433-43.

Pariser, Eli. *The Filter Bubble: how the new personalized web is changing what we read and how we think*. Nova York, Penguin Press, 2011.

Parsons, Talcott. *The Social System*. Glencoe, IL, Free Press, 1951.

Pascal, Blaise. *Pascal's Pensées*. Nova York, E.P. Dutton, 1958 [1670]; disponível em: <gutenberg.org/ebooks/18269?msg=welcome_stranger#SECTION_III>.

Pearce, Jamie et al. "Every breath you take? Environmental justice and air pollution in Christchurch, New Zealand". *Environment and Planning A*, vol.38, n.5, 2006, p.919-38.

Pellow, David et al. *Proceedings from the Transatlantic Initiative to Promote Environmental Justice Workshop*. Central European University, Budapeste, 27-30 out 2005; disponível em: <archive.ceu.hu/publications/pellow/20015/42818>.

Petryna, Adriana. *Life Exposed: biological citizens after Chernobyl*. Princeton, NJ, Princeton University Press, 2003.

Phillips, Brenda et al. (orgs.). *Social Vulnerability to Disasters*. Boca Raton, FL, CRC Press, 2010.

Piketty, Thomas. *Capital in the Twenty-First Century*. Cambridge, MA, Belknap Press of Harvard University Press, 2014.

Pinder, Wilhelm. *Das Problem der Generation in der Kunstgeschichte Europas*. Berlim, Frankfurter Verlags-Anstalt, 1926.

Russill, Chris e Zoe Nyssa. "The tipping point trend in climate change communication". *Global Environmental Change*, vol.19, n.3, 2009, p.336-44.

Sassen, Saskia. "Cities are at the center of our environmental future". *Sapiens*, vol.2, n.3, 2009, p.1-8; disponível em: <sapiens.revues.org/948>.

_____. "Recovering the city level in the global environmental struggle". In Stewart Lockie et al. (orgs.). *Routledge International Handbook of Social and Environmental Change*. Londres, Routledge, 2014, p.170-8.

Selchow, Sabine. "Security policy and (global) risk(s)". In Mary Kaldor e Iavor Rangelov (orgs.). *The Handbook of Global Security Policy*. Chichester, Wiley-Blackwell, 2014, p.68-84.

Sheller, Mimi e John Urry. "The city and the car". *International Journal of Urban and Regional Research*, vol.24, n.4, 2000, p.737-57.

Slater, Don. *New Media, Development and Globalization: making connections in the global South*. Cambridge, Polity, 2013.

Steger, Tamara (org.). *Making the Case for Environmental Justice in Central & Eastern Europe*. Budapeste, CEU Center for Environmental Policy

and Law (Cepl), Health and EnvironmentAlliance (Heal) e Coalition for Environmental Justice, 2007; disponível em: <env-health.org/IMG/pdf/28-_Making_the_case_for_environmental_justice_in_Europe.pdf>.
Steiner, Benjamin. *Nebenfolgen in der Geschichte: Eine historische Soziologie reflexiver Modernisierung.* Berlim, De Gruyter, 2015.
Stewart, Quincy Thomas e Rashawn Ray. "Hurricane Katrina and the race flood". *Race, Gender and Class,* vol.14, n.1-2, 2007, p.38-59.
Swyngedouw, Erik. "Apocalypse forever? Post-political populism and the spectre of climate change". *Theory, Culture & Society,* vol.27, n.2-3, 2010, p.213-32.
Szerszynski, Bronislaw. "Reading and writing the weather: climate technics and the moment of responsibility". *Theory, Culture & Society,* vol.27, n.2-3, 2010, p.9-30.
Thorsen, Line Marie. "Art and climate change: cosmopolitization of aesthetics/aesthetics of cosmopolitization". Manuscrito inédito, Copenhague, 2014.
Tollefson, Jeff. "Hurricane sweeps US into climate-adaptation debate". *Nature,* n.491, 2012, p.167-8.
Ueland, Jeff e Barney Warf. "Radicalized topographies: altitude and race in Southern cities". *Geographical Review,* vol.96, n.1, 2006, p.50-78.
UNDP (United Nations Development Programme) e Committee on the Problems of the Consequences of the Catastrophe at the Chernobyl NPP. *Report: an information needs assessment of the Chernobyl-affected population in the Republic of Belarus.* Minsk, Unipack, 2004; disponível em: <un.by/pdf/CHE_OON_ENG.pdf>.
Vara, Ana María. "A South American approach to metamorphosis as a horizon of equality: focusing on controversies over lithium". *Current Sociology,* vol.63, n.1, 2015, p.100-4.
Volkmer, Ingrid. *The Global Public Sphere: public communication in the age of reflective independence.* Cambridge, Polity, 2014.
Waldman, Ellen. "Cultural priorities revealed: the development and regulation of assisted reproduction in the United States and Israel". *Health Matrix: Journal of Law-Medicine,* n.16, 2006, p.65-106.
Walker, Gordon. "Beyond distributional proximity: exploring the multiple spatialities of environmental justice". *Antipode,* vol.41, n.4, 2009a, p.614-63.
_____. "Globalizing environmental justice: the geography and politics of frame contextualization and evolution". *Global Social Policy,* vol.9, n.3, 2009b, p.355-82.
Walker, Gordon e Kate Burningham. "Flood risk, vulnerability and environmental justice: evidence and evaluation of inequality in a UK context". *Critical Social Policy,* vol.31, n.2, 2011, p.216-40.

Walker, Gordon, Kate Burningham et al. *Addressing Environmental Inequalities: flood risk*. Bristol, Environment Agency, 2006.

Walker, Gordon, John Fairburn et al. *Environmental Quality and Social Deprivation, Phase II: national analysis of flood hazard, IPC industries and air quality*. Bristol, Environment Agency, 2003.

Weber, Max. *Gesammelte Aufsätze zur Wissenschaftslehre*. Tübingen, Mohr, 1922.

Wehling, Peter. *Im Schatten des Wissens? Perspektiven der Soziologie des Nichtwissens*. Konstanz, UVK, 2006.

Werrity, Alan et al. *Exploring the Social Impacts of Flood Risk and Flooding in Scotland*. Edimburgo, Scottish Executive Social Research, 2007.

Wilby, R.L. "A review of climate change impacts on the built environment". *Built Environment*, vol.33, n.1, 2007, p.31-45.

Wimmer, Andreas e Nina Glick Schiller. "Methodological nationalism and beyond: Nation-State building, migration and the Social Sciences". *Global Networks*, vol.2, n.4, 2002, p.301-34.

_____. "Methodological nationalism, the Social Sciences, and the study of migration: an essay in historical epistemology. *International Migration Review*, vol.37, n.3, 2003, p.576-610.

Xie, Lianhui. "Li Xue's discussion on the Academic Conference of Climate Change and the Environmental Problem". *People's Daily*, 16 jan 1991, p.3.

Xinhua News Agency. Annual Conference of Chinese Meteorologists, *People's Daily*, 13 ago 1962, p.2.

_____. "Does the slowing speed of Earth's rotation correlate with climate change?". *People's Daily* , 22 mar 1980, p.6 .

_____. "United Nations framework Convention on Climate Change has ended: the developed countries must take more responsibility". *People's Daily*, 20 fev 1994, p.7.

Yates, Joshua J. "Mapping the good world: the new cosmopolitans and our changing world picture". *Hedgehog Review*, vol.11, n.3, 2009, p.7-27.

Zhang, Jiacheng e Mingdao Zhu. "A discussion of the climate change in recent years". *People's Daily*, 21 jul 1973, p.3.

Zhao, Cheng, et al. "Premier Wen Jiabao attended the 2009 United Nations Climate Change Conference". *People's Daily*, 25 dez 2009, p.1.

Zheng, Sizhong."Two different points of view in regard to global climate change". *People's Daily*, 21 ago 1979, p.6.

Zou, Ji. "The average emissions of greenhouse gas in China are much lower than those in the developed countries". *People's Daily*, 29 mar 2007, p.16.

Índice remissivo

ação criativa, 28
ações, 26-7
Agência Ambiental (Reino Unido), 116
Agência Internacional de Energia Atômica (Iaea, na sigla em inglês), 137, 145
Albrow, Martin, 97
al-Qaeda, 90
Anderson, Benedict, 168
antecipação de catástrofe, 227-8
antimodernidade, 91
Appadurai, Arjun, 97
apropriação ambiental ou de risco, 141
argumento dos efeitos colaterais: consciência revolucionária e, 78-9
horizontes normativos da justiça climática, 156-61
metamorfose da europeização e, 198
metamorfose e, 46
momento cosmopolita e, 162
reprodução, 40-4
sociedade de risco mundial, 70-1
arte, 245-6
Artisten der Grenze ("artistas de fronteiras"), 27
ausência de linguagem, 46
Avila, Ernestine, 39

Banco Central Europeu, 200-1
Banister, David, 225
Bauman, Zygmunt, 96, 97
Beck, Ulrich, 53, 77, 93, 132, 182, 205, 206, 208, 220, 228, 229, 230, 247

Beck-Gernsheim, Elisabeth, 40, 43, 44, 182, 247
Benjamin, Walter, 56
Blix, Hans, 137
Blok, Anders, 101-2
Bourdieu, Pierre, 71, 96, 110
Brecht, Bertolt, 48
Bulkeley, Harriet, 213, 222
Bullard, Robert Doyle, 157
Burningham, Kate, 114, 116, 157

C40, Grupo C40 de Grandes Cidades para a Liderança Climática, 222, 226, 229
Cameron, David, 203
capitalismo, 44-5
capitalismo suicida, 154
Carlos Magno, 20
catarse social, 155
catástrofe(s), 135-6, 149, 168, 175, 186-7, 219-20, 227-8
catastrofismo, 30-3, 56, 94-5
catastrofismo emancipatório, 53, 94-5, 172
e choques antropológicos, 161-2
e justiça global, 156-61, 163
e mudança climática, 152-3
e revelações sobre vigilância de massa, 191-2
e risco climático global, 153-6, 163-5
certezas eternas, 20
Chernobyl, 132, 134, 136, 137, 140, 144, 150, 185
Chiapello, Eve, 223
China, 18, 214
metamorfose da política na, 206-11

269

risco de mudança climática
 antes/durante Revolução
 Cultural, 206-9
risco de mudança climática
 após Revolução Cultural,
 209-11
choque antropológico da catástrofe:
 e criação de momento cosmopolita, 162
 e justiça social, 156-61
 e memória coletiva de decisões/
 erros, 161
 ocorrência de, 161
CIA (Central Intelligence Agency), 185
cidades, 212-3
 alianças urbanas, 226, 229-31
 metamorfose do trânsito, 224-7
 novas normas de vida urbana, 226
 "realpolitik" urbano-cosmopolita, 231-4
Cidades e Governos Locais Unidos
 (CGLU), 222
cidades mundiais, 65-6
 choques de riscos globais e, 232-3
 como campo de experimentação de cosmopolitismo, 217-8
 como desconectadas do
 Estado-nação, 221-2
 comunidades cosmopolitas,
 218-21
 governança local-global, 216
 lógica cosmopolita de cooperação, 215
 metamorfose de questões
 mundiais, 214-6
 nacionalismo/cosmopolitismo
 metodológico e, 215-6
 nexos de reforma do capitalismo
 nas, 223
 ressurgimento da democracia
 e, 234-6
 risco de mudança climática, 215
 risco in(visível), 217
 soberania/poder formativo
 das, 221-3

Sul global vs. Norte global,
 229-31
Cidades pela Proteção do Clima
 (CCP, na sigla em inglês), 222
Cidades Unidas, 65, 222, 224, 227,
 233, 234
classe, 108, 171
 desigualdade social e, 110-2
 distribuição de risco, 119-24
 inundação litorânea/fluvial
 e, 116-8
 metamorfose de classe social,
 112-5
 mudança climática e, 121-4
 mudança de perspectiva, 110
 questões de poder, 112-3
 vulnerabilidade da classe econômica, 117, 139
 ver também classe de risco
classe antropocena, 112, 117, 119, 140,
 157
classe de risco, 94, 108-9, 114-5; ver
 também classe
CLASSE de risco/classe de RISCO, 113,
 126, 128, 139, 147
Coalizão para a Justiça Ambiental,
 159-60
Coca-Cola, 61
Colombo, Cristóvão, 80
Comissão Europeia, 202-4
companhias transnacionais, 61
comunicação:
 dados cosmopolitas, 181-3
 digital, 175-81
 global, 168-9
 meios de comunicação de
 massa, 168, 175, 177-9
 metamorfose da, 171-2, 175-6
 opinião pública global e, 175
 novas paisagens da, 167-9, 175-6
 novos meios de comunicação,
 27, 168-9
 progresso/efeitos colaterais da
 publicidade, 171-6
 relação com "mundo", 166
comunidade, 213

Índice remissivo 271

comunidades cosmopolitas de risco, 216-7, 232
comunidades cosmopolitas, 218-21
risco global, 217-8
soberania/poder formativo de cidades mundiais, 221-3
comunidades de risco, 213
comunidades de risco cosmopolitas imaginadas, 213
comunidades transnacionais, 182
Conferência COP-15 (Copenhague 2009), 55
conflito, 48-50
metamorfose do, 228-31
Conselho Europeu, 202, 203
constelações geracionais, 247-9
cosmopolita(s):
  comunidades de risco global, 223-4
  dados, 181-3
  egoísmo, 64
  espaço, 26-7
  realpolitik, 220
  sociologia, 72-3
cosmopolitismo metodológico, 19, 36, 57, 215-6
cosmopolização, 94
  comunicação e, 181-3
  de corpos, 99-101
  hegemônica, 90-1
  horizontes normativos da igualdade/justiça, 81-2
  pré-natal, 44-6
  transformação da relação de poder colonial e, 83
Covenant of Mayors, 222
crise do euro, 200
cristãos, cristianismo, 20-1, 80
crowdsourcing (produção colaborativa) de dados, 191-2
Crutzen, Paul J., 62
Cutter, Susan L., 117

democracia:
  metamorfose da, 191

mudança climática e, 234-6
  reinvenção da, 234-6
democratização de risco, 146
desconhecimento reflexivo, 138-9
desigualdade social:
  distribuição de bens/males, 107, 108
  distribuição de bens sem males e, 109-15
  dualidade nacional-internacional, 107-8
  imagem de mundo, 111-2
  injustiça e, 113-4
  metamorfose da, 109, 110
  mudança climática e, 114-5
  quadro de referência cosmopolita, 112
Deus, 66-7
Dewey, John, 70, 170
direitos humanos, 82, 90, 156, 174, 187
distribuição de bens, 94, 107, 171
  desigual, 112
  lugares privilegiados/lugares de risco, 124-7
  males e, 113, 127
  risco climático e vinicultura, 119-24
  sem males, 109-15
  sociedade de classes nacional baseada em, 109-10
distribuição de males, 94, 107, 109, 113, 127, 251
  sociedade de risco mundial baseada na, 109-10
Dixon, Jacqueline, 157
doutrinas ver Glaubenssätze
Durkheim, Émile, 90

ecocidade, 230, 231-2
Eisenstadt, Shmuel N., 71, 74
emancipação das mulheres, 172, 174
Emrich, Christopher T., 117
Era Axial, 73-5
espaços de ação ver Handlungsräume
espaços de espaços, 27-8

espaços em risco, 115-9
Estado Islâmico (EI), 90
Estado-nação, 46, 47, 57-8, 65, 77, 80-1,
   110-1, 201-2, 204, 216, 221-2, 233,
   235-6
Estados árabes, 214
eurocentrismo, 84

famílias mundiais, 182
feminismo, 173
Fichte, Johann Gottlieb, 244
Fichtner, Ulrich, 120-1, 123, 124
Fielding, Jane, 116
Foucault, Michel, 71, 96
fronteiras, 19, 20, 26-7, 109, 111
Fukushima, 133, 142
funcionalidade da disfuncionalidade,
   134
funcionalidade do fracasso, 134
Fundo Monetário Internacional
   (FMI), 91

Galileu Galilei, 18
geração:
   conceito, 240
   debilitação/fortalecimento,
      240-5
geração de metamorfose, 239-40, 245
geração de risco global, 240
   compreensão de, 246
   constelações geracionais, 247-50
   debilitação de gerações mais
      velhas, 240-5
   direitos humanos/direitos na-
      cionais de cidadãos, 248-9
   disparidade educação/desem-
      prego, 249-50
   fortalecimento de gerações
      mais jovens, 240-5
   horizontes normativos de, 246-7
   Primeiro Mundo/percepções
      de regiões pobres, 250-1
   sensibilidades/problemas com-
      partilhados, 246
   unida em declínio, 250

Giddens, Anthony, 97
Glaubenssätze (doutrinas), 21, 25
Glick Schiller, Nina, 77
globalização, 21-4, 32
   horizontal/vertical, 159-60
Google, 192
Grusin, Richard, 56
Guerra Fria, 77
Gulag, 77
Guyer, Jane I., 72

Habermas, Jürgen, 166, 244
Hamilton, Clive, 235
Handlungsräume (espaços de ação),
   21-4, 90
Harich, Wolfgang, 234
Hegel, Friedrich, 15, 168
Hiroshima, 59
história social:
   metamorfose através de efeitos
      colaterais, 69-70
   retorno da, 70-3
Hobbes, Thomas, 205
Hodson, Mike, 229
Holocausto, 59, 77
Hondagneu-Sotelo, Pierrette, 39
horizonte normativo, 156-61, 172, 191,
   232, 246-7
humanidade, 17, 18, 20, 32, 38, 85
   consciência da, 64
   nova imagem da, 50-2
Huntington, Samuel P., 186

igualdade, 21, 56, 76, 81-2
   e desigualdade global, 45, 81-2
   metamorfose da desigualdade,
      251-2
Iluminismo, 76
imagem de mundo, 18-20, 21
   centrada na nação, 18
   centrada na raça, 21
   como historicamente falsa, 19
   como ideológica/religiosa, 20-1
   definhou, 21
   doutrinas/espaços de ação, 21-5

emergência de nova, 46
igualdade, 21
patriarcal, 21
significado da, 18
imaginário apocalíptico, 56
império do controle, 188-9
indústria nuclear, 137, 142-5, 149-50, 185
Inhorn, Marcia C., 44
intelligentsia digital, 192-3
intelligentsia profissional, 223
internet, 18, 182, 243
inundação de raça, 156-7
invisibilidade natural, 131, 132-3
IPCC (Painel Intergovernamental sobre Mudanças Climáticas), 148-9, 164

Jaspers, Karl, 73, 166
Joas, Hans, 28
jogo de metapoder da política:
    definição, 195-7
    uso da analogia do jogo, 196
Juncker, Jean-Claude, 202, 203
justiça climática:
    e colonialismo, 163
    e futuras gerações, 163
    globalização da, 156-61
    perspectiva empírico/normativa, 162-3

Kafka, Franz, 242
Katrina, furacão (2005), 114, 156-61
Klee, Paul, *Angelus Novus*, 56
Köhler, Benedikt, 81
Krüger, Michael, 30-1
Kuchinskaya, Olga, 134, 136-7, 138-9, 140, 143, 144, 145
Kuhn, Thomas, 36
Kurasawa, Fuyuki, 158

Lakatos, Imre, 130
Latour, Bruno, 54, 97, 123
Levy, Daniel, 205
liberdade digital, risco à (programa de vigilância Prism), 184-5
    avaliação da violação de, 186-7

consciência/visibilidade da, 185
    questões de direitos humanos e vigilância em massa, 187
    risco global e, 185-7
Lin, Xiaochun, 210
linguagem, 79
lugares de risco, 124-7
lugares privilegiados, 124-7
Luhmann, Niklas, 71, 96, 166, 244
Luo Xu, 210
Lutero, Martinho, 47

Maantay, Juliana, 228
males públicos, 169-70
    distintos de risco global, 169-70
    noção de, 170-1
    publicidade do progresso/do risco, 171-6
Mannheim, Karl, 240, 245
Mao, Zhifei, 206
Mao Tsé-Tung, 207-8, 210
Maroko, Andrew, 228
Marvin, Simon, 229
Marx, Karl, 108, 110
maternidade, 39, 45
meios de comunicação de massa, 167-9, 171, 175, 177-9
Merkel, Angela, 203
Merton, Robert K., 101
metafísica da reprodução, 71-2
metamorfose:
    argumento dos efeitos colaterais, 40-4, 46, 70-1, 162
    cidades mundiais e, 214-36
    classe social e, 112-5
    como nova maneira de gerar normas críticas, 58
    comunicação e, 166-9, 175-6
    conceito migratório, 16
    conceito sociológico de, 73-83
    consequências destrutivas da produção industrial e, 87-8
    crença no progresso e, 87, 88
    da democracia, 191-2
    da desigualdade, 251-2

da maternidade natural, 45
da natureza, 141
da socialização, 240-5
das relações de poder internacionais, 164
de oposição, 204
do conflito, 228-31
do pós-colonialismo, 81-3
do trânsito, 224-7
externaliza/negligencia os males, 111
fronteiras nacionais e, 111-2
história da, 20-1
ideia de desconhecimento e, 138-42
incompleta, 174
influência de riscos globais sobre a percepção da metamorfose e, 88
jogo de metapoder da política e, 195-211
metafísica, 86
migração e, 173-4
noção de, 15-6, 19, 30-3
normas/imperativos do passado/futuro, 164
origem da palavra, 19
reavaliação de valores, 172-3
reforma do Estado-nação e, 47-8
relações de poder e, 129-51
sociedade de risco como agente de, 84-95
tendenciosidade do Estado-nação, 110-1
teoria da, 16
três estágios, 174-5
metamorfose categórica, 176
metamorfose da política, 197
autodefinição nacional da China, 204-11
europeia, 197-204
metamorfose da política europeia
ver política europeia
metamorfose de geração, 239-40, 245
metamorfose digital, 175-6
Big Data, 179
da sociedade, intersubjetividade
subjetividade, 190-3
dados reflexivos e, 181
definição, 190, 193
denúncia de Snowden e, 185, 191, 194
do mundo individualizado/fragmentado, 180
do mundo, 176-81
educação e, 178
entrelaçamento de comunicação velha/nova, 177-8
inimaginabilidade de dados/números, 179
meme e, 180-1
princípio de coletar tudo, 193-4
produção de sociedades mundiais, 177-9
publicidade, 176-7
metamorfose do mundo, 17, 94, 95-6
aceleração da, 79
aspectos globais, 21-5
catarse social e, 155
choque antropológico e, 155-6
colapso da União Soviética/ordem global bipolarizada, 78
colapso do imperialismo, 78
consciência revolucionária e, 78-9
desigualdade e, 251-2
diagnóstico/descrição, 36-7
direitos humanos e, 90
espaços de ação e, 98-9
forma moderna de disbiose e, 99
geração mais velha/mais jovem, 241, 242
grande teoria/teoria de médio alcance, 101-2
imagem da humanidade, 50-2
linguagem e, 79
manipulação do início da vida humana e, 49-50
metamorfose categórica, 102-3
metamorfose institucional, 103

metamorfose normativo-política, 103
movimento anticosmopolita e, 90-1
mudança climática e, 54-5, 153-6, 163-5
nenhum determinismo (otimista ou pessimista), 35
otimismo determinista tecnológico, 85-9
político normativo vs. descritivo, 33
precondições históricas, 78-80
significado da, 18
sociedade de risco e, 92-5
sociedade de risco mundial e, 36
teorização, 96-8
tudo ou o novo, 33-4
uniforme vs. diversa, 35-6
violação cria a norma, 155
metamorfose institucional, 103, 130, 176
metamorfose normativa, 176
migração, 173-4, 205
modernidade cosmopolizada, 91
aberta para todos, 29
ação criativa e, 28
ações e, 25-7
diferença e, 26-7
esclarecimento conceitual, 25-30
espaços cosmopolizados de ação, 98-103
espaços de espaços e, 27-8
maneiras de pensar, doutrinas, crenças, ideologias e, 28-9
oportunidades e, 26-7
práticas e, 26-7
Moore, Henrietta L., 182, 190
movimento anticosmopolita, 90-1
movimentos de mulheres, 39
mudança, 16, 33
mudança climática, 16, 35, 132
catastrófica, 68, 120, 160-1
cidades mundiais e, 65-6, 218-9
como força economicamente perturbadora, 61-2

como momento de metamorfose, 60-2
como questão nacionalizada-cosmopolita, 205
contra-argumento ao ceticismo, 66-8
democracia e, 234-6
desigualdade social e, 114-5
discussões sobre, 53
distribuição de bens e males, 113
domesticação nacional/transnacional da, 164
efeitos colaterais emancipatórios, 153-6, 163-4
estruturas futuras, normas, novos começos, 58-9
estudo de caso chinês, 204-11
imaginário apocalíptico, 55-6
justiça e, 156-61
limitações do nacionalismo metodológico, 57-8
momentos críticos, 55
natureza/sociedades combinadas, 60-2
negação/aceitação da, 67-8
o que a mudança climática faz conosco, 54-5
o que podemos fazer contra a mudança climática, 54-5
paisagens de desigualdade, 56
perspectiva de classe, 121-3
pessimistas, 56
política/ciências sociais e, 57, 68
política da visibilidade e, 145-9
risco global e, 53-4, 63-5
ponto de vista crítico, 162-4
posição privilegiada/posição de risco, 124-7
risco de inundação do litoral, 115-9
teorização cosmopolita sobre, 56-7
violação ética/existencial, 56
Virada Cosmopolita 2.0, 57
mudança histórica:
Era Axial, 73-5

metamorfose, 78-80
revolução, 76-8
transformação colonial, 80-3
mudança social, 40
metamorfose do poder, 69-70
mundo:
  como esquizofrênico, 25
  conceituação do, 16
  conectado com coabitação, 17
  cosmopolizado, 21-4
  e desigualdade social, 110-1
  fracasso e, 17, 32-3, 89-90
  em risco, 57
  familiaridade do conceito, 17
  louco, 79
mundo cosmopolizado, 18, 21-5, 181-3
cosmopolização pré-natal, 44-6
e críticas políticas/científicas, 89-90
mundo dividido, 239-40
mundos do tempo, 245

nacionalismo, 76
perspectiva cosmopolita, 77
nacionalismo metodológico, 19, 36, 57, 110, 215-6
nações, 18-20, 32
nações de risco, 109, 143
Nações Unidas, 65, 91, 152, 224, 226-7
  Conferência sobre Mudanças Climáticas (2009), 211
  Declaração Universal dos Direitos Humanos (1948), 187
  Pacto Internacional sobre Direitos Civis e Políticos (1966), 187
National Security Agency (NSA), 192, 193, 194
Nature, 228
Nietzsche, Friedrich, 64, 172
normas, 58-9
Nyssa, Zoe, 55

Occupy, 90, 246
Oliver-Smith, Anthony, 117

Organização Mundial da Saúde (OMS), 91, 99
Organização Mundial do Comércio (OMC), 91
otimismo determinista tecnológico, 85-9

Pacto Internacional sobre Direitos Civis e Políticos (1966), 187
Painel Intergovernamental sobre Mudanças Climáticas (IPCC), 148-9, 164
paradoxo da metamorfose, 24, 45, 46
parentalidade, 38
  argumento dos efeitos colaterais, 40-4
  categorias sociais da, 43-4
  controle da reprodução, 38-9
  cosmopolização pré-natal, 44-6
  cuidado/responsabilidade por crianças, 39
  emergência de novo mundo/imagem mundial da vida humana, 46-50
  FIV e, 40
  imperativo categórico da responsabilidade parental, 50-2
  lei/moralidade, 46-50
  maternidade, 39
  metamorfose da, 40
  unidade da, 42
  uso de barriga de aluguel e, 48-9
Pariser, Eli, 181
Parlamento Europeu, 202-4
Parsons, Talcott, 241
Pascal, Blaise, 66-7
Pellow, David, 159
People's Daily, 205, 206, 209, 210, 211
perspectiva cosmopolita:
  argumentos dos efeitos colaterais, 162
  mudança de vítimas vulneráveis para cidadãos com direitos, 127
  questão de "por quê" e a, 128

questão de "quem" e a, 127-8
"tornar-se real" da, o, 160
Piketty, Thomas, 108
Pinder, Wilhelm, 245-6
pobreza, 86
poder, 171
　ciência climática e, 145-9
　estruturas, 66
　metamorfose categórica/institucional do, 129-31
　metamorfose das relações internacionais, 164
　na indústria nuclear, 142-5
　questões de classe, 112-3
　risco global e, 113, 141-2
política da invisibilidade, 130
　ciência do clima, 145-9
　ciência nuclear, 142-5
　desconhecimento fabricado, 137-42
　distinção catástrofe/acidente, 135-6
　invisibilidade natural, 131, 132, 133
　mudança de efeitos sobre a saúde para custos econômicos, 136-7
　panorama, 149-51
　risco global, 131-4
　visibilidade pública e, 135
política do conhecimento, 128
política do direito, 199
política europeia:
　Comissão da EU e, 202-4
　como jogo de metapoder, 197, 198-9
　conflito por questões de soberania, 200
　confusão de responsabilidades/ posições de poder, 202-4
　ideia de Estado-nação e, 201-2
　invenção da Europa, 198-9
　Parlamento da EU e, 203-4
　política de efeitos colaterais e, 198
　política do direito e, 199
　política financeira, 200-1

　processo de europeização, 197-8
　Virada Copernicana, 201
　virada cosmopolítica, 199
política global, 55-6, 191
política nacional, potenciais transformadores da, 47-8
práticas, 26-7
Primavera Árabe, 90, 246
Primeira Guerra Mundial, 77
primeira modernidade, 72, 192
programa de vigilância Prism ver liberdade digital, risco à
Protocolo de Kyoto, 88
Proudhon, Joseph, 64
publicidade de efeitos colaterais (ou de risco), 171-6
publicidade de risco, 171-6
publicidade do progresso, 171

racionalidade, 28
Ramutsindela, Maano, 157
Ray, Rashawn, 156-7
"realpolitik" urbano-cosmopolita, 231-4
regiões de risco, 109
relações de definição, 129-31
relações de gênero, 40
relações de poder internacionais, 164
relações de produção, 129-31
relações de valor, 162
religião, 19-22, 76, 80, 84, 85, 90, 174
reprodução:
　conflitos globais sobre uso de barrigas de aluguel, 48-50
　controle sobre, 38-9
　doadores de esperma e, 50
　efeitos colaterais do sucesso médico, 44-6
　intervenções médicas, 40-4
　maleabilidade da concepção, 40
　nova imagem da humanidade, 50-2
revoltas culturais, 90
revolução, 76-8, 79
　e relações de poder, 131
revolução digital, 190, 193

Revolução Francesa, 76-7, 79
revolução nacional-socialista, 77
Revolução Russa marxista, 77
risco climático, 20
  autodefinição nacional da
    China e, 204-11
  centros urbanos e, 231
  como diferente de mudança
    climática catastrófica, 119-20
  mudança de CLASSE de risco
    para classe de RISCO, 126-7
  reconhecimento do, 121-2
  renascimento da modernidade
    e, 154
  vinicultura na Europa Meridional e, 119-24
risco de inundação, 115-9, 156-7, 227-8
risco de inundação do litoral, 115-9
risco de inundação fluvial, 115-9
risco global, 94
  ameaça existencial dupla, 133
  catástrofes e, 160
  cidades e, 212-3
  como ameaça e traz esperança,
    63-5
  complexidade/atraso temporal,
    132-3
  comunicação pública e, 167
  comunidades de, 217-8
  conhecimento dependente de
    ciência/especialistas, 137-8
  definição, 93
  desafios representados por, 189
  efeito colateral emancipatório
    do, 190-1
  efeitos colaterais positivos, 153
  enfrentamento do, 134
  intensificação/trans(formação)
    de relações sociais, 82
  mudança climática e, 56-7, 67
  percepção do, 186-7
  sensibilidades/problemas compartilhados, 246
  socialmente construído em
    conhecimento, 128
  sociedade de risco e, 87-8

risco normal, 93, 94
Russill, Chris, 55

Sandy, furacão (2012), 125, 228
Sassen, Saskia, 227
Schmitt, Carl, 64
Schulz, Martin, 204
Segunda Guerra Mundial, 77, 152, 153
segunda modernidade, 72
Selchow, Sabine, 93, 182, 190
Sistema de Informação Geográfica
  (SIG), 116
Slater, Don, 190
Snowden, Edward, 184, 185, 191, 194
socialização, 240-1
  definição, 241
  geração mais velha/mais jovem metamorfose da, 240-5
  transformação social, 241
sociedade:
  como controlável, 72
  efeito da mudança climática,
    54-5
sociedade de catástrofe, 93
sociedade de risco, 60-1
  como agente de metamorfose,
    84-95
  como diferente de sociedade de
    catástrofe, 93
  conceito, 92
  dinâmica de conflito, 94
  produção/distribuição de bens/
    males e, 94
  risco global/risco normal, 93
sociedade de risco mundial, 36-7, 70
  complexidade da, 132
  mudança no foco do poder,
    129-31
  promulgação da, 205
sociologia, 72-3, 96-8
  convencional, 109-15
Steger, Tamara, 160
Steiner, Benjamin, 70-1
Stewart, Quincy Thomas, 156-7
sustentabilidade, 232, 233

Índice remissivo

Swyngedouw, Erik, 56, 233
Szerszynski, Bronislaw, 72

tempo histórico, 245
teorização cosmopolita, 95-6
ausência de linguagem e, 95
grande teoria/teoria de médio alcance, 101-2
observador/ator, 98-103
sociologias do "fim da história" e, 96
teorização da metamorfose/metamorfose da teorização, 96-8
Thorsen, Line Marie, 158
Tollefson, Jeff, 228
tomada de decisão, 57-8, 91, 213, 214
trabalho cultural, 158
trabalho de significação, 158
"trabalho transformativo", 158-9
Transatlantic Initiative on Environmental Justice, 159
transformação:
colonial, 78, 80-3
ruptura com reprodução social e, 71
significado de, 18
tomada de decisão política/ação coletiva, 214-5
transformação colonial, 80-3
trânsito/transporte, 224-7
Tribunal de Justiça da União Europeia (TJUE), 198-9, 201
turismo de massa, 160-1

Ueland, Jeff, 157
União das Cidades Mundiais, 216
União Europeia (UE), 214
urbanização, 66
Urry, John, 97

Vara, Ana Maria, 82-3
vigilância de massa, 191-3
vinicultura, 119-24
Virada Copernicana (natural-científico), 19
Virada Copernicana (social-científico), 18, 19, 32, 108, 201
Virada Cosmopolita 2.0, 57
Virilio, Paul, 167-8

Waldman, Ellen, 44
Walker, Gordon, 114, 116, 157, 159-60
Warf, Barney, 157
Weber, Max, 110
Werrity, Alan, 116
Wimmer, Andreas, 77
Wright, Beverly, 157

Xie, Lianhui, 210
Xinhua News Agency, 207, 209, 210

Yang, Jun, 210
Yates, Joshua J., 85-6

Zhang, Jiacheng, 206, 207
Zhao, Cheng, 211
Zheng, Sizhong, 209
Zhu, Mingdao, 206, 207

FSC MISTO
Papel produzido a partir de fontes responsáveis
FSC® C019498

A marca FSC® é a garantia de que a madeira utilizada na fabricação do papel deste livro provém de florestas que foram gerenciadas de maneira ambientalmente correta, socialmente justa e economicamente viável, além de outras fontes de origem controlada.

Este livro foi composto por Mari Taboada em Dante Pro 11,5/16 e impresso em papel offwhite 80g/m² e cartão triplex 250g/m² por Geográfica Editora em março de 2018.